아이는 얼마나 중요한가

DO BABIES MATTER?
아이는 얼마나 중요한가

✳

메리 앤 메이슨, 니컬러스 H. 울핑거, 마크 굴든 지음
안희경 옮김, 신하영 감수

임신 출산 양육이 공부하며 일하는 여성의 삶에 미치는
결정적이고 장기적인 영향에 관하여

시공사

메리 앤 메이슨은 그녀에게 "아이를 언제 낳으면 좋을까요?"라고

물어왔던 수많은 UC 버클리 소속 여성 대학원생들에게,

니컬러스 H.울핑거는 사랑과 지원을 아끼지 않으며 영감을 준

아버지 레이와 어머니 바버라 울핑거에게,

마크 굴든은 끊임없는 응원을 보내준 아내 리건 레아와

어머니 낸시 굴든에게 이 책을 헌정한다.

일러두기

- ○ 이 책은 《Do Babies Matter?: Gender and Family in the Ivory Tower》(2013)를 우리말로 옮긴 것이다.
- ○ 국내 학계 현황을 담은 각주는 감수자가 정리했다.
- ○ 단행본은 《겹화살괄호》, 보고서는 〈홑화살괄호〉로 표기했다.
- ○ 국립국어원의 외래어표기법을 따르되, 일부는 관용적 표기를 따랐다.
- ○ 책에 등장하는 대학 교원 유형은 다음을 참고하라.

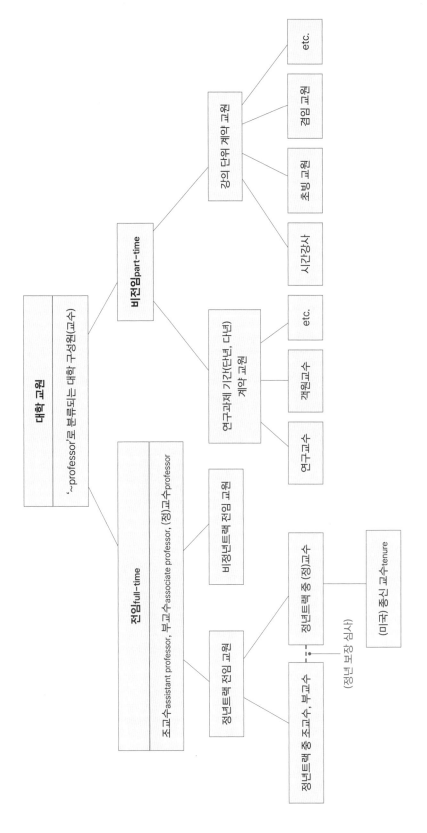

대학 교원
'~professor'로 분류되는 대학 구성원(교수)

전임full-time
조교수assistant professor, 부교수associate professor, (정)교수professor

- 정년트랙 전임 교원
  - 정년트랙 종 조교수, 부교수
  - 정년트랙 종 (정)교수
    - (정년 보장 심사)
    - (미국) 종신 교수tenure
- 비정년트랙 전임 교원

비전임part-time

- 연구과제 기간(단년, 다년) 계약 교원
  - 연구교수
  - 객원교수
  - etc.
- 강의 단위 계약 교원
  - 시간강사
  - 초빙 교원
  - 겸임 교원
  - etc.

《Do Babies Matter?》가 한국에서 출간되어 매우 기쁩니다. 번역과 감수를 맡아준 안희경 박사와 신하영 교수께도 깊은 감사를 전합니다. 책 한 권을 번역한다는 것은 시간이 많이 드는 일인데, 이들의 노력이 독자들에게 닿길 바랍니다. 이 연구과제를 책으로 담아준 럿거스대학교 출판사와 한국의 시공사 출판사 직원들의 노력도 독자들의 공감을 받길 바랍니다.

'아이는 얼마나 중요한가Do Babies Matter?' 연구과제는 2001년에 시작되었습니다. 직전 해는 이 책의 저자 중 한 명인 메리 앤 메이슨 교수가 UC 버클리 캠퍼스 최초로 여성 대학원 학장에 임명된 때였습니다. 당시 버클리 캠퍼스에서는 처음으로 여성 대학원생 수가 과반을 넘었고, 이를 알게 된 메이슨 교수는 매우 기뻐했었습니다. 그리고 이는 그 후 여성 박사학위자가 50%를 넘게 될 미국 전체의 변화를 반영하는 것이기도 했습니다.

하지만, 당시에 정년을 보장받거나 정년트랙 교수직에 속한 여성은 3분의 1 정도였습니다. 이 수치와 나날이 증가하는 여성 박사학위자 수의 격차를 어떻게 설명할 수 있을까요? 많은 이들이 그 원인을 고민했습니다. 시간이 흘러 연로한 교수들이 은퇴하고 새로운 박사학위자들이 교원으로 임용되면 차차 해결될 것이라고 생각한 이들이 있었던 반면, 사회 전반에 만연한 성차별이 이 문제의 원인이라고 설명하는 이들도 있었습니다.

'아이는 얼마나 중요한가' 연구과제는 과학적 사실을 기반으로, 유래 없는 자료원으로부터 정년트랙 교수직 여성이 적은 이유에 대한 확실한 답을 도출해냈습니다. 미국 국립과학재단의 박사학위 소지자 조사Survey of Doctorate Recipients, SDR는 전국 단위에서 격년으로 진행되며 당사자가 출국하거나 은퇴할 때까지 진행되는 조사입니다. 이 조사 결과에 더해 10개 캠퍼스로 구성된 캘리포니아대학교 시스템에 소속된 이들을 대상으로 진행한 일련의 설문조사 결과도 전국 단위 조사 결과를 뒷받침해주었습니다.

이 자료들로부터 얻은 결론은 너무나 명확했습니다. 여성 박사학위자들이 정년트랙 교수가 되는 것을 가로막는 원인은, 결혼과 출산으로 대표되는 '가족 구성'입니다. 이 결론을 바탕으로, 우리는 학계를 보다 가족친화적인 일터로 만들 만한 변화를 준비하고 앞장설 수 있게 되었습니다. 우리는 이 책에서 여러 개혁안들을 소개했고, 이는 곧 캘리포니아대학교 시스템에 도입되었으며, 미국 전역으로 퍼져나가고 있습니다. 우리는 한국어로 번역된 우리의 책이 도움이 되어, 미국에서 일어난 변화가 한국에서도 일어나기를 기원합니다.

우리는 대학 등의 고등교육 현장에서 여성이 맞닥뜨리는 진입 장벽을 없애는 것이 도덕적으로 필요할 뿐 아니라 국가를 위한 일이라고 생각합니다. 미국이라는 국가는 미국에서 살아가는 남성만이 아닌 모든 이들의 재능으로 번성할 수 있습니다. 여성이 대학 교원이 되는 것을 방해하는 인공적인 장벽들은 과학계 인력을 약화시킬 것입니다. 그러므로 더 많은 여성 교수가 등장하는 것은 국익을 키우는 일이라고 생각합니다. 우리는 이러한 변화가 한국에서도 일어나길 바랍니다.

오랜 시간 학문적 열정과 성취를 보여왔던 메이슨 교수는 2020년 작고했습니다. 우리가 함께 진행한 연구과제의 결실인 이 책의 번역본이 한국에서 최초로 나온다는 소식에 그녀 역시 무척 기뻐할 것이라 믿습니다.

니컬러스 H. 울핑거
마크 굴든
2022년 5월

감수자의 글

신하영 세명대학교 교양대학 교수, 교육학 박사

먼저 대학 사회, 연구자의 삶, 여성의 일에 대한 깊은 통찰이 가득한 이 책을 한국에 소개하는 과정에 참여할 수 있게 되어 기쁩니다. 한국의 사회과학 연구자로서, 이 책에서 제시하는 사례를 수집하고 통계를 작성하는 것이 얼마나 어렵고 힘든 일인지 잘 알고 있습니다. 그래서 책의 내용 자체가 이 책의 가치를 증명하고 있지만, 이 책의 초기 독자로서, '상아탑'에서 젠더와 가족 문제를 경험하는 여성으로서, 그리고 연구자로서 몇 가지 의미 있는 지점을 짚고 싶습니다.

첫째, '상아탑'이라 불리는 학계에서 일, 가족 형성의 이야기를 보는 것의 의미입니다.

현재까지도, 성별을 떠나 대학원생, 시간강사, 교수, 박사학위자들이 일-생활 균형을 추구하거나, 가족을 이루거나 가족과 시간을 보내려는 욕구를 표현하는 것은 학자로서의 정체성을 잃는 일로 여겨집니다. 이러한 일-생활 균형의 문제, 가족 돌봄으로 인한 상실과 희생은 모든 일하는 남녀가 경험하는 역할 갈등과 선택입니다. 그래서 이 책은 고학력이거나 전문직이더라도 어김없이 경험하는 젠더, 가족의 문제를 다룬다는 점에서 육아기 자녀 돌봄 제공, 적정한 법정 노동시간 책정, 임신·출산·육아로 인한 휴직 제도의 확대가 시민 모두를 위한 노력임을 깨닫게 합니다.

둘째, 국내에서 번역된 다른 페미니즘 및 여성 노동 관련 학술서 그리고 논픽션 도서와 비교하여 이 책이 갖는 차별성과 의미입니다. 이 책에서 저자들은 질적 인터뷰 데이터뿐만 아니라 양적 데이터를 사용합니다. 이를 통해 '대학 내 구조적이고 은밀한 차별과 배제'에 직면한 집단과 개인을 입체적으로 보여줍니다.

오늘날 한국 사회에서 여성의 권리를 주장하는 사람들은 가치 지향적인 언어와 보편적인 수사학을 통해 폭넓은 공감대를 형성하고 있습니다. 이 전략은 문제를 대중의 눈에 띄게 하는 데 적합합니다. 그러나 반면에 여성의 실상을 촘촘히 드러내는 보고서와 학술 논문은 상대적으로 문턱이 높은 용어와 도식, 방법론으로 인해 시민들과 동떨어져 있었던 것도 사실입니다. 그 결과 현재 한국 사회에서는 여성이 직면한 현실이 (여전히) 얼마나 잔혹한가가 명백히 입증되었음에도 불구하고, 우리는 성평등과 여성 정책의 원칙들이 '근거 없는 극단적 주장'으로 쉽게 폄하되는 일을 목도하고 있습니다.

이 책의 저자들은 지난 10여 년의 추적을 통해 "정말 차별이 있나? 어떻게 작동하나? 그리고 그 구조적 차별에서 어떤 어려움과 포기가 나타났나?"와 같은 질문(또는 합리적인 의심)을 파고들었습니다. 그동안 이 질문의 해답들은 수면 아래에서 어른거리지만 손으로 들어 올릴 수 없는 달의 그림자와 같았습니다.

한국에서 고학력 여성, 자발적으로 대학원에 가고 석사, 박사학위를 취득한 여성이 처한 현실은 복잡하게 얽힌 실타래를 떠올리게 합니다. 최근 여성 집중화된, 돌봄노동과 감정노동이 수반되는 직업군에 종사하는 여성들이 처한 열악한 현실이 주목받는 것은 일하는 여성의 삶을 개선하는 데 매우 고무적인 일입니다. 한편, '본인이 선택해서', '그럴 형편이 되니까'라는 이유로 대학원에 진학하고 석사, 박사학위를 취득한 여성들은 자신이 처한 구조적 차별에 대해 목소리를 높이기 어려웠습니다.

여기에는 몇 가지 이유가 있을 것입니다. 저숙련, 저임금 노동에 처한 이들에 비해 상대적으로 사회경제적 지위가 높은 이들은 '배부른 소리'를 할 수 없었습니다. 이 때문에 고학력 여성, 연구직과 교수직에 있는 여성이 경험하는 일-생활 균형의 어려움, 육아로 인한 경력단절은 공론장에서 다루어지지 못했습니다. 버티고 살아남은 소수의 여성 학자들의 회고를 통해서 '그 어려웠던 시절'이 세상에 알려지긴 합니다. 하지만 그분들처럼 가족의 이해, '친정의 공동 헌신', 시간과 노력을 대신할 수 있는 금전적 여유가 없는 대다수의 여성들은 학계의 '2급 인력'에 머물거나, 그 주변을 맴돌다가 사라져갔습니다.

그동안 한국의 대학 사회는 '능력주의'라는 환상에 빠져 상대적으로 구조적 차별이 없는 곳으로 여겨져왔습니다. 이 지점에서 표면적 평등에 가려진 현실의 부조리함은 간과되기 쉽다는 것을 이야기하고 싶습니다. 실제로 대학과 공공 기관(한국의 연구 기관 대다수는 정부 출연 기관 혹은 공공을 설립 주체로 합니다)은 형식적으로는 자율성과 민주주의, 다양성이 보장됩니다. 그래서 대학 내 구성원은 상대적으로 '공정하다', '안전하다'는 자기암시에 걸리거나, 자신의 실패와 좌절에 대해서 "더 열심히 하지 않아서", "전략이 잘못되어서"라는 주변인의 평을 듣게 됩니다. 이 경우, 양적으로 질적으로 비슷한 연구 성과를 내고서도 승진이 되지 않거나, 교수로 임용되지 않거나, 대단위 연구비를 수주할 수 있는 과제의 책임자로 선정되지 못하더라도 이를 구조적 차별로 인지하지 못합니다. 그리고 원인을 자신이 더 잘하지 못한 탓으로 돌리고, 개인적 차원에서 더 높은 성취를 이루어 이를 극복하려 합니다.

이 책은 10여 년간 종단적으로 샘플을 추적하고, 10개 이상의 캠퍼스에서 교차성을 확보하는 작업을 통해 개인이 감당해야 했던 현실들이, 대학과 사회가 개선해야 할 구조적 한계, 합리성 부족임을 밝히고 있습니다.

셋째, 2013년에 출간되어 다소간의 시차가 있는 이 책이 한국 사회에서 '여전히' 의미 있는 이유입니다. 한국은 2020년이 되어서야 국·공립대 여성 전임 교원 정원제를 도입했습니다. 제도가 도입되었지만 여성 교원 확보 목표인 25%에 도달한 국·공립대는 단 한 곳도 없습니다. 이 책에 등장하는 2000년 미국 UC 버클리 캠퍼스의 여성 교원 비율은 28%로, 저자들은 이 수치에 개선이 필요하다고 지적하고 있습니다. 그런데, 작금의 한국에서는 이 수치마저도 실현되기 어려운 경우가 많습니다. 2020년 기준으로 국·공립대 여성 전임 교원 비율은 18.3%, 4년제 사립대 여성 전임 교원 비율은 27.2%에 불과합니다(교육부 대학정보공시 대학알리미, 2020년 기준). 20년 전 미국의 상황도 우리에게는 아직 도래하지 않은 셈입니다.

최근 들어 여성 대학원생, 여성 비전임 교원 등 대학 사회의 '2급 인력'이 증가함에 따라 그제서야 대학 내 여교수 부족과 여성과 가족에게 친화적이지 않은 대학의 근무 환경, 전임 연구 인력 부족을 문제 삼기 시작했습니다. 2015년 이후 꾸준히 제기되어온 교수에 의한 대학원생 인권 침해 사건들은 2020년이 되어서야 교수 직위 해제 같은 실질적인 처벌이 이루어졌습니다.

한국 사회는 80%에 가까운 대학 진학률을 보이고 있고, 대학원생은 32만 7000명에 달하며, 이 중 51.6%은 여성입니다(한국교육개발원 교육통계연보, 2021년 4월 기준). 국내에서 이들의 삶과 진로에 대해서 뒤늦게나마 함께 고민하고 개선하려 노력하는 이 시점에 이 책은 길잡이가 되어줄 수 있을 것입니다.

　이 책은 "여자가 더 열심히 일하고 더 높은 지위에 오른다고 해서 과연 평등한 현실이 기다리고 있는 걸까?"라는 질문에 다소 비판적일 수 있지만, 솔직한 대답을 들려줍니다. 지금도 연구실에서, 강의실에서, 혹은 일과 공부의 현장에서 고군분투하는 여성들, 그리고 그들의 가족에게 이 책을 한국에 소개하는 의미 있는 작업에 함께하도록 손을 내밀어준 번역자 안희경 박사께 큰 감사를 전합니다. 마지막으로 소중한 연구의 성과가 한국의 독자들에게 전해지도록 한국어판 발간을 허락해준 저자 니컬러스 H. 울펑거와 마크 굴든 두 분께 감사드리며, 작고하신 메리 앤 메이슨 교수의 안식을 기도합니다.

옮긴이의 글

안희경 박사후연구원, 식물분자생물학 박사

《아이는 얼마나 중요한가》는 미국의 대학원생, 박사후연구원, 그리고 교수를 대상으로 장기간 조사를 한 방대한 자료가 담긴 메리 앤 메이슨, 니컬러스 울펑거, 그리고 마크 굴든의 저서《Do Babies Matter?》를 번역한 책입니다. 캘리포니아대학교University of California, UC의 9개 캠퍼스(2005년에 생긴 머시드 캠퍼스 제외)의 자료와, 미국 국립과학재단에서 2년에 한 번씩 발행하는 박사학위 소지자 조사SDR를 주축으로, 미국 연구자들의 결혼과 출산, 육아, 그리고 성별이 이들의 일-가정 양립에 미치는 영향을 밝힌 대단위 조사였습니다. 여기에 개별 인터뷰와 온라인상의 토론 내용 등, 질적 자료까지 충실히 갖춘 연구입니다. 세 저자분의 노력으로 방대한 자료 조사가 뒷받침된 탄탄한 연구 결과가 탄생했습니다.

세 저자분, 그리고 럿거스대학교 출판사 관계자분들께, 이런 귀한 내용의 책을 한국어로 소개할 기회를 준 것에 감사드립니다. 그리고 안타깝게도 2020년에 작고하신 메리 앤 메이슨 교수의 명복을 빕니다. UC 버클리의 첫 여성 대학원 학장이었던 메이슨 교수는 재임 기간 내내 남성 주도적인 대학 환경을 여성도 함께할 수 있는 공간으로 만들고자 노력해왔습니다. 그 노력의 일환이 이 책에 담겨 있습니다.

이 책의 첫 세 장은 대학원생과 박사후연구원(1장), 교수 임용 과정(2장), 그리고 임용 후 정년 보장 심사 통과(3장)까지 대학원에 진학한 후 정교수직에 이르기까지 연구자가 거치게 되는 여러 단계별로 성별과 결혼, 자녀 유무가 미치는 영향을 살폈습니다. 정년 보장 심사 통과 후의 임신과 출산이 일반적이었던 과거와는 달리, 대학원 기간과 박사후연구원 수련 기간이 점점 길어지고 있는 요즘 상황에서는 임신과 출산을 막연히 늦출 수만은 없습니다. 자녀와 커리어, 둘 중 하나를 선택하는 시대도 지난 것 같습니다. 수련 기간 중에 자녀를 출산하는 경우가 점차 늘어나게 되면, 이 책에서 제시하는 대학원생과 박사후연구원을 위한 가족친화정책의 실행을 더 이상 미룰 수 없을 것입니다. 박사학위 심사 기한 연장, 대학원생과 박사후연구원을 위한 대학 내 어린이집 및 육아 보조 서비스 제공 등의 정책이 한국에서도 머나먼 미래의 일이 아니길 바랍니다.

4장에서는 시점을 바꾸어, 교수직이 결혼과 육아에 미치는 영향을 살폈습니다. 남녀 상관없이 교수는 의사나 변호사 등 다른 전문직에 비해 자녀 수가 적고, 실제로 희망하는 자녀 수보다 적게 낳는다는 4장의 통계는 많은 점을 시사합니다. 누군가에게는 선망의 대상이 되는 교수라는 직업이, 사실은 그리 행복하지 못한 직업일지도 모른다는 점입니다. 앞선 장들에 비해, 이 장은 대학이 가진 문제점과 한계를 보다 적나라하게 드러냅니다. 연구와 학생 지도, 강의, 연구비 신청, 각종 행정 업무까지 여러 가지 업무를 동시에 진행해야 하는 교수라는 직업은 어쩌면 가정의 희생을 강요하는 직업인지도 모릅니다. 그런 의미에서 이 모든 업무가 교수에게만 과중되는 업무여야 하는지, 한편으로는 가정을 꾸릴 시간적 여유를 가지면서 연구를 진행할 수는 없는 것인지, 근본적인 질문을 던져보아야 할 시점에 이른 것 같습니다.

　5장은 교수의 은퇴에 관한 장입니다. 교수의 정년퇴직 연령이 정해져 있는 한국과는 달리, 미국은 정년퇴직 연령이 정해져 있지 않다 보니, 유의미한 자료가 수집될 수 있었습니다. 중견 교수의 성별에 따른 임금 차이가 있고, 승진 비율 등에도 남녀 간 차이가 보이지만, 은퇴만큼은 성별에 따른 유의미한 차이가 보이지 않았습니다. 이 점은 은퇴가 결혼과 자녀의 영향을 최소한으로 받는 시기에 이르러 발생하는 사건이기 때문이기도 하지만, 반대로 은퇴의 이런 특성을 정년 보장 심사나 교수 임용 과정에 반영할 수 있지 않을까 하는 희망을 갖게도 합니다.

그리고 마지막 장은, 앞의 내용을 모두 통틀어, 대학에서 실천 가능한 정책 모음집과도 같은 역할을 합니다. 모든 커리어 단계에 걸쳐 가족친화정책이 실현되어야 하겠지만, 특히 커리어 초기이자 점차 자녀를 낳는 비율이 늘어나고 있는 대학원생이나 박사후연구원들에게 더 많은 출산, 육아 정책이 제공되어야 한다고 저자들은 강조합니다. 이 단계에서 이미 연구직을 포기하는 경우가 많기 때문입니다. 여기에 부부 모두 연구자인 경우에 발생하는 투바디 문제에 대한 대안, 학계를 떠난 후 재진입하는 이들을 위한 방안 등 연구자의 생애 동안 일어날 수 있는 여러 사건의 해결책을 대학의 정책 측면에서 제안합니다. 개인의 문제로 치부되고, 연구와 커리어를 위해 가정의 희생은 당연하다는 관점에서 벗어나, 가정이 연구자 삶의 일부이고, 대학과 연구 환경이 이를 수용해야 한다고 바라보고 있는 것입니다.

이런 관점이, 대학만이 아니라 일반 직장에서도 점차 수용되었으면 좋겠습니다. 대학이 특수한 직장인 듯해도 그 안에서 일하는 사람들의 모습은 별반 다르지 않습니다. 그래서 이 책에서 보여주듯이, 대학에서의 시도가 교두보가 되어 다른 일터로도 확장되었으면 좋겠습니다. 가정이 커리어를 위해 희생되고, 커리어를 뒷받침하기 위해 늘 지원을 아끼지 않아야 하는 부수적인 존재가 아니라, 한 사람의 삶에서 가정은 커리어와 공존하는 것이고, 그래서 가정을 꾸리는 것이 커리어를 등한시하는 행동이 아니라 당연한 일로 여겨지면 좋겠습니다.

저는 이 책의 전공 분야와는 거리가 먼 연구를 하고 있지만, 책을 소개하고자 하는 의욕만 앞서 선뜻 번역을 시도했습니다. 감수를 맡아준 신하영 교수가 아니었다면, 고르지 못한 번역에 저자들에게 누를 끼치는 번역서가 되었을 것입니다. 적재적소에 배치되어 한국의 현 상황을 나란히 조망할 수 있는 각주와, 이 책의 의미를 되짚어보는 해제 역시 신하영 교수의 손에서 탄생하였습니다. 함께해주셔서 감사합니다. 뿐만 아니라, 책에 등장하는 각종 법률 용어는 김보라미 변호사의 도움으로 올바르게 옮길 수 있었습니다. 두 분 외에도 책 번역을 결정한 후, 제 일처럼 응원해주셨던 문성실 박사께도 감사의 말씀 전합니다. 책의 시작과 마무리를 함께해준 시공사 편집진께도 감사의 인사 전합니다.

2017년, 아이를 잠자리에 눕혀놓고 나면, 책을 한 권씩 읽곤 했습니다. 박사 과정은 어느새 끝이 보이고 있었지만 그다음 계획은 없었습니다. 사실 돌도 안 된 아이와 함께 미래를 생각하자니, 그 미래는 가늠할 수 없이 깜깜했습니다. '해외에 나가서 연구를 해야 하는데, 부모님의 도움을 받지 않고 해외에서 육아와 연구를 할 수 있을까?'라는 질문이 끊임없이 머릿속을 맴돌았습니다. 그리고 아이가 잠들기를 기다리며 읽었던 이 책은, '현실이 녹록지는 않지만, 경력이 단절되지 않고 꾸준히 연구를 하는 것이 불가능한 일만은 아니다'라고 이야기하고 있었습니다. 아이 낳기 가장 좋은 때는 없고, 언제 낳아도 불이익이 있을 것이라는 이야기는 분명 비극적이었습니다. 하지만 수십 년에 걸친 조사 결과를 바탕으로 대학의 정책을 새로 수립하고 정비해가는 모습을 보면서, 아이를 키우는 것을 개인의 일로만 여기지 않고 대학이 함께해나가고자 하는 노력이 인상 깊었습니다. 그래서 어쩌면, 해외에서는 아이를 키우면서 연구를 할 수 있을지도 모른다는 희망을 가졌던 것 같습니다.

그리고 얼마 지나지 않아, 해외 박사후연구원에 도전할 기회를 얻었습니다. 책에 나오는 이들처럼 불이익이 두려워서, 지원서를 보내고 면접을 하는 내내 아이가 있음을 밝히지 않았습니다. 그런데, 그토록 두려워했던 가족 공개는, 싱겁게 끝나버리고 말았습니다. 제가 있는 연구소에는 자녀를 둔 직원의 비율이 높아, 가족이 있다는 것이 당연하게 받아들여졌기 때문입니다. 가족이 있는 직원이 많다 보니, 책의 마지막 장에서 논의되는 것처럼, 연구소 소속 직원에게는 일터와 가까운 어린이집, 자유롭게 사용할 수 있는 연차, 가족 돌봄을 맡은 직원에게는 추가로 긴급 연차 등이 지원됩니다. 이렇게 개인이 가진 자원에 덜 기대면서 부모가 아이를 키울 수 있는 환경 덕분에 지금까지 힘든 날도 많았지만, 일과 가정의 양립이 가능했던 것 같습니다.

이 책에 등장하는 여러 이야기들 중 '육아는 엄마와 아빠 모두의 일'이라는 명제를 가장 강조하고 싶습니다. 아빠가 적극적으로 육아를 할 때, '아이 낳기 좋은 때는 없다'라는 명제가 '아이는 언제 낳아도 좋다'로 바뀔 것이라고 생각합니다. 박사 과정 재학 중에 출산을 한 후에도 연구에 매진할 수 있었던 것은, 남편의 육아휴직 덕분이었습니다. 지금 지구 반대편에서 연구를 하고 아이를 키울 수 있는 것도, 남편과 이 모든 과정을 함께하기 때문입니다. 이 책을 남편에게 전하고 싶습니다.

차례

한국어판 서문   8
감수자의 글   11
옮긴이의 글   17
서문   26

1장   대학원 시기: 새로운 세대, 오래된 생각   43

2장   본게임에 뛰어들기   85

3장   정년이라는 금반지 잡기   133

4장   상아탑에서 홀로   163

5장   정년 이후의 삶   215

6장   더 나은 모델을 향해   245

감사의 글   284
부록: 자료 분석   288
그래프와 표 목록   308
미주   309
참고문헌   348
찾아보기   372

서문

오늘날, 미국에서 박사학위를 받는 이의 절반 이상이 여성이다.[1] 이렇게 비슷한 수의 여성과 남성이 학계에 진입하는 상황에서, 교수진의 성비가 동등해지는 것도 시간 문제이지 않을까? 유감스럽게도, 그에 대한 대답은 '아니오'다. 성평등을 측정하는 데는 학계에서 여성이 대표되는 방식과 교수가 된 여성들이 꾸린 가족의 특성, 이 두 가지가 중요한 척도가 된다. 하지만 이 두 가지 척도 모두에서 남녀 간 심각한 불균형을 볼 수 있다. 간단하게 말하자면, 학계의 최상층에는 남성에 비해 여성의 수가 훨씬 적고, 이 자리에 오른 여성들은 동료 남성들처럼 결혼했거나 자녀가 있을 가능성이 훨씬 낮다. 반대로, 학계라는 사다리의 가장 아래쪽, 즉 비정년 교원(정년트랙에 속하지 않은 교원으로, 강의전담 교수와 연구교수 등이 포함되어 있다. 이들은 정년을 보장받지 못하고 재계약 기간이 짧다)이나 시간강사(강의 전담 교수와 달리, 비정규직으로 지정 강의만 맡는 계약직 강사이다) 중에는 여성이 불균형적으로 많고, 이들의 경우 자녀가 있을 확률이 남성 동료들과 비슷하다. 결국 자녀를 둔 여성들은 학계의 '2군second tier'인 비전임 교원이 되거나 대학 현장을 아예 떠날 가능성이 높은 것이다.

이 책은 지난 10여 년간의 연구 결과를 토대로, 학계를 직장으로 선택한 이들의 가족 구성 효과가 이들의 삶 전반에 걸쳐 미치는 영향을 광범위하게 살펴본다.[2] 이 이야기는 대학원생과 박사후연구원(포닥)에서 시작해, 조교수가 되거나 그러지 못하면 대학 현장을 떠날 수밖에 없는 위태로운 시절을 거쳐, 누군가는 관리직에 오르지만 또 다른 누군가는 직업적인 침체기를 겪는 중견 교수 시기를 지나, 마침내 은퇴를 맞이하기까지를 다룬다. 이 이야기가 여성에게만 한정되는 내용이 아니라는 점을 꼭 언급하고 싶다. 가족 구성이 여성이 학자로서의 경력을 쌓는 데 더 극적인 역할을 하긴 하지만, 남성이 일과 가정 사이에 균형을 맞춰 살아가고, 이를 위해 내리는 여러 선택에도 분명한 영향을 미친다. 특히, 직장에서 자녀를 둔 여성을 방해하는 장애물 대부분은 남성들이 자녀를 보살피는 공동 양육자가 되는 것도 어렵게 한다. 우리의 연구는 다방면의 풍부한 자료 조사를 바탕으로 대학 현장의 여성과 남성 학자들이 커리어와 가정을 이루는 중 겪는 여러 어려움을 심도 있게 기술하고 있다.

'아이는 얼마나 중요한가' 연구과제는 2001년 UC 버클리 캠퍼스에서 시작되었다. 앞선 2000년은 UC 버클리의 대학원 교육에 방점을 찍는 해였다. 버클리 역사상 처음으로 여성이 전체 대학원 입학생의 50% 이상을 차지한 것이다. 이 기념비적인 사건은 미국 전체의 경향을 반영한 것이기도 했다. 미국에서 박사학위를 받은 미국 시민권자 중 여성이 차지하는 비율은 1966년 12%에서 2000년 49%로 늘어났다(2006년 기준으로는 51%이다).[3] 그럼에도 2000년 UC 버클리 캠퍼스의 정년트랙(정년 이전과 이후를 포함한) 교수직의 23%만이 여성이었고, 더욱이 처장급에서는 여성을 거의 찾아볼 수가 없었다. 이는 단순히 과거 여성 대학원생 비율이 적은 데에서 오는 시간 차이에 의한 것은 아니었다. 2000년 UC 버클리 캠퍼스에서 박사학위의 39%가 여성에게 수여되었지만, 임용된 신규 교원의 28%만이 여성이었다. 채용 가능한 박사인력의 성비와 실제 임용된 교원의 성비 사이의 불균형은 사실 수십 년간 미국 대학에서 일반적으로 확인할 수 있는 모습이었다. 2000년 이후, 숫자는 다소 변했을지 모르지만, 그 양상은 변하지 않았다. 2000년대 중반 박사학위를 받은 여성과 교수로 채용된 여성 사이의 격차는 UC 버클리 캠퍼스를 비롯한 다른 대학에서 오히려 늘어났다.[4]

우리가 2001년 '아이는 얼마나 중요한가' 연구과제를 시작했을 때, 메리 앤 메이슨Mary Ann Mason은 UC 버클리 캠퍼스의 첫 여성 대학원 학장이었고, 마크 굴든Marc Goulden은 수석 연구 분석가였다. 한편, 유타대학교 소속 가족사회학자 니컬러스 H. 울 핑거Nicholas H. Wolfinger는 이듬해에 합류하였다.

우리는 남녀 모두에게 학자로서의 경력에 가족 구성이 미치는 영향을 조사하였다. 이 질문에 답하기 위해 우리는 우선 미국 박사학위 소지자 조사Survey of Doctorate Recipients, SDR를 이용하였다. SDR은 박사학위 소지자에 대한 전국 단위 조사로, 미국 국립과학재단National Science Foundation, NSF이 주로 후원하고, 미국 국립인문재단National Endowment for the Humanities을 비롯한 여러 기관에서도 기여하고 있다. 2년에 한 번 진행되는 추적 조사로 1973년에 시작되었으며, 현재까지도 계속해서 응답자들이 새로 충원될 뿐 아니라, 다양한 분과 학문에서 박사학위를 받은 16만 명 이상의 박사학위 소지자들의 직장 생활을 만 76세까지 추적한다. 이는 아마도 미국에서 확인할 수 있는 최고의 고용 관련 자료일 것이다. 우리는 SDR 자료를 통해 공학과 수학을 포함한 이공계 박사학위 소지자, 그리고 사회과학계열과 인문계열 박사학위 소지자의 경험을 모두 살펴볼 수 있었다.[5] SDR 자료는 학부중심대학liberal arts school, 지역사회대학community college과 연구중심대학research university 소속 교원인 박사학위 소지자와 민간 부문이나 정부 기관에 취직한 박사학위 소지자 모두를 대상으로 한다.

연구 초기, 우리는 대학연구기관협회Association for Institutional Research의 지원을 받아 흥미로운 연구 결과를 얻어냈다.[6] 박사학위를 받은 후 5년 이내에 자녀를 가진 여성은 역시 이른 시기에 자녀를 둔 남성보다 정년트랙 교원(정년을 보장받을 수 있는 승진 기회를 가지는 전임 교원으로, 정교수 외에 조교수, 부교수를 포함한다)이 될 가능성이 훨씬 적었다. 이 양상은 실험과학bench science 분야부터 인문학 분야까지 모든 분야에 걸쳐서 나타났을 뿐 아니라, 학부중심대학에서부터 연구중심대학까지 다양한 유형의 4년제 대학 기관에서 지속적으로 나타났다. 게다가, 자녀가 있는 여성들은 종종 학계의 '2군'인 객원교수adjunct faculty나 2년제 전문대학 강사직을 맡았다.[7] 결혼을 하는 것과 결혼 생활을 하는 것, 그리고 자녀의 연령은 여성의 커리어에 서로 다른 영향을 미쳤는데, 이는 성평등이 학계에 미치는 영향이 복합적임을 의미한다. 또한, 이 초창기 연구에서는 자녀를 둔 여성이 학자로서의 경력의 어느 시점에 이탈하는지가 확인되지 않았다. 이들은 대학원 졸업 직후에 떠날까, 아니면 정년을 받는 데 실패한 후에 대학 현장을 떠날까? 우리는 후속 연구를 통해 이 질문들에 대한 답을 찾고자 했다.[8]

우리는 가족 구성과 학자로서의 성공 사이의 밀접한 상관관계에 관심을 두고, 질문을 다음과 같이 뒤집어보았다. 커리어가 가족 구성에 미치는 효과는 무엇일까? 정년 보장이라는 목표를 성공적으로 달성한 남성과 여성 교수들의 가족 형태는 비슷할까? 우리는 여기서도 우려할 만한 결과를 얻었다.[9] 남성과 여성 교수

간의 경력 차이보다 가족 구성의 격차가 훨씬 컸다. 아이를 낳기 전에 정년트랙 교원으로 임용된 여성 3명 중 1명만이 자녀를 낳았고, 정년을 보장받은 여성 교원은 박사학위를 취득하고 12년 뒤에도 미혼일 가능성이 비슷한 상황의 남성에 비해 2배 이상 높았다. 여성은 비슷한 커리어를 가진 남성에 비해 이혼할 가능성도 높았다.

이 분석 결과는 학계에서 성평등을 제대로 파악하려면 두 가지 방식으로 성평등을 측정해야 함을 뜻한다.[10] 정년을 보장받은 여성 교수와 남성 교수의 수를 비교하는 것은 상황의 일부만을 보여준다. 정년 교수의 남녀 비율만큼 중요한 것은 정년 교수가 된 이들의 가족 형태다. 진정한 성평등은 여성과 남성이 커리어 목표와 가정의 목표를 동일하게 실현하는 것이다.

우리의 연구는 놀라운 결과를 또 하나 이끌어냈다. 2000년에 진행된 미국 인구총조사 자료를 이용해 대학 현장과 마찬가지로 장시간의 수련을 요하는 전문직인 변호사와 의사의 자녀 수와 남녀 교수의 자녀 수를 비교하였다.[11] 여성 의사나 변호사에 비해 여성 교수의 자녀 수가 적었지만, 이런 차이는 남성들 사이에서도 나타났다. 다른 전문직 직종에 비해 일터로서 학계는 남녀 모두에게 가족친화적이지 못했다.

'아이는 얼마나 중요한가' 연구과제를 통해 얻은 자료는 그동안 소문으로만 여겨지던 것들이 사실은 대학 내 현실이라는 설득력 있는 증거가 되었다. 주요 대학들은 이 문제를 더 이상 방관할 수 없다. 우수한 학생들이 대학을 떠나고 있고, 대학에 남은 이들은 원하는 가족 형태를 이루지 못하는 불이익을 감수하고 있다. 오랫동안 커리어와 가정 문제를 다루어온 알프레드 P. 슬론 재단Alfred P. Sloan Foundation은 우리의 연구과제에 관심을 갖고 대학에서 변화가 실제로 일어날 수 있게끔 후원해주었다. 우리는 이를 바탕으로 캘리포니아대학교 시스템*을 변화시키는 매개체가 될 UC 교원 가족친화계획UC Faculty Family Friendly Edge project**을 수립하였다.

우리는 캘리포니아대학교 9개(10번째 캠퍼스인 UC 머시드는 2005년에 추가되었다) 캠퍼스에 소속된 8,000명 이상의 정년트랙 교원을 대상으로 기초 설문조사를 먼저 진행했다. 우리는 이들의 커리어와 가정에 관해 질문했다. 이들의 가장 큰 고민은 무엇일까? 이들이 생각하는 최선의 해결책은 무엇일까? 아이러니하게도, 캘리포니아대학교는 이미 1980년대 후반부터 가족친화정책들을 제시했던 선구적인 대학이지만, 조사 결과 절반 이상의 교원이 정책들 대부분이 있는지조차 알지 못했다. 그리고 가족친화정책에 대해 알고 있는 이들 중에서도 매우 일부만이 정책을 사용하였다. 새로운 정책만으로는 문화를 바꾸지 못한다는 점이 분명했다.

캘리포니아대학교라는 비대한 시스템에 기존에 있던 가족친화

---

*   캘리포니아대학교 시스템(University of California system)은 처음 설립된 UC 버클리를 포함해 총 10개의 캠퍼스로 이루어져 있다. 책에서 특정 캠퍼스를 지칭하지 않는 경우, '캘리포니아대학교'는 캘리포니아대학교 시스템을 의미한다.

**   http://ucfamilyedge.berkeley.edu

정책들을 장려하는 정치적인 작업은 오랜 시간이 걸렸고 여전히 진행 중이다. 캘리포니아대학교의 미래를 위해 가족에 관한 강력한 정책을 만드는 것이 꼭 필요하다는 점을 대학의 행정 교원 모두에게 설득해야 했다. 대학은 정년 보장 심사를 유예하는 교원에 대한 연구 생산성 평가 방식과 같은 골치 아픈 세부 사항들을 수개월에 걸쳐 조율했다.* 나아가 교원들의 직속 상사인 학과장들은 이렇게 만들어진 새로운 정책을 교육받아야 했다.

최종적으로, 우리가 만든 교원 대상 가족친화기본계획UC Faculty Family Friendly Package에는 자녀를 둔 부모 모두를 대상으로 하는 혁신적인 정책들이 담겼다. 우리는 성별 구분 없이 학자로서의 커리어에 가정이 자연스럽게 융화되는 새로운 환경이 조성되기를 꿈꿨다. 우리는 남성에게도 동등한 노력을 쏟아야만 문화 전반이 변할 것이라고 봤다. 이 중 여러 개선안이 커리어 초기의 교원들에게 집중되었는데, 이 시기가 남녀 모두에게 일적으로도, 또 가정에서도 가장 힘든 시기이기 때문이다. 우리가 "성공 아니

* 국내에서는 서울대학교가 2010년 9월부터 여성 교수가 임신해 출산하면 최대 2년까지 고용 계약을 연장할 수 있는 '교원 임기 신축 운영 제도(Stop Tenure Clock, STC)'를 실시하고 있다. 이 제도는 미국 하버드대, 스탠퍼드대, MIT가 시행한 것을 서울대가 국내 대학으로서는 처음 도입했으며, 서울대는 출산 외에도 여교수가 영유아(만 6세 이하)를 입양할 경우 계약 기간을 1년 연장해줄 방침 역시 포함했다. 도입 당시 서울대 관계자는 "여교수들이 정해진 계약 기간 내에 연구 업적 등 승진 요건을 채우기 위해, 임신·출산을 미뤄 30대 중후반에 출산하는 경우가 많았다"고 해당 제도를 도입하게 된 배경을 설명한 바 있다. 출처: "아이 낳은 여교수 계약 2년까지 연장". 이데일리 2010년 5월 14일 기사.

면 실패make or break"로 부르는 이 시기는 대략 30대에서 40대 사이로 대부분의 학자들이 정년트랙 교수직을 구하거나 정년 심사를 받는 시기이다. 이 시기는 또한 이들이 가장 많이 아이를 낳는 때이기도 하다. 우리는 부모 모두에게 정년 보장과 상관없이 전일제로 복귀가 보장된 시간제 정년트랙을 권장했다. 또한 정년 보장 심사를 일시적으로 유예할 수 있는 선택안과 자녀를 둔 남성에게는 한 학기, 그리고 여성에게는 두 학기 동안 강의를 면제해주는 조건도 장려했다. 시간제 정년트랙은 신임 교원만이 아니라 부모님이나 배우자, 혹은 파트너를 보살피는 중견 교수 등 여러 커리어 단계에 속한 이들의 일-가정 양립에 유연성을 제공했다. 인사 관련 정책의 성공 여부는 학과장의 역할이 가장 핵심적이라는 점을 깨달은 후에는 보직 교수를 위한 안내집을 제작하였다. 〈가족친화적인 학과 만들기: 학과장을 위한 안내서〉라는 제목의 문서는 동료 교원의 가족에 관련된 사항을 다루는 방법과 해당 학과에 가족친화적인 분위기를 조성하는 데 필요한 구체적인 지시 사항을 제공했다.[12]

우리는 가족친화정책을 실행하는 데 그치지 않았다. 시간이 지나며 우리는 많은 여성들이 (그리고 일부 남성들이) 학위 과정 중에 교수직을 포기하는 결정을 내린다는 것을 알게 되었다. 또 어떤 이들은 박사후연구원 과정에서 이런 선택을 하기도 했다. 대학원생들이 왜 연구를 계속할 수 있는 연구중심대학 교수 대신 4년제 대학의 강사나 민간 부문 또는 공공 기관의 커리어를 선택하는지 알아내기 위해 우리는 캘리포니아대학교의 10개 캠퍼스 중 9개 캠퍼스의 2년 차 이상 대학원생을 대상으로 설문조사를 실시했다(UC 머시드 캠퍼스에는 참여할 수 있는 대학원생이 너무 적어서 제외되었다). 이를 통해 대학원생들이 학위 과정 중에 가정과 대학에서의 커리어 사이에서 균형을 잡는 게 얼마나 어려운지 깨닫고 학계에 대한 환상이 깨진다는 것을 알게 되었다.[13]

이와 관련하여 우리는 대학원 문화를 바꾸기 위해 대학원생을 대상으로 하는 새로운 가족친화정책을 제안했다. 이를 통해 우리는 학자로서의 커리어를 추구하면서도 가정생활과 개인적인 삶을 동시에 누릴 수 있다는 메시지를 전하려고 했다. 우리는 대학원생들이 대학원 과정을 포함해 어느 시기든 가정을 꾸려도 좋다고 느끼길 바랐다. 새로운 정책에는 대학원생을 위한 유급 출산휴가, 보육 지원, 그리고 부모가 된 대학원생이 불이익 없이 학위를 마칠 수 있도록 학위 심사가 1년 유예되는 선택권 등이 포함되었다.

초반 우리의 연구는 교수직을 얻지 못하면 그만둬야 하고, 가족 구성이 그 결과에 극적인 영향을 미칠 수 있는 학문후속세대*에 초점이 맞춰져 있었다. 하지만 우리는 점차 연구 대상을 중견 교수로 확장하였고, 여성 교원의 학과 내 지위와 임금격차를 살펴보았다. 여성은 남성에 비해 부교수에 머물 가능성이 더 높았

---

* 학문후속세대는 대체로 대학원생과, 박사학위를 취득하고 얼마 되지 않은 신진연구인력을 의미한다. 국내에서는 박사학위를 취득한 후 10년이 경과하지 않은 연구인력을 '신진연구자'로 따로 구분한다.

고, 여성 교수는 남성 동료들에 비해 임금도 적었다. 나아가, 여성은 그 숫자에 비해 대학 내에서 학과장, 교무처장, 총장 등 주요 보직에 오르는 비율도 현저히 낮았다.

우리는 이를 통해 가족 구성이 학문후속세대보다 중견 교수 시기에 보다 긍정적이면서 동시에 복합적인 영향을 미친다는 결론을 이끌어냈다. 가족은 중견 교수의 승진에 적지만 의미 있는 영향을 미쳤다. 자녀의 존재는 정교수로의 승진에 영향을 미치지 않았지만, 여성 교수의 임금을 낮췄다. 이 결과를 종합해볼 때, 결혼과 자녀의 존재는 여성과 남성 학자들에게 서로 다른 시기에 상이한 방식으로 영향을 준다.

학자로서의 경력이 완전히 무르익는 50대가 되면, 이전과는 전혀 다른 가족 문제가 많은 여성과 남성들 눈앞에 나타난다. 바로 부양해야 하는 노부모와 점점 쇠약해져 서로를 돌봐야 하는 배우자의 존재다.[14] 노인 돌봄에 드는 시간은 평균적으로 가족을 막 꾸리기 시작하는 시기보다는 덜 든다 하더라도, 여전히 많은 학자들이 영향을 받는다. 커리어와 가정이 시작되던 시기와 마찬가지로, 이 시기에도 여성이 주로 돌봄 의무를 맡는다. 이 책에서는 삶의 후반에 이르러 가정과 커리어의 관계를 들여다보며, 교수들이 은퇴를 하는 시기와 그 이유, 그리고 그 결정에 가족이 미치는 영향을 살펴본다.

최근 들어, 우리는 물리학과 생명과학, 수학, 그리고 공학 등

이공계열에 초점을 두어 연구를 진행했다. 이 분야는 유독 여성들에게 일-가정 양립에 특유의 어려움을 선사하는 분과 학문이다. 여성의 낮은 대학원 진학률과 정년을 받은 여성 과학자의 기근 현상은 물리학과 내에서 여성에게 적대적인 문화가 지속되게끔 하였다. 생명과학의 경우, 대학원에서 여성의 활약은 대단하지만, 미국 연방정부기관으로부터 연구비를 지원받아 경력을 쌓아나가는 대학원 이후에는 많은 여성들이 커다란 장애물을 맞닥뜨린다. 대부분의 경우, 젊은 여성 과학자들이 경험하게 되는 (혹은 경험할 것으로 예상하는) 가정에서의 요구가 이들을 더 나아가지 못하게 만드는 주요 원인이다.

우리는 연구비를 지급하는 미국 연방정부기관도 개인의 가정사를 고려하는 예외 조항을 너무 적게 두면서 이 문제에 일조하고 있다고 본다. 우리는 미국 내에서 과학 연구를 지원하는 13개 주요 연방정부기관을 대상으로 해당 기관이 갖추고 있는 가족친화정책과 시행 여부를 조사했다.[15] 이는 미국과 캐나다의 상위 61개 연구중심대학이 속한 미국대학협회Association of American Universities를 대상으로 하는 후속 연구로 이어졌다. 이 연구는 각 대학에서 대학원생, 박사후연구원, 그리고 교원에게 제공하는 가족친화정책의 규모 등을 밝히기 위해 진행되었다. 하지만 이 문제는 연구중심대학에만 국한되지 않았다. 우리가 여러 학회에서 해당 연구 결과를 발표하면서, 학부중심대학과 2년제 대학junior college을 포함해 모든 종류의 고등교육기관에서 가족친화정책에 대한 수요가 연구중심대학과 비슷함을 알게 되었다.

우리는 이렇게 다양한 갈래의 연구 결과를 바탕으로, 이 책에서 학자의 커리어 전반에 걸쳐 일과 가정이 교차하는 종합적인 그림을 제시한다. 우선, 학계라는 커리어에서 이탈하는 데 가족이 영향을 미치는 주요 시점을 짚어냈다. 하지만 이야기는 생각보다 더 복잡해서 가족 구성이 여성과 남성의 커리어에 이득이 되는 경우도 있다. 남성의 경우, 결혼과 자녀는 커리어 전반에 걸쳐 긍정적인 효과를 냈다. 여성의 경우에도, 어떤 특정한 시기에는 결혼과 6세에서 18세 사이의 자녀가 커리어에 긍정적인 영향을 미쳤다. 물론 이 이야기에는 일반화할 수 없는 미묘한 차이가 있지만, 전반적으로 여성과 남성 학자 사이에는 무시할 수 없는 큰 격차가 존재한다. 우리가 얻은 분석 결과를 통해 남녀 모두 학자로서, 그리고 개인으로서 균형 잡힌 삶을 누릴 수 있도록 학자의 생애주기에 맞춰 어떤 개입이 필요한지를 이해할 수 있게 될 것이다.

이어질 장들에서는 대학원, 교수 임용 지원 시기, 정년 보장 이전의 유예 기간, 정년 보장 후 중견 교수 시기에 이어 은퇴하기까지 학자로서 거치는 여러 시기에 젠더, 일, 그리고 가족이 미치는 상관관계를 설명한다. 각 단계에서 개인이 일-가정 양립을 이룰 수 있도록 도울 수 있는 구체적인 전략과 개입 방식도 서술하였다. 여기에 등장하는 대부분의 개입 방식은 이미 일부 대학과 여러 정부 기관에서 모범적으로 시행되고 있다. 정년 보장tenure이라는 제도의 미래나 대학이라는 직장의 재편성에 연방법인 타이틀나인Title IX*이 갖는 영향력 등 보다 광범위한 사안들도 다룬다. 공동 양육자로서 아버지의 역할을 충분히 하지 못하는 데 대한 남성들의 좌절과, 정년을 보장받았으나 자녀가 없는 여성들의 후회도 다룬다. 그리고 일상 속에서 일-가정 양립의 어려움을 겪고 있는 사람들의 목소리를 최대한 많이 담아내려 했다. 이 목소리들은 우리가 수년에 걸쳐 모은 설문조사의 의견인 경우도 있고, 블로그와 같은 온라인 매체에 등장한 경우도 있으며, 직접 진행한 인터뷰를 통해 나오기도 했다. 일부는 메리 앤 메이슨과 이브 에크먼Eve Ekman의 책《전문직 어머니들Mothers on the Fast Track》**에도 등장한다.[16]

이 책은 대학에 하나의 전환점이 될 것이다. 영민하고 우수한 젊은이들이 연구중심대학을 거부하고 있다. 우리의 연구 결과에 따르면, 지금 등장하는 새로운 세대의 학자들이 교수직을 꺼리는 주된 원인은 교수직이 가정의 의무를 다할 수 있는 기회를 제공하지 않기 때문이다. 이는 여러 면에서 자원의 낭비이다. 미국

* 타이틀나인은 1972년 제정된 미국의 남녀교육평등법안이다. 당초 이 법안은 여학생이 스포츠 및 신체 활동에 참여할 수 있도록 하는 대표적 실천 전략으로 도입되었으며, 그 내용은 "모든 학교는 교육 프로그램과 활동에서 남녀 차별을 금지해야 함"을 명시하고 있다.
** 2007년에 출간된《전문직 어머니들》은 1970년대와 1980년대 학계, 법조계, 의약계, 재계 및 언론계에서 경력을 시작한 야심 찬 1세대 여성의 커리어를 추적한 책이다.

은 새로운 세대를 가르치게 될 우수한 학자들과 사상가들을 더는 잃을 수 없다. 그리고 재능 있는 젊은 학자들의 입장에서도 이들이 커리어를 위해 쏟은 시간을 낭비하게 할 수는 없다.

우리는 이 책을 통해 남녀 학자들의 실제 경험을 제대로 반영한 대학의 새로운 모델을 제시한다. 맞벌이 부부가 대부분이고, 학자들의 삶에 자녀, 배우자, 그리고 부모가 핵심적인 부분을 차지한다는 점이 이 새로운 모델에 고려되어야 할 내용이다. 오늘날 박사학위 소지자의 절반 가까이 되지만, 가족 때문에 커리어에 능력을 최대로 발휘하지 못하는 여성들이 학계에 매력을 느끼고 남아 있게 하려면 이런 극적인 전환이 필요하다. 또 가사 및 육아에 활발히 참여하고 싶어 하지만 커리어의 압박을 받아 그렇게 하지 못하는 남성을 위해서도 필요한 변화이다.

우리의 연구 결과와 캘리포니아대학교에서 실행되고 있는 혁신적인 모델이 원동력이 되어, 이제 미국 전역이 가족친화정책에 관심을 보이고 있다. 많은 대학에서 가족친화적인 환경을 만들기 위한 변화가 시작되었다. 우리도 UC 교원 가족친화계획이 수립된 이래, 지난 몇 년간 캘리포니아대학교에서 엄청난 변화들을 목격했다. 2003년에 비해 여성 조교수들이 자녀를 가질 확률이 2배 이상 높아졌다(2006년 기준). 교수진은 전례가 없는 빈도로 출산휴가를 사용하고 있고, 대학원생들 또한 일상적으로 학위 취득 기한을 연장하고 유급 출산휴가를 사용하게 되었다. 이런 성공적인 이야기를 대학교에서도 들을 수 있다. 이제 대학은 경직된 직장이라는 오명에서 벗어나 점차 기업의 벤치마킹 대상이 되고 있다. 지금부터 만나볼 장들은 이런 변화가 왜 필요한지, 그리고 어떻게 일어날 수 있는지를 담고 있다.

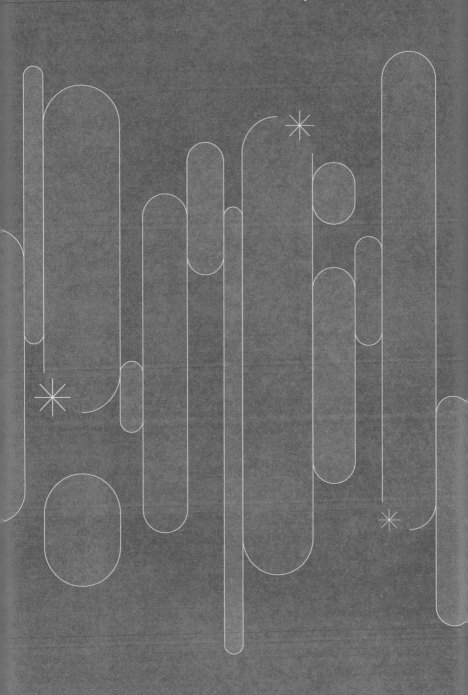

대학원생과 박사후연구원 기간은 미래에 학자가 될 이들에게는 자신의 실력을 증명하는 기간이다. 많은 학생들이 교수가 되겠다는 목표를 가지고 대학원에 진학하지만, 결국에는 마음을 바꾸고 만다. 학계의 커리어를 거부하는 데에는 많은 이유가 있지만, 여성들에게 가장 결정적이고, 남성에게도 상당한 영향을 미치는 것이 결혼과 육아로 대표되는 가족 구성에 관한 고민이다. 대학원생과 박사후연구원 등의 학문후속세대가 미래를 결정하는 데 가정에 관한 고민이 미치는 영향은 상당히 복합적이다. 어떤 학생들에게는 학계에서 일-가정 양립이 가능하다는 것을 보여줄 수 있는 마땅한 롤모델조차 없다. 다른 학생들에게는 아이를 낳은 이들을 향한 지나친 적대감이 학계에서 커리어를 쌓아가겠다는 의지를 꺾기도 한다. 결혼이 부부가 함께 커리어를 개발하는 데 걸림돌이 되기도 한다. 정상에 오를 때까지 끊임없이 경쟁을 해야 하는 이공계열의 경우에는 일-가정 양립이라는 과제가 더욱 어렵다. 일부 대학에서 일-가정 양립에 관해 관심을 보이기 시작했지만, 이는 교직원에 한해서일 뿐 대학원생이나 박사후연구원에 대한 처우는 대부분 관심 밖이었다. 이번 장에서는 학문후속세대가 가족 구성에 관한 고민에 어떻게 대응하는지 확인하고, 대학원생과 박사후연구원이 대학에 남아 커리어를 일구어나갈 수 있도록 학계라는 일터를 다시 만들어가고 있는 일부 대학의 사례를 살펴보자.

대학원생의 새 얼굴

30, 40년 전의 대학원생들과 새로운 세대의 대학원생들은 여러 면에서 다르다. 과거 대학은 전통적인 외벌이 가정의 남성이 대부분을 차지했다. 하지만 오늘날의 대학원생은 성비는 거의 같고, 대부분이 맞벌이 가정의 장점과 어려움을 동시에 경험하게 될 것이다. 이 세대가 지니는 기대치와 가치관도 이전 세대와 다른데, 그중 유연한 근무 형태를 희망하는 것과 일 외에 다른 목표를 갖고 그 사이에서 균형을 추구하는 것이 대표적이다. 하지만 대학원생들의 우선순위가 크게 바뀌는 사이, 대학의 구조나 문화는 그 속도를 따라잡지 못했다. 연구에 모든 것을 오롯이 쏟아부어야 한다는 암묵적인 요구와 중단 없이 일률적으로 진행되는 커리어 방향이 보여주듯 여전히 '이상적인 노동자'라는 구시

대적인 생각이 대학을 지배하고 있다. 일-가정 양립을 실천하고 유연성을 발휘하고자 하는 새로운 세대의 대학원생들에게 대부분이 남성인 선배 교수들과 보직 교수는 롤모델이 될 수 없다.[1]

이제는 남학생만큼 많은 수의 여학생이 있다는 점이 요즘 대학원생들에게서 볼 수 있는 가장 큰 변화다. 실제로 지난 40년간 대학원 교육에서 가장 주목할 만한 업적은 성평등을 이루었다는 점이다. 1966년 여성은 미국 박사학위 취득자의 12%만을 차지했다.[2] 하지만 이 비율은 2008년 50% 이상에 이르렀다.[3] 또한 소수집단, 특히 소수 인종 여성 대학원생의 증가가 눈에 띄지만, 여전히 실제 인구 비율과는 거리가 있다. 어떤 분야는 다른 분야보다 성비 불균등이 심하다. 2008년 컴퓨터공학과 수학을 포함해 전통적으로 남성이 다수인 물리학 분야의 여성 박사학위 취득자는 28%였고, 공학 박사학위를 취득한 이의 22%가 여성이었다.[4] 생물학이나 심리학처럼 인간 중심의 분과 학문의 여성 박사학위 취득자 비율보다는 적지만, 그럼에도 이 비율은 과거에 비하면 놀라운 수준이다. 48쪽의 [그래프 1-1]에 나타난 것처럼, 지난 40년간 여성 박사학위 취득자의 비율은 공학 분야에서 100배 이상, 지구과학에서 12배, 물리학에서 7배 이상 증가했다. 여성 박사학위 취득자가 늘어나는 경향이 지속되고 있고, 여성이 남성보다 대입이나 석사 과정에서 우수한 성과를 보이고 있으므로, 향후 더 큰 변화가 있을 것으로 예상된다.[5]

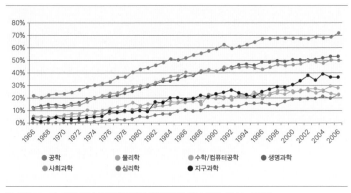

[그래프 1-1] 미국 이공계열 박사학위 취득자 중 여성 비율, 1966-2006

출처: 미국 국립과학재단 과학자원통계분과(National Science Foundation, Division of Science Resources Statistics), "Survey of Earned Doctorates," WebCASPAR; Marc Goulden, Mary Ann Mason, Karie Frasch, and the Center for American Progress, "Staying Competitive: Patching America's Leaky Pipeline in the Sciences," Berkeley Center on Health, Economic, and Family Security, University of California, Berkeley, 2009, 그림 4.
주: 미국 시민권자 자료만 수집되었다.

과거에 비해 여성 대학원생이 눈에 띌 만큼 늘어난 것 외에도 오늘날 대학원생은 과거에 비해 평균연령이 더 높다. 2006년 기준 박사학위 취득자의 중위연령은 남성이 32세, 여성은 33세다.[6] 자연과학 분야 학생들은 박사학위를 평균보다 이른 나이에 취득하지만, 박사후연구원으로 시간을 보내는 경우가 점차 늘고 있다.[7] 이들은 정년이 보장된 일자리를 구하기 전까지 박사후연구원 위치에 몇 년간 머물기도 한다. 그래서 대부분의 여성 교수는 정년을 보장받는 시점이 되면 가임기가 끝나갈 가능성이 높다. 그동안 여성 대학원생들에게는 정년을 보장받을 때까지 가족 구성을 미루는 것이 오랜 지혜로 여겨져왔지만, 순수하게 생물학적인 입장에서 본다면 이는 잘못된 조언이다.[8] 그렇다면 조금이라도 젊어 임신이 가능한 대학원생 때 아이를 갖는 것은 어떨까? 앞으로 보게 되겠지만, 이를 괜찮은 대안으로 생각하는 학생은 많지 않다.

좋지 못한 인상

커리어를 고민하는 과정에서 일-가정 양립 문제는 대학원생들에게 무척이나 부담스럽다. 2006~2007년 캘리포니아대학교 대학원생 8,000명을 대상으로 실시한 기념비적인 설문조사*에서 여성의 84%, 그리고 남성의 74%가 가족친화적인 분위기를 미래 직장의 고려 사항으로 꼽았다. 하지만 여성의 70% 이상, 그리고 남성의 절반 이상이 연구중심대학의 교원을 가족친화적이지 않은 직업으로 꼽기도 했다.[9]

오늘날의 박사 과정 대학원생 대부분은 이전 세대와 마찬가지로 교수가 되고 싶다는 꿈과 희망을 품고 대학원 생활을 시작한다. 캘리포니아대학교에서 대학원 생활을 시작한 박사 과정 대학원생들의 3분의 2 정도는 교수가 되는 것이 대학원 생활을 시작하게 된 계기라고 말했다. 그리고 그중 대다수는 주요 연구중

* 2019년 10월, 한국의 과학기술정보통신부는 "이공계 대학원생 설문조사" 결과를 발표한 바 있다. 이 설문조사는 국내 이공계 석박사 과정 전일제 대학원생을 대상으로 지난 8월 20일부터 9월 8일까지 20일간 실시한 온라인 설문조사로, 1,330명이 응답하였다. 조사 결과, 이공계 대학원생들은 오랜 시간을 연구실에 머물면서도 주말 휴무, 공식적인 휴가 일수 등이 명확하지 않은 환경에 처해 있는 것으로 조사되었다. 출처: "이공계 대학원생 1,330명의 목소리". 대한민국 정책브리핑 2019년 10월 30일.

심대학이나 4년제 교육전문대학의 교수직을 희망했다. 하지만 대학원 생활을 하는 중 연구중심대학의 교수가 되고 싶다던 이들의 생각이 종종 바뀌는 것을 볼 수 있다. 우리가 조사한 여성의 30%, 그리고 남성의 20%는 대학원 재학 중에 주요 연구중심대학에서 교수가 되려던 계획을 포기하고, 대학이 아닌 곳에서 커리어를 시작하고자 했다.[10]

남녀 대학원생들은 대학에서의 커리어를 우려하는 이유를 서로 다른 방식으로 설명한다. 물론 여성과 남성 모두 지나치게 긴 노동시간에 대한 불만을 가질 가능성이 높다. 캘리포니아대학교에 재학 중인 한 남학생은 이렇게 불평했다. "(나는) 일 중독에다, 남들도 자신과 똑같을 것이라고 짐작하는, 이 똑똑하다는 사람들의 편협한 사고에 질려버렸다."[11] 하지만 여성들은 가정생활에 관한 고민에 보다 초점을 두었다. 한 여학생은 "대학원에 입학할 때만 해도 연구에 매진하는 교수가 되겠다는 의지가 가득했지만, 요즘은 자녀를 포기하는 희생을 치를 각오를 해야만 (교수가) 선택 가능한 직업이 될 것이라는 생각이 든다"[12]고 했다.

우리가 박사 과정 대학원생과 일대일로 진행한 인터뷰에서도 비슷한 결과를 얻었다. 캐럴린Carolyn은 공학을 전공하는 5년 차 대학원생이자 3개월 된 아들을 둔 엄마로, 대학원 과정 중에 가족을 꾸릴지 고민하면서부터 많은 어려움을 겪었다.[13]

캐럴린은 텍사스주에 있는 노동자계급 거주 지역에서 자랐다. 캐럴린의 부모는 둘 다 대학을 나오지 않았지만, 발전소에서 공학자들과 일하던 그녀의 아버지가 공학 분야를 향한 캐럴린의 관심을 적극적으로 지지했다. 그녀는 과학과 인문학 양쪽에 두각을 나타내는 학생이었고, 텍사스대학교에서 문학사와 이학사를 둘 다 취득했다. 대학교 졸업 후 얼마 지나지 않아 고등학생 때 만난 연인과 결혼한 그녀의 계획은 원래 4, 5년 정도 일한 후 가족을 꾸리는 것이었다.

하지만 캐럴린은 곧 대학으로 돌아왔다. 그녀는 "박사학위가 있으면 실질적인 연구를 훨씬 더 많이 할 수 있다는 것을 깨달았다"고 말했다. 캐럴린의 남편 켄Ken이 이미 박사학위를 준비 중이었으므로, 캐럴린은 그녀의 차례를 기다리며 남편을 지원했다. 그녀는 27세가 되던 해에 박사 과정을 밟기 시작했으나, 투자해야 하는 시간이나 근무 환경 등을 볼 때 가까운 시기에 아이를 갖기는 불가능하다는 것을 깨달았다. "우리는 가족을 꾸릴 준비가 충분히 되어 있지만, 실제로 아이를 낳아 기를 수 있을지는 잘 모르겠다." 캐럴린이 속한 학과의 20%만이 여성이고, 그중 아이를 낳아본 이는 한 명도 없었다. 대학원에서 요구하는 과도한 업무량 때문에 캐럴린과 켄은 계획을 바꾸었고, 대학원 과정 초기에 가족을 꾸리려던 계획을 미루었다.*

---

* 이와 같은 상황은 한국도 크게 다르지 않다. 앞선 2019년 설문조사에서, 이공계 대학원생 응답자의 62%는 주중 하루 평균 10시간 이상 연구실에 머물며, 휴일 출근이 강제되는 경우(16%)나 공식적인 휴가가 없는 경우(29%)도 있는 것으로 나타났다.

박사 과정 대학원생 부모

캘리포니아대학교 박사 과정 대학원생 설문조사 결과에 따르면, 조사 대상 중 남성의 14%, 그리고 여성의 12%만이 부모였다.[14] 하지만 실제 조사 결과, 여성 대학원생의 3분의 2 이상은 첫아이를 낳기 가장 좋은 시기를 28세에서 34세 사이라고 했다.[15] 왜 대부분의 여성 대학원생은 대학원 기간 중에 아이 낳기를 꺼릴까? 어찌 됐든, 대학원 기간은 일정을 유연하게 조정할 수 있다는 장점이 있고, 육아 경험을 공유할 공동체가 있을 가능성도 높다. 캘리포니아대학교 응답자들이 대학원 과정 중 자녀를 낳지 않는 가장 흔한 이유로 답한 것은 [표 1-1]에서 보듯이 업무량이었다. 남학생의 68%, 여학생의 76%가 대학원에서의 업무량을 출산을 미루는 가장 중요한 이유로 꼽았다. 대학원 생활과 육아를 근본적으로 함께할 수 없는 일로 인식할 확률도 여성이 남성보다 훨씬 높았다.

여성이 남성보다 더 높은 비율로 대학원 과정 중에 출산 및 육아를 꺼리는 이유는 책의 저자 메리 앤 메이슨이 30년도 더 전에 아이 낳기를 꺼리던 이유와 똑같다. 이들은 연구에 진지하게 임하지 않는 사람으로 받아들여질까 걱정했고, 지도교수 및 미래 고용주들에게 인정받지 못할 것을 우려했다. 캘리포니아대학교의 한 학생은 소속된 학과에서 임부 학생을 대하는 태도를 언급했다. "임신한 학생은 임신한 순간부터 자신이 학위를 끝낼 실력을 충분히 갖췄음을 증명해야 한다는 분위기가 만연해 있다. 똑

"가장 중요한 이유"로 선택한 답변	전체(%)	남성(%)	여성(%)
박사학위 과정/임용에 걸리는 시간	72	68	76
개인/가정의 현재 수입	64	67	61
박사학위 과정/커리어를 위해 시간이 소요될 것이란 우려	54	48	59
박사 과정 학생으로서 아이를 기르는 어려움	53	48	58
양질의 보육 서비스를 구하기 어려울 것이란 우려	53	49	56
적절한 집을 구하기 어려울 것이란 우려	51	51	52
미래 고용 상황이 불확실함	50	48	51
건강보험 신청 가능성 혹은 부담 비용에 관한 우려	47	47	48
박사 과정과 육아를 함께하기 어려울 것이란 우려	46	36	54
박사 과정 진행에 대한 우려	43	34	51
출산휴가 사용 가능성에 대한 우려	43	32	50
현재 고용 상황의 불확실성	38	35	40
미래 커리어 및 성공에 대한 우려	36	27	43
미래 개인/가정의 기대 수입	33	32	33
미래 배우자/파트너의 불확실성	30	27	33
박사 과정 학생으로서 부모가 되는 것에 대한 관심 감소	29	31	28
배우자/파트너가 자녀를 갖길 원하지 않아서	28	32	24
취미나 사교 활동을 위해	23	23	23
결혼 관계에 (또 다른) 자녀가 미칠 영향	17	17	17
지도교수가 내 연구를 중요하게 여기지 않을까 봐	15	8	21
미래 고용주가 내 연구를 중요하게 여기지 않을까 봐	15	6	23
다른 교수가 내 연구를 중요하게 여기지 않을까 봐	13	6	19
건강상의 이유(나이 포함)	13	8	17
동료들이 내 연구를 중요하게 여기지 않을까 봐	9	4	14

[표 1-1] 캘리포니아대학교 대학원생들이 아이를 낳지 않거나 아이를 가질 계획이 불분명한 이유

주: 네모로 표기된 수치는 통계적으로 유의미한 (p<0.001) 성별 격차를 보여준다. N=3,880-4,353
출처: 캘리포니아대학교 Doctoral Student Career and Life Survey, 2006-2007.

같은 학생에 대해 임신 전에는 그녀의 능력이나 졸업할 의지에 대한 의심이 없었더라도 말이다." [표 1-1]에 의하면, 자녀가 있으면 지도교수나 미래 고용주가 자신을 부정적으로 볼 것이라고 걱정하는 비율은 여성이 남성보다 2, 3배 더 높았다.*

실험과학 분야는 학생 부모, 특히 엄마들에게 더 힘든 분야다. 미래의 인문학자나 대부분의 사회과학자들에 비해 미래의 과학자들은 연구 일정이 덜 유연하다. 실험과학 분야 연구는 특성상 캠퍼스 내 실험실에서 오랜 시간을 보내야 한다. 나아가 새로운 과학적 발견을 이뤄내는 경쟁을 통해 스스로의 실력을 증명하는 과정에서 출산이나 육아로 인해 연구가 유예되는 것은 달갑지 않다.[16] 이는 워싱턴대학교 의과대학의 한 박사후연구원의 블로그 '학구열Academic Aspirations'에 잘 드러나 있다. "이공계열, 특히 연구 분야는 진행 속도가 빠르다. 출산휴가 기간은 누군가 내 연구 성과를 따라잡기에 딱 적당한 시간이라 몇 달 혹은 몇 년간의 업적을 빼앗길 수 있다. 생각만 해도 속상한 일이다."[17]

여성 과학자들은 이미 이 모든 것을 알고 있다. 신경과학을 연구하는 박사후연구원 제니퍼Jennifer는 박사학위를 마친 직후 첫 아이를 가졌다. "나는 아마 정년이 보장되는 직업은 구하지 못할

* 이와 관련해서, 미국과 동아시아의 기혼 여성 대학원생이 경험하는 역할갈등은 공통점과 차이점을 가지는 것으로 나타났다. 흥미로운 것은, 가족 내 성역할에 대해서 미국 학생들은 동아시아 학생들보다 전반적으로 더 많은 역할갈등을 경험하는 것으로 나타났다. 출처: 박주희. (2003). 동아시아 기혼 여자 대학원생들과 미국 기혼 여자 대학원생들의 가족 및 직업 역할 만족도와 긴장도. **Family and Environment Research**. 41(6). 29-45.

것이라고 생각하고, 많은 사람들도 내가 아이를 가졌을 때 직접적으로 그런 이야기를 해주었다. 내 주변만 하더라도 가족 때문에 어떤 일자리는 아예 고려조차 할 수 없는 사람들을 볼 수 있다."[18] 하지만 남성은 제니퍼와는 다른 메시지를 받는다. 여성은 일에 진지하게 임하지 못할 것이라고 여겨지는 데 반해, 결혼을 하고 자녀를 둔 남성은 성숙하고 일을 더 잘 처리할 것으로 여겨진다.[19] 가용 연구비가 제한적인 상태에서, 연구직은 가장 유망한 미래를 보이는 이에게 돌아가야 하는데, 자녀를 둔 여성은 일을 제때 제대로 끝마치지 못할 것이라는 편견에서 자유롭지 못하기 때문이다. 다음 장에서 살펴보겠지만, 여성이 최적의 일자리를 찾기 위해 이동하는 것은 결혼 때문에 제한되고, 정년을 보장받기 전에 임신과 출산을 하는 것은 해당 여성이 커리어에 전념하지 않는다는 추가 근거로 여겨진다. 그리고 다른 여느 직종처럼, 남성 지원자가 더 많기 때문에 남성 교원이 많은 현재의 상황이 강화된다. 지금으로서는 캘리포니아대학교 여학생이 쓴 평가에 많은 학생들이 동의할 수밖에 없다. "박사를 받지 마세요! 그냥 하지 마세요. 인생에는 평생 직업으로 삼을 수 있는 일이 정말 많아요. 그중에는 연구만큼 지적인 도전도 되고, 돈도 많이 벌고, 여성이 아이를 낳는 게 문제가 되지 않는 직업도 있습니다. 대학은 아무리 잘해봐야 이 문제에 대해서만큼은 1970년대에 머물러 있으니까요."

경제적인 어려움

대학원 과정은 수입이 적고 '라면으로 끼니를 해결하는' 검소한 생활을 하는 시기라 육아를 고민하는 학생 부부에게 가계는 큰 걱정거리이다. 아이를 키우다 보면 의료보험료, 보육비, 집세, 기저귀 값, 옷값 등등 새로운 지출이 많이 발생한다. 이 비용을 다 합치면, 요즘의 평균적인 미국 부모는 영유아에게 해마다 1만 1000달러* 이상을 쓴다고 한다.[20] 캘리포니아대학교 박사 과정 학생들을 대상으로 진행한 설문조사에서, 아이 낳기를 미루는 이유 중 두 번째로 많이 선택된 것이 돈이었다. 남성 대학원생의 67%, 그리고 여성 대학원생의 61%가 가족을 꾸리지 않는 이유로 적은 임금을 들었다([표 1-1], 53쪽). 남성들이 아이를 낳지 않는 데 금전적인 이유를 드는 것은 그리 놀랍지 않다. 이들은 일을 하지 않거나 파트타임으로 일하는 배우자와 함께할 확률이 여성들보다 높다.[21] 어느 동물학 박사 과정 학생은 《엄마가 된다는 것, 실험실 안의 코끼리Motherhood, the Elephant in the Lab》라는 개인 회고록에서 자금이 넉넉지 않은 학생들에게 보육비 마련이 상당히 곤란할 수 있다고 언급했다. "대학원 생활은 오랜 시간 일하고 그 노력에 대해 돈을 적게 받는 것을 뜻한다. 아이를 키우는 것은 오랜 시간 일하고 노력에 대해 아무런 돈을 받지 않는 것을 뜻한다. 그러니, 실험실에서 일하느라 바쁜데 돈도 없다면, 어떻게 아이를 키우는 데 필요한 비용을 감당할 수 있겠나?"[22]

---

* 이 책이 발간된 2013년 기준으로 미화 1달러 환율은 1,055.4원이었다. 물가상승배수를 고려하면, 현재 가치로 환산했을 때 12,480,105원(한화 약 1,250만 원) 정도가 된다.

부모가 되고자 하는 이들이 소속 대학교에서 도움을 받을 가능성도 적다. 2008년 '고등교육연보The Chronicles of Higher Education' 웹사이트에서 100개 넘는 기관을 대상으로 진행한 설문조사에 따르면 대학원생의 연평균임금은 3,000달러에서 2만8000달러 사이였다.*[23] 대부분의 대학원생들이 2만 달러에도 못 미치는 임금을 받았을 것이다. 아이를 키울 때 꼭 필요한 의료보험을 대학을 통해 가입한 대학원생도 42% 정도에 불과했다.[24] 미국대학협회에 속한 대학의 13%만이 특수한 예외 없이notable limitations 대학원생들에게 6주간의 유급 출산휴가를 주었다.[25] 하지만 6주 이상 출산휴가를 쓰려는 대학원생들은 여러 가지 어려운 상황을 마주했다. 그중 한 명이 앞서 소개한 텍사스대학교 대학원생 캐럴린이었다. 대학원 생활이 끝나갈 즈음, 캐럴린은 아이를 낳기로 결심했다. 그녀는 아이와 친밀한 유대를 쌓기 위해 출산휴가를 최소한 12주는 쓰고 싶었다. 그녀는 모든 미국 노동자에게 적용되는 가족과 병가 법Family and Medical Leave Act, FMLA에 따라 무급 출산휴가 12주를 자신도 사용할 수 있을 것이라고 생각했다. 하지만 실망스럽게도, 캐럴린은 학생이기 때문에 해당 법의 적용

---

* 비슷한 시기인 2011년 국내 대학원생의 임금 수준을 파악한, 국내 6개 대학에서 국가 연구과제에 참여한 이공계 대학원생 1만 5000여 명을 대상으로 실시한 조사에 따르면 석사 과정생은 1년간 평균 2.7개 과제에 참여하는 조건으로 월평균 68만 원, 박사 과정생은 평균 3.1개 과제에 참여해 월평균 103만 원을 인건비로 받은 것으로 나타났다. 출처: 홍성민, 조가원, 김형주, 유민화, 정미나. (2012). 학생연구원 지원제도 개선방안. 과학기술정책연구원 정책연구보고서, 2012-24.

을 받지 못했다. 그녀의 임금을 지급하는 연방정부의 연구 기관에서는 법적으로 소속 대학에서 지정한 기간만큼만 출산휴가를 허가할 수 있었다. 바로 6주였다. 그녀는 대학 측에 여러 차례 항의를 하고 난 후에야 휴가 연장을 승인받았다.

롤모델과 멘토

캐럴린이 아이를 낳기로 한 결정은 그녀의 롤모델인 학과의 젊은 교수 엄마의 응원에 일부분 영향을 받았다. 모든 분야에 걸쳐서, 개인 멘토는 오늘날 대학원생이 일과 가족에 관한 결정을 내리는 데 핵심적인 역할을 한다. 전통적으로는 멘토가 학생들에게 학술적인 지원과 교수법, 기타 전문적인 기술을 알려주고, 연구 지도와 향후 진로에 관한 조언을 하는 것으로 여겨진다.[26] 하지만 멘토로서 교수는 개인적인 차원의 롤모델이 되기도 한다. 일-가정 양립의 모델이 되는 것이다.[27] 캐럴린의 이야기에서 볼 수 있는 것처럼, 학과 내에 성공한 엄마가 있는 것만으로도 학생들에게 용기를 불어넣을 수 있다. 반대로 전공 내 멘토가 양육과 양립 불가능한 생활 방식을 보여주어 대학원생들을 좌절하게 할 수도 있다. 여성이 항상 인생을 바꾸는 멘토가 되는 것도 아니다. 많은 선배 남성 교수들도 가정생활을 위해 유연함을 보이는 롤모델이 되어 대학원생들에게 좋은 자극을 줄 수도 있다. 이들 중에는 대학이나 다른 분야에서 일하는 아내나 딸이 있는 경우도 있다. 어떤 여성 교수들은 어머니로서 좋은 롤모델이 되거나 도움을 주지 못하기도 한다. 그럼에도, 교수라는 어려운 직업과 만족스러운 가정생활을 성공적으로 유지하는 여성 선배 교수들의 사례는 대학원생들에게 중요한 이정표가 된다.

학계 커리어와 가족을 함께 꾸려갈 자신의 능력에 대한 고민은 대학원에서 시작된다. 박사 과정 학생들은 자연스럽게 남성 지도교수가 가정을 이루는 경우가 더 많다는 사실을 인지하게 된다. 1978년과 1984년 사이에 박사학위를 받고 정년을 받은 여성 교원 중, 45%가 대학원을 마치고 12년이 지난 후에도 자녀가 없었다.* 비슷한 집단의 남성 교원의 경우는 그 수치가 26% 정도로 훨씬 낮았다. 혼인율에도 비슷한 차이가 보였다. 해당 집단 남성의 85%가 결혼을 한 반면, 여성은 63%가 결혼을 했다.[28] 이 집단에 해당되는 학자들이 이제 학부의 중견 교수이자 대학원생들의 멘토가 되었다. 캘리포니아대학교의 9개 캠퍼스를 대상으로 진행한 설문조사를 보면, 남성보다 여성이 학계 커리어와 가족 사이에서 균형을 잡는 데 어려움을 겪는다는 것을 많은 학생들도 이미 파악하고 있었다. 어떤 대학원생들에게 이는 극도로 선명한 현실이었다. "우리 전공에서는 아이를 키우면서 정년을 받은 여성 교원이 한 명도 없다"고 과학기술계

* 한국의 경우 여성 교원을 대상으로 가족 관계나 출산율을 따로 파악한 결과는 없으나, 2020년 7월 한국보건사회연구원에서 발표한 자료에 따르면 1971~1975년 출생한 여성 집단에서 전반적으로 고학력 혹은 전문직 여성의 출산율이 낮지만, 저학력 혹은 비전문직 여성의 출산율이 상대적으로 빠른 속도로 하락하여 사회계층별 출산율 격차는 최근 들어 줄어들고 있는 것으로 나타났다. 출처: 한국보건사회연구원 보건복지 Issue&Focus 389호.

(STEM: 과학, 기술, 공학, 그리고 수학을 아우르는 단어) 분야에 속한 여성이 짚었다. 이 의견은 물리학과의 여성 박사 과정생들 사이에서도 공감을 얻었다. "무엇보다 '평범한' 가정을 두었으면서 우리 학교와 같은 (아니면 다른 어느 학교라도) 최상위 연구중심대학에서 성공적인 (아니면 적어도 그렇게 여겨지는) 여성 교수의 예를 찾을 수가 없다. 여성들이 사적으로도 그리고 일적으로도 성공적으로 보이는 순간은 그들의 배우자가 자신의 커리어를 희생하며 이들이 성공하도록 도왔을 때가 유일한 것 같다."

어떤 여성 대학원생들에게는 아이를 낳을지 여부보다 언제 낳을지가 더 큰 고민이다. 롤모델이 될 만한 엄마들이 없어 더욱 악화되는 이 문제는, 전문직 여성이 거치는 커리어의 여러 순간에 서로 다르게 작용한다. 특히 이 딜레마는 이들이 대학 임용 시장에 진입했을 때나 정년 심사와 가임 시기가 맞물려 있는 시기에 나타난다. 캘리포니아대학교에서 수학을 연구하는 한 여성 대학원생은 이 질문에 관해 상당한 고민이 담긴 의견을 보냈다.

나의 가장 큰 고민은 아이를 '언제' 낳는 게 좋은지에 관한 정보가 없다는 점이다. (특히 수학과에는) 내가 만나본 이들 중 아이를 언제 낳으면 커리어에 어떤 영향을 미치는지와 같은 충분한 정보를 가진 여성이 별로 없다. 다른 수학과 여성 대학원생들과 저녁 식사 자리에서 대학원을 다니다 성공적으로 아이를 낳아 키운 여성 대학원생이 하나도 없다는 점을 깨달았다(딱 한 명, 1970년대에 아이를 낳은 이가 있는데 그녀는 지금 다른 캘리포니아대학교 캠퍼스의 교수로 있다). 한편으로는 수학과의 박사 과정이 (예를 들어, 영문과보다는) 짧기 때문에 학위를 먼저 마치는 게 일리 있어 보이지만, 박사후연구원 과정이나 정년을 받기 전 교수 기간도 아이를 낳기에 그리 이상적인 시기로 보이지는 않는다. 그렇다고 해서 35세가 되어서 아이를 낳으려고 기다리려는 사람이 있을까?

모든 분야에 걸쳐 여성 대학원생들은 자신이 속한 학과에 여성 롤모델이 있는 것이 대학을 가족친화적인 공간으로 인식하는 데 중요한 역할을 한다고 언급했다. 이들이 만나는 교수 엄마가 적을수록, 여학생들이 연구중심대학의 정년트랙 교원직을 가족친화적으로 볼 확률이 낮아졌다. 이는 이들이 이 커리어를 계속해서 추구할 가능성도 낮추었다. 우리가 진행한 캘리포니아대학교 설문조사에서, 자녀를 둔 여성 교수가 없는 학과에 속한 여성 박사 과정생은 12%만이 연구중심대학을 가족친화적인 것으로 인식했다. 이는 아이가 있는 여성 교원이 많은 학과에 속한 여학생의 46%가 연구중심대학을 가족친화적으로 본 것과 대비되었다.[29]

교수가 늘 도움이 되는 것은 아니며, 여학생들이 성차별이 심한 지도교수와 함께하면 불이익을 받을 수 있다.[30] 이는 수Sue의 경우에 해당된다. 명문 대학에서 4년 만에 화학공학으로 박사학위를 받은 후(이 분야 박사학위 취득 기간으로는 최단 시간에 해당된다), 수는 지도교수가 구직에 도움을 주지 않았을 뿐 아니라, 향후 진로 계획에 관해서 묻지도 않았다고 이야기했다. 실험실에서 수의 지도교수는 제자들을 편애하고, 여성 대학원생들을 소외시켰다. "나는 졸업 시험을 남들보다 일찍 봤는데, 지도교수가 유일하게 한 말은 '통과했다니 놀라운데!'였다"고 수는 회상했다. "나는 내가 여자라서, 아니면 흑인이라서 지도교수가 놀란 건지 가늠할 수 없었다(수는 가나에서 태어나서 17세에 미국으로 왔다)." 캠퍼스에서 그녀는 매우 성공적이고 자기주장이 분명한 대학원 학생회장으로 알려져 있다. 그녀는 자신감이 넘치고 원하는 목표도 분명해 보였지만, 지도교수의 무관심이 그녀의 자신감을 많이 떨어뜨린 것이 명확해 보였다. 실망한 수는 학계 커리어를 포기하고 공학 회사에 입사했다.[31]

과학 연구 환경의 어려움

일-가정 양립에 대한 고민은 실험과학을 하는 대학원생들 사이에서 두드러지게 나타난다. 이는 대부분 이공계 분야에서 여성 박사학위 취득자가 적은 이유, 그리고 궁극적으로는 연구중심대학 교원의 성별 격차를 설명해준다. 미국 국립과학아카데미National Academy of Sciences에 속한 미국 국립연구위원회National Research Council의 보고서는 미국 내 대학 및 연구소 이공계열 분야에서 여성의 비율이 낮은 현상, 특히 교원의 지위가 높아짐에 따라 여성 비율은 낮아지는 현상을 상세히 설명했다.[32] 보고서는 이공계 박사학위를 받은 여성이 남성에 비해 최신 연구를 선도할 수 있는 대학 연구직을 구할 가능성이 낮음을 입증했고, 교원이 되더라도 정년을 받기 전에 그만둘 가능성이 높다고 보고했다. 미국 내 대학 연구비 대부분을 지원하는 미국 국립보건원National Institutes of Health과 미국 국립과학재단의 이야기도 비슷하다. 이 두 기관이 박사 이전 혹은 박사 과정생에게 수여하는 장학금 대상자에는 여성이 높은 비율로 선정되지만, 박사후연구원을 위한 연구 사업이나 교원이 된 후 지원하는 경쟁률이 높은 연구 사업에 선정되는 여성 비율은 높지 않다. 상대적인 비율의 차이는 상당히 커서, 2007년 미국 국립보건원과 미국 국립과학재단에서 수여하는 박사 과정 장학금에 선정된 여성은 각각 63%와 54%인 반면, 같은 해 교원 연구 사업에 선정된 여성은 25%와 23%였다.[33] 이렇게 여성 과학자들이 걸러지는 현상은 64쪽의 [그래프 1-2]에서 볼 수 있다. 최근에 여성 박사학위 취득자가 급증한 것이 연방정부의 박사 과정 장학금을 받는 여성과 연구비를 받는 여성 교원 사이의 격차를 설명할 수 있을지도 모르지만, 한편으로는, 일-가정 양립에 대해 고민하던 여성이 학계를 떠나면서 대학원생과 교수 사이에 나타나는 선정 비율에 차이가 발생하는 것인지도 모른다.

연구비를 따는 것이 과학자로 살아남는 데 필수 조건이라는 점은 대학원생과 박사후연구원들도 금세 알게 된다. 한 유명 여성 과학자는 이런 의견을 냈다.

우리는 종종 본인 임금의 65% 혹은 그 이상은 물론이고 각종

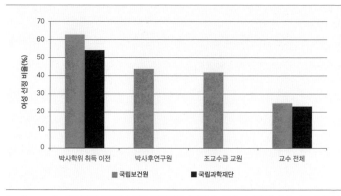

[그래프 1-2] 미국 국립보건원과 미국 국립과학재단에서 대학 커리어 단계에 따른 여성 선정
비율

출처: 미국 국립보건원과 미국 국립과학재단 활동 보고, 2008; Marc Goulden, Mary Ann Mason, Karie Frasch, and
the Center for American Progress, "Staying Competitive: Patching America's Leaky Pipeline in the Sciences,"
Berkeley Center on Health, Economic, and Family Security, University of California, Berkeley, 2009, 그림 5.
주: 미국 국립과학재단의 박사후연구원과 조교수급 교원 선정 정보는 일부분이 빠져 있다. 우리는 이 자료를 빼기
로 결정했는데, 다른 자료와 비교할 수 없기 때문이었다. 이 정보는 미국 국립과학재단 재단장실 소속 페이 코스모
(Fae Korsmo)로부터 제공받았다.

연금 혜택까지 모두 연구비로부터 따내야만 한다. 여기에 더해
연구비의 50~90% 정도에 해당하는 기관 간접비도 지불해야 한
다. 이 모든 비용을 성공적으로 마련하려면, 연구비를 지원받는
연구를 해마다 적어도 평균 두 개씩 수행해야만 한다. 미국 국립
보건원에 신청하는 연구비 지원서가 채택될 확률은 10% 정도
다. 이와 함께 해마다 논문 두세 편 정도가 있어야 연구비 수주
에 유리하고 대학원생이 논문 한 편을 내는 데 평균 4년이 걸린
다는 점까지 생각하면 상당히 부담스러운 상황이 된다. 뿐만 아
니라 연구원, 대학원생, 그리고 박사후연구원의 임금과 각종 혜
택까지도 과학자가 연구비에서 지불해야 한다.[34]

대학원생들은 연구비 마련이라는 교원으로서의 의무를 충분히 인식하지 못할 때가 많다. 하지만, 연구비 마련은 일-가정 양립을 이미 고민하고 있는 예비 과학자에게 또 다른 어려움이 된다.

여기에 더해 과학계 내 성별에 관한 편견도 지속적으로 제기되는 문제다. 이런 편견은 주로 모성과 연결된다. 《꿈속의 문: 과학계 저명 여성과의 대화The Door in the Dream: Conversations with Eminent Women in Science》를 집필한 엘가 와서먼Elga Wasserman은 현대 여성 과학자들이 마주하는 여러 장애물이 대부분 모성에 관한 고정관념과, 여성은 가정생활을 하면서 전문가로 성공할 수 없다는 편견에서 비롯된다고 했다.[35] 어떤 과학자들은 학계가 연구에의 몰입이 필요하기 때문에 자녀를 둔 여성이 진정한 과학자가 될 수 없다고 생각할지도 모르겠다. 하지만 남성들은 부모됨과 양육에 관한 편견의 피해자가 되지 않는다. 남성 과학자들이 여성 과학자들보다 아이를 가질 가능성이 훨씬 높은데도 말이다. 박사학위를 받고 2년이 지나면, 거의 50%의 남성이 6세 미만의 자녀를 둔 반면, 여성의 경우 겨우 30% 남짓 정도만 자녀를 두었다.[36] 부성이 아닌 모성만이 젊은 과학자의 앞날을 막는 표식처럼 여겨지는 것이다. 이렇게 모성에 대한 뿌리 깊은 편견 때문에 물리학이나 공학 분야에서 박사학위를 받은 소수의 여성마저 연구자로서 업적을 남길 수 있는 선도적인 연구에 팀원으로 초대받을 가능성이 적거나, 아니면 가나에서 온 화학공학자 수처럼 연구 그룹 내에서 소외되기도 한다.

여성 대학원생들은 이런 이공계열 대학 내 비우호적인 환경의 압박을 받고 있는지도 모른다.[37] UC 버클리 캠퍼스 기계공학과 교수 앨리스 애고지노Alice Agogino는 남성 중심의 이런 문화가 여성 지원자들이 학과를 기피하게 되는 요소라고 생각한다. "기계공학은 '기계광gear heads'만을 위한 학문이라는 편견이 있다. 이 분야는 여성이 지원할 수 있도록 환경이 마련된 것도 아니고, (심지어) 여성에게 매력적으로 느껴지지도 않는다. 기계공학 분야에 더 많은 여성이 참여하기를 바란다면 보다 인간적인humanistic 학문으로 보여야 한다."[38] 여성을 환영하지 않는 문화는 여성들이 불편해지는 상황을 자주 맞닥뜨리게 한다. 《수학하는 여성: 차이를 더하다Women in Mathematics: The Addition of Difference》를 쓴 클라우디아 헨리언Claudia Henrion은 책을 쓰기 위해 인터뷰한 여성 수학자들이 모두 저명한 학자였음에도 "아직도 수학계 내에서는 외부인인 것 같다"[39]고 이야기했음을 언급했다. 또 다른 여성 과학자이자 블로그 '방탕한 연구자The Prodigal Academic'의 주인은 전공의 문화와 이들이 여성을 포용하는지 혹은 배제하는지가 각각 여성 학자를 채용하는 강력한 도구이자 반대로 재능 있는 여성 학자를 막는 요소가 될 수 있다고 했다.

나는 교원 임용 면접을 보러 갈 때면, 교수진이나 학생 중 여성이나 소수 인종 구성 비율을 살펴봤다. 몇몇 학과에는 여성이 한 명밖에 없고, 소수집단 출신도 없어 보였다. 국립 연구소의 다양성이 넘치는 분과에서 일했던 내게, 이런 점은 정말 좋지 못한 인상을 남겼다. 지금 내가 속한 학과는 여성이 거의 20%를 차지하고, 소수 인종 교원도 몇 명 있다. 이 부분은 내게 매우 중요한 부가 조건들이었다(연구 분야가 적합한지, 채용 시 제공되는 포괄적 지원보다는 중요하지 않지만, 지리적 위치와 임금만큼은 중요했다). (…) 전체 대학에서, 그리고 학과 내에서 여성이 보직 교수의 위치에 있는지를 살피는 것도 내가 국립 연구소에서 배운 중요한 시사점이었다. 예를 들어, 우리 학과에서는 교수 회의가 4시나 5시가 아니라 2시에 열리는데, 5시 30분까지 집에 가야만 하는 이들이 일과 가정의 의무를 모두 다할 수 있게 하기 위해서이다.[40]

여성들이 불편함을 느끼지 않도록 이공계 대학의 분위기를 바꾸는 것은 쉽게 이룰 수 있는 일이 아니다. 아주 사소한 디테일도 중요하다. 앨리스 애고지노가 이야기한 것처럼 "나는 우리 학과 벽에 걸려 있는 남성 인사 50명의 사진을 내려달라고 15년을 싸웠다. 첫해부터 소동을 벌인 것은 아니지만, 그 사진들은 내게 정말 큰 위화감을 주었다. 나는 학생들과 함께하며 여성 대학원생도 돕고 사진도 내릴 돈 7만 달러를 구했다. 여성이 위화감을 느끼지 않을 환경과 분위기를 만들기 위해서였다."[41]

앨리스 애고지노가 근무하는 학과에 걸려 있던 사진과 같은 단서로 학과 내 여성친화적인 분위기를 파악하는 사람은 교원이나 대학원생만이 아니다. 과학을 커리어로 삼으려면 일찌감치 학부 시기부터 시작해야 되기 때문에, 여성 학부생들을 과학으로 이끄는 것 또한 중요하다. 다른 분야들과 달리 물리학과 공학을 전공하는 학생들은 학부 때부터 엄선된 커리큘럼에 집중해야 한다. 여학생들은 앨리스 애고지노의 학과에 걸린 사진들처럼 백인 남성들 일색인 분야에는 가고 싶지 않을 것이다. 실제로 물리학과 여성들은 박사학위를 받는 과정을 일찍 포기한다. 2006년에조차, 여성은 이공계열 석사학위를 받을 확률이 박사학위를 받을 확률보다 33% 정도 높았다.*[42]

노벨물리학상 수상자 로버트 C. 니컬슨Robert C. Nicholson은 미국 국립과학자문단National Science Board의 패널로 참여하면서 미국의 우수한 학생들이 이공계열의 고등 학위를 취득하지 않는 이유를 조사했다. 그는 문제의 일부가 연구소 문화, 즉 긴 노동 시간과 지나친 위계질서에서 비롯되었다고 생각한다. 그리고 그가 내린 결론은 가족친화정책의 확대로, 다음과 같은 의견을 남겼다. "더 많은 여성을 유치하려면, 아이를 키우는 시기를 지나고 있는 여성들의 요구가 제대로 수용될 수 있도록 대학과 연구소의 연구 환경을 재구조화해야 할 것이다."[43]

* 한국의 경우, 비슷한 시기에 해당하는 2006년 기준으로 전국에서 물리학으로 석사학위를 받은 여성은 58명이었고, 박사학위를 받은 여성은 21명에 그쳤다. 반면, 물리학으로 석사학위를 받은 남성은 112명, 박사학위를 받은 남성은 64명으로 나타났다. 출처: 한국교육개발원 교육통계연보 2006년 "소계열별 성별 졸업후상황". (대학원 학위 취득자는 2005년 8월, 2006년 2월 취득자를 대상으로 함.)

박사학위의 50%[*]가 여성에게 수여되는 생물학 분야는 조금 다르다.[44] 그럼에도 생물학 박사학위를 취득한 여성 대부분이 여전히 연구직을 택하지 않는다. 이미 언급된 어려움 외에, 오늘날의 젊은 과학자들은 몇 년간 박사후연구원이라는 또 다른 장애물을 넘어야 한다. 하지만 박사후연구원 기간처럼 수련 기간이 지나치게 연장되면 경력 개발이나 가족 구성에 분명한 영향을 미치게 된다.^{**}

---

* 한국에서 생물학 분야 박사학위자의 여성 비율은 현재 39.1%로 상대적으로 공학계열의 14.8%보다 훨씬 높다(2019년 기준 생물학 분야 박사학위 취득자 754명 중 295명). 한국에서도 2006년에 이미 생명과학과 생물학 전공자의 대학 졸업자 수는 여성이 각각 2,061명, 1,739명으로 남성(생명과학 1,999명, 생물학 1,237명)을 추월했다. 대학원에 진학하는 여학생이 992명으로 이 역시 남학생(778명)보다 많았으며, 취업률(남 1,447명, 여 1,502명) 역시 여성이 더 높았다. 그러나 이 시기에도 석사 졸업자는 남자 384명, 여자 357명으로 남학생의 졸업자 수가 늘다가, 박사 졸업자는 남자 142명, 여자 68명으로 여학생 비율은 32.4%에 불과했다.

** 생물학 분야를 포함해 생화학 분야 고학력 여성들의 낮은 교수 임용률에 대한 국내 연구는 2000년대부터 꾸준히 이루어져왔는데, 박찬웅(2006)은 출생 코호트 분석을 통해서 박사 취득 시 연령이 높을수록, 출생 코호트가 최근일수록(출생 연도가 최근일수록) 교수 임용 가능성이 높다는 것과 함께 교수 임용에 실질적으로 영향을 미치는 연구 업적의 양과 질에 초점을 맞추어 여성 학자의 교수 임용 기회 가능성을 분석했다. 이 연구는 지금으로부터 약 15년 전에 국공립대 여교수 채용목표제 정책을 정책적 대안으로 제시한 바 있다. 참고문헌: 박찬웅. (2006). 여성 고학력자들의 취업: 생화학 분야 여성과학자 교수임용과정을 중심으로. **한국인구학**, 29(1). 157-183.

박사후연구원으로 인한 지체

박사후연구원은 이공계열에서 급증하고 있는 현상으로, 생물학 분야에서 두드러지게 나타난다. 미국 국립과학재단에 의하면 이공계열 박사후연구원은 1975년에서 2007년 사이에 2배로 증가했고, 끝없이 증가 중이다.[45] 실제로 매해 박사학위 취득자보다 박사후연구원이 더 많아졌다.[46] 이렇게 박사학위를 받은 후 정규 연구직을 구하기까지 연옥 같은 상태에 머무는 훈련 기간의 연장은 고도로 숙련된 젊은 과학자들을 낮은 임금과 적은 보상으로도 일하는 계층으로 만든다. 이런 평가는 커티스 코브Curtis Cobb와 존 크로스닉Jon Krosnick이 박사후연구원이 교원보다는 대학원생과 더 많은 공통점을 갖는다는 분석에 의해 뒷받침된다.[47] 코브와 크로스닉의 연구는 해당 분야에서 박사후연구원에 관한 매우 드문 분석이다. 하지만 많은 박사후연구원들은 이미 상당히 유능한 과학자들로, 이는 사이언스지*에 게재되는 학술 논문 대부분의 주저자**가 박사후연구원이라는 사실을 통해 입증된다.[48]

과학자로서의 훈련이 연장된 박사후연구원 기간은 여성의 재생산이 가장 활발한 때, 즉 가임 기간인 30대와 겹친다. 결국 대

---

* 과학 분야 등의 학술지는 최근 인용지수(Impact Factor)를 통해 저명도를 획득하고 있다. NSC(네이처Nature, 사이언스Science, 셀Cell) 학술지는 그중에서도 높은 인용지수를 가진 과학 분야 대표 학술지다. 출처: 사이언스지 https://www.science.org/

** 주저자(the 1st author)는 해당 연구의 책임자였거나, 가장 많은 기여를 한 사람이 등재된다. 실제로 논문이 실적으로 인정될 시에, 주저자와 교신저자(corresponding author) 여부에 따라 실적 인정 비율이 달라진다.

학이나 다른 연구 기관에 취직할 때가 되면 과학자는 30대 후반이나 40대 초반에 이르게 된다. 그렇지만, 아이가 있는 여성 박사후연구원은 적은 편이다. 이공계 연구협회인 시그마XISigma XI에서 7,600명의 박사후연구원을 대상으로 진행한 조사를 보면 여성의 29%, 그리고 남성의 37%가 자녀를 두었다.[49] 이 숫자는 캘리포니아대학교 대학원생 부모를 조사했을 때보다 훨씬 높지만, 여전히 남녀 간 격차를 반영한다. 돌봄을 주로 맡는 경우가 적은 남성은 자녀가 있을 확률이 더 높았다.

박사후연구원 여성(그리고 남성)이 대학 연구직을 포기하는 결정을 내리는 데에 육아가 미치는 영향은 크다. 캘리포니아대학교 박사후연구원 중 아이도 없고 향후 자녀 계획도 없는 여성과 남성 모두 5명에 1명꼴로, 안정된 연구 환경을 제공하는 연구중심대학에서 교수직을 구하겠다는 커리어 목표가 바뀌었다고 이야기했다. 하지만 아이를 가지려는 계획이 있는 경우, 박사후연구원 이후 여성이 정년트랙 교원이라는 목표를 포기할 가능성이 남성보다 더 높아졌다(여성 28% 대 남성 17%). 박사후연구원을 시작하기 전에 자녀가 있거나 시작한 후에 자녀를 낳는 경우, 여성들이 (그리고 일부 남성들이) 대학교수라는 목표를 포기하게 만드는 압박감이 점차 커지는 것으로 보인다. 이들은 육아와 연구를 함께하는 것이 얼마나 어려운지 깨달은 부모들이기 때문이다. 캘리포니아대학교 박사후연구원으로 재직 중 자녀가 태어난 박사후연구원 여성의 41%, 그리고 남성의 20%가 연구중심대학의 교수직을 구할 계획을 포기한다.[50] 아이와 함께 박사후연구원을 시작한 이들 사이에도 (앞선 경우보다) 작지만 유의미한 성차가 있다. 남성은 자녀의 존재와 상관없이 커리어 목표를 중간에 바꿀 확률이 비슷했다. 자녀 계획이 없는 여성도 남성과 비슷하게 연구 커리어를 포기하는 비율이 20% 정도였다. 이 결과는 [그래프 1-3]에 요약되어 있다. 이는 박사후연구원이 되어서 자녀 계획에 변화가 생겼다고 이야기하는 여성의 비율이 남성보다 높다는 시그마XI의 박사후연구원 설문조사 결과와도 일치한다.[51]

어떤 박사후연구원은 엄마가 되면 경력에 안 좋은 영향을 미칠지도 모른다는 두려움을 마주하게 된다. 로빈 윌슨Robin Wilson이 고등교육연보 웹사이트에 쓴 이야기에 등장하는 입자

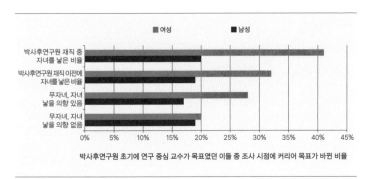

[그래프 1-3] 캘리포니아대학교 박사후연구원의 성별과 가족 형태에 따른 연구교수직에서의 커리어 목표 전환 비율

출처: 캘리포니아대학교 Postdoctoral Career Life Survey, 2009; Marc Goulden, Mary Ann Mason, Karie Frasch, and the Center for American Progress, "Staying Competitive: Patching America's Leaky Pipeline in the Sciences," Berkeley Center on Health, Economic, and Family Security, University of California, Berkeley, 2009, 그림 8.
주: N=1,323

물리학자 셰리 타워스Sherry Towers는 엄마가 되자 바로 지도교수의 눈 밖에 났다. 임신 기간 중, 그녀의 지도교수는 아이를 낳은 직후 돌아오지 않으면 추천서를 써주지 않을 것이라고 협박했다. 그녀는 최대한 빨리 복귀했지만, 지도교수는 여전히 추천서 작성을 거부했고, 그녀는 지원한 어느 자리에서도 인터뷰 연락을 받지 못했다.[*52]

박사후연구원은 자신을 고용한 지도교수에 의해 커리어가 크게 좌우되기 때문에 약자의 입장에 있다. 신경생물학 박사후연구원 제니퍼는 함께 입학했던 우수한 여성 과학자들이 가정과 커리어 사이에서 고심하는 모습을 지켜봤다. "우리들은 50 대 50이라는 양적 성평등을 이룬 첫 학번이었다. 나는 이공계 여성들이 무엇이든 해낼 수 있게 되었다고 자신했지만, 가족을 꾸릴 시기가 되면 이 자신감은 별 도움이 되지 않았다. 여성 대학원생들은 20대 후반 혹은 30대 초반에 자녀를 갖게 되면 커리어를 포기하거나, 쉬는 결정을 내려야 한다. 하지만 경력을 잠깐 멈춘다 하더라도, 복귀하기는 힘들다. 같은 학번의 여성 대학원생들 중에… 교수가 된 이는 아무도 없고 둘은 중간에 그만뒀다."[53]

* 한국의 대학원에서도 여성 박사후연구원에게 출산과 육아에 따라오는 '페널티'는 심각하다. 2017년 대학신문과의 인터뷰에서 한국과학기술원(KAIST)의 박사 과정 대학원생 A씨(여성)는 "아이를 낳고 싶지 않다"고 밝히면서, "과학기술계는 남성이나 여성이나 박사를 마치고 박사후연구원으로 3년을 넘게 전 세계를 떠돈다. 한국 학문 토양에서 결혼은 물론 출산도 애초에 결심하기 힘들다"고 토로했다. 출처: "〔기획/여성연구자 경력단절. 대학은—中〕 여성 밀어내고 차별하는 연구실, 보이지 않는 미래". 한국대학신문 2017년 11월 19일 기사.

1999년, UC 버클리 캠퍼스의 박사후연구원 800명 이상을 대상으로 진행된 설문조사에서 박사후연구원 엄마들은 실험실에서 훨씬 적은 시간 일하고, 학회 참여율도 낮고, 동료 남성들에 비해 논문도 적게 냈다. 이는 자녀를 둔 남성과 비교했을 때도 그랬다.[54] 박사후연구원 엄마들은 지도교수가 연구중심대학의 교수직에 추천해주지 않을 것이라고 여겨 지도교수에 대한 불만이 상대적으로 높았다. 이 여성들은 이미 본인이 경쟁에서 졌다고 생각했다. 이들은 스스로 커리어를 포기한 것이라고 이야기했지만, 극심한 생존 경쟁이 존재하는 과학계에서 이 선택은 전적으로 여성의 것이라고 할 수는 없다.

학생 부모가 가능하게 하려면

그렇다면 대학원생과 박사후연구원 기간에 가족을 꾸리는 것은 애초에 불가능할까? 그렇지는 않을 것이다. 일정을 유연하게 짤 수 있다는 장점이 있고, 출산과 육아 과정을 함께할 공동체가 있다는 점은, 이 기간이 젊은 부모들이 혜택을 많이 받을 수 있는 시기라는 뜻이기도 하다. 그렇다면 여성들이 대학원생 시기에 가족을 꾸릴 수 있으려면 무엇이 선행되어야 할까? 스웨덴에서 온 UC 버클리 대학원생 안나 베스터슈탈 스텐포트Anna Westerstahl Stenport의 경험에서 힌트를 얻을 수 있다.[55] 안나가 스칸디나비아학 박사 과정을 수료하는 동안 딸 코트니가 태어났다. 그녀가 가족을 꾸리기로 한 데에는 UC 버클리 대학원생 연구원에게 제공되는 여러 혜택이 큰 영향을 미쳤다. 여기에는 보육 서비스 지원과 가족 사택, 부모의 연구 시간 확보를 위한 저녁과 주말 보육 서비스, 대학원생 연구원과 강사를 위한 무상 의료보험, 그리고 수유 지원 등이 있었다.

안나는 대학원생 생활과 육아를 동시에 잘해낼 수 있을 것이라고 생각했다. 그녀는 매주 45~50시간 정도 일했지만, 인문학 연구자여서 그 시간은 유동적이었다. 육아의 어려움을 기꺼이 함께 나눌 헌신적인 배우자도 안나에게 중요했다. 안나가 아이를 돌볼 수 없을 때 남편이 도맡아 코트니를 돌볼 수 있었던 데에는 남편의 업무 일정이 주효했다. 지도교수에게도 다섯 살 된 딸아이가 있어, 안나의 육아를 전적으로 배려해주었다. 우리는 안나에게 향후 대학 임용에 지원할 때 그녀의 가족이 방해가 되진 않을지 물어봤다. 그녀는 UC 버클리 안에서는 안심이 되지만, 다른 연구소는 버클리만큼 선진적이지 않을까 봐 걱정된다고 하며 이런 이야기를 꺼냈다. "지난 11월 근대언어학회 취업박람회에 (취업 인터뷰를) 갔을 때는 결혼반지도 끼지 않고, 가족 이야기도 하지 않았다."

시간이 지나, 안나가 근대언어학회 연차학술대회에서 인터뷰를 하고 1년이 흐른 후 우리는 새로운 소식을 들었다. "나만큼 기뻐할 것 같은데 (주요 연구중심대학에) 임용되었다. 게다가 인터뷰할 때 (둘째를) 임신 중이었는데, 학교 측에서 임용 첫 학기에 육아휴직을 먼저 제안했다!" 이 이야기는 학생 부모인 안나에게 정말 잘된 일임과 동시에, 대학의 문화가 점차 가족친화적으로 변하고 있다는 희망적인 신호이기도 하다.

안나가 이야기한 것처럼, 이공계 대학원생이 아니라면 대학원 생활은 육아도 함께할 수 있는 환경이다. 나아가 대학 분위기가 개선 중이라는 신호도 보인다. 다른 여러 대학들과 마찬가지로 캘리포니아대학교는 학생 부모를 위해 학위 심사 기한을 연장해 준다. 학생들은 한 학기 동안 불이익 없이 휴학할 수 있다. 또 캘리포니아대학교는 학생 부모들의 육아 비용에 상당한 기금을 지원하고 있다. 예일대학교와 같은 다른 대학에서는 육아를 위해 1년 정도 휴학하고 싶은 학생 부모들을 위해 처음으로 5년짜리 의과대학 커리큘럼을 시작했다.[56]

긍정적인 신호들이 많지만, 여전히 갈 길이 멀다. 교내 구성원, 특히 대학원생과 여성의 가족 구성을 부정적으로 보는 구시대적인 대학 문화가 가족을 환영하는 문화로 급진적으로 바뀌지 않는 한, 대학은 우수한 인재들을 놓치고 말 것이다. 자녀를 둔 교원을 새로 모집하려는 움직임이 활발해지고 있지만, 대학원생들에게 임용 지원은 너무 먼 미래라, 이미 불만을 품고 다른 커리어를 찾아 떠난 대학원생들을 유인하기에는 역부족이다. 대학은 어떤 식으로 대학원생을 도울 수 있을까? 현재 교원들에게 제공되는 다음 정책들 대부분을 대학원생과 박사후연구원에게까지 확장하는 방법이 좋은 출발점이 될 수 있다.[*]

- 전공 및 직업에 관한 조언뿐 아니라 일-가정 양립에 관한 고민도 다룰 수 있는 체계화된 멘토링
- (대학원생이 비용을) 감당할 수 있는 좋은 보육 시설(가정 방문 보육 포함)
- 가족 사택
- 고용된 대학원생과 박사후연구원을 위한 유급 육아휴직
- 대학원생의 피부양자를 위한 의료보험

---

* 가족친화제도에 대한 비판적 목소리도 존재한다. 출산하는 경우 정년 심사를 미루는 정책은 성별에 관계없이 주어지는데, 이 경우 아빠 교수는 엄마 교수와 마찬가지로 아이가 태어나면 정년 심사가 1년 미뤄진다. 이러한 정책은 미국의 많은 대학에 1990년대와 2000년대 초반에 도입되었다. 2016년 기준으로 미국 대학의 80%가 이 제도를 도입했다. 그런데 이 정책은 정반대의 효과를 낳았다. 경제학 분야에서 이 정책의 효과성을 분석한 안테콜, 베더드, 그리고 스턴스의 2016년 연구에 따르면, 이 정책은 남성 학자들의 정년 보장 확률을 19%p 높이고, 여성 학자들의 정년 보장 확률은 30%p 낮추는 것으로 나타났다. (출처 1) UC 샌타바버라 경제학과의 쉘리 룬드버그 교수는 새로운 정책으로 인해 달라진 환경에서 여성 학자들에게 정년 보장의 벽이 훨씬 높아진 이 결과를 두고 "이 정책이 여성들에게 의도치 않은 부정적인 효과가 있을 것이라고 생각하긴 했지만, 그 효과가 이렇게 클 줄은 몰랐다"고 평가했다. (출처 2) 출처 1: Heather Antecol, Kelly Bedard, & Jenna Stearns. (2016). Equal and Inequitable: Who Benefits from Gender-Neutral Tenure Clock Stopping Policies?. IZA DP, No. 9904. 출처 2: 뉴욕타임스 기사. https://www.nytimes.com/2016/06/26/business/tenure-extension-policies-that-put-women-at-a-disadvantage.html?_r=0

- ○ 출산을 위한 학위 심사 기한 연장
- ○ 수유 시설 및 부모들을 위한 육아지원센터(부모 센터)

많은 대학들이 이 중 한두 가지 혜택만을 제공하고 있으며, 가족 사택과 육아지원센터의 형태가 거의 대부분이다.

타이틀나인*

대학원생과 박사후연구원에게 가족 관련 혜택을 제공해야 한다는 주장의 핵심 근거 중 하나는 연방법 내용과 정신의 준수다. 직장에서 성차별을 금지하는 타이틀세븐Title VII은 노동자들의 업무 환경을 획기적으로 바꾸었다. 타이틀나인Title IX은 대학원생과 박사후연구원에게 유사한 변화를 이끌어낼 가능성이 있다. 이들은 대개 피고용인보다는 '훈련생'으로 여겨지고, 그렇기 때문에 타이틀세븐의 대상에는 포함되지 않는다. 우리는 타이틀나인에서 2002년 패치 T. 밍크 기회균등 교육법Patsy T. Mink Equal

---

* 타이틀나인(Title IX of the Education Amendment Act of 1972, 이하 혹은 줄여서 Title IX으로 쓰임)은 미국의 연방법 중 하나로, 특히 고등교육에서 성차별 및 성별에 따른 차별(gender and sex-based discrimination)을 금지하는 미국의 교육개혁법이다. 당초 이 법은 운동을 포함한 프로그램과 활동에서 여성과 소녀들이 직면하는 불평등과 편견을 해결하기 위해 도입되었지만, 그 뒤로 타이틀나인은 성희롱, 집단 괴롭힘(bullying), 임신 차별, 성별에 따른 고정관념, 성적 괴롭힘(gender-based harassment)과 성폭력에 이르기까지 광범위한 차별과 폭력에 대한 보호를 제공하는 방향으로 확대되어왔다. 출처: "Title IX and Gender Equity–What is Title IX?". https://www.brown.edu/about/administration/title-ix/home

Opportunity in Education Act으로 바뀐 이 법이 고등학교와 대학 체육 활동에서 여학생이 경험하는 '기울어진 운동장'을 바로잡기 위한 것으로 알고 있다. 하지만 타이틀나인이 연방정부의 지원을 받는 모든 교육 프로그램에서 일어나는 성차별을 다루고, 모성 차별도 다룬다는 점은 잘 알려져 있지 않다.[57] 대학원생과 박사후연구원은 타이틀나인의 내용상 교육 프로그램에 참여하는 대상에 해당된다. "미국 연방정부의 재정 지원을 받는 교육 활동에 있어 미국 내 그 누구도 성별로 인해 배제되거나 혜택을 받지 못하거나 차별받아서는 안 된다."*

주요 연방정부 연구비 지급 기관은 위와 같은 타이틀나인 규정을 갖고 있으며, 여기에는 교육 기관에 속한 직원에게 제공되는 가족돌봄휴가**가 어떤 형태로든 포함되어 있다. 대다수 대학들은 연방정부의 지원을 받고, 그렇기 때문에 이 규정을 준수해야 한다. 예를 들어, 연구비 집행 기관 규정에는 대학이 임신을 일시노동불능 상태로 간주할 것과, 직원을 위한 휴직 정책이 없는 경우 산모에게 "충분한 시간 동안" 고용이 보장된 무급 휴가를 지급해야 한다고 나와 있다.

* 타이틀나인 번역 출처: 여성신문 http://www.womennews.co.kr
** 한국에서는 2019년 8월 27일 남녀고용평등법 개정으로 가족돌봄휴가가 도입되었다. 이 제도는 가족(부모, 자녀, 배우자, 배우자의 부모)이 질병, 사고, 노령으로 인해 돌봄이 필요한 경우에 사용할 수 있는 휴직 제도를 의미한다. 출처: 대한민국 정부24센터 "가족돌봄휴가" https://www.gov.kr/portal/service/serviceInfo/PTR000051336

타이틀나인이 의미 있는 이유는, 제대로 강제될 경우, 임신을 하거나 돌봄을 도맡아 하는 대학원생과 박사후연구원 중, 대학 정책에서는 제외되었으나 적어도 연방정부의 지원을 받는 이들에 대해서는 혜택을 제공할 수 있기 때문이다. 하지만 이런 법적인 의무 사항이 모든 대학에서 적용되고 있는지는 불확실하다. 미국대학협회에 속한 학교들을 대상으로 박사후연구원 엄마에게 무급 육아휴직을 제공하는지 조사했을 때, 대학 한 곳에서는 제공하지 않는다고 답했고, 다른 6개 대학에서는 제공되고 있는지 알 수 없다고 답했다.[58] 나아가 협회 소속 대학의 23%만이 박사후연구원에게 (고용이 보장된) 조건 없는 유급 출산휴가를 제공했다. 그러므로 가족과 병가 법에 따라 출산한 모든 젊은 학자들이 고용이 보장된 12주 무급 휴가를 받는지는 불분명하다. 교수 엄마들은 훨씬 나은 대우를 받지만, 그때쯤이면 대부분의 여성들이 연구 커리어에 등을 돌린 상황이다. 그러므로 모든 대학은 고용된 대학원생과 박사후연구원 엄마의 출산휴가에 대해 정확한 정책 가이드라인을 갖추고 있어야 한다. 타이틀나인 검토 위원들도 해당 대학의 정책이 타이틀나인을 준수하고 있는지 검토해야 한다.

결론

이제는 박사 과정 대학원생의 절반 정도가 여성이지만, 그보다 훨씬 적은 비율의 여성이 정년트랙 교원이 된다.[59] 이 장은 여성 대학원생과 박사후연구원이 겪게 되는 어려움을 담았다. 늘어난 (그리고 늘어가는) 여학생 수와는 대조적으로, 이들은 여전히 남성의 세계에 속한 자신을 발견한다. 많은 학과에서는 소수의 지도교수만이 여성이고, 그중에도 적은 수가 자녀를 두었다. 의사결정권이 있는 학장, 처장급의 보직교수들도 남성일 가능성이 높다. 그 결과, 여성 대학원생들은 롤모델의 부재로 고민할 뿐 아니라, 가정과 성공적인 연구 커리어를 함께하는 것에 대해 근본적인 의문을 품게 된다. 이는 실험과학 분야에서 두드러지게 나타나는 문제인데, 남성적인 연구 문화와 과학적인 발견이 빠르게 이루어지는 속성 때문이다.

대학에서의 커리어를 고민하는 사이, 많은 여성 대학원생들은 결혼을 하거나 평생을 함께할 인연을 만나고, 그중 적지만 분명히 존재하는 일부가 자녀를 낳는다. 여성들보다 훨씬 높은 비율로 남성 대학원생도 결혼하고 부모가 된다. 대학에서의 커리어를 모색하는 동안, 결혼과 자녀는 남녀 모두가 커리어 방향을 고민하게 만든다. 그들 중 남성보다는 여성이 교수라는 목표에서 멀어지기 시작한다. 그들은 대학에서 가족과 커리어 사이의 균형을 잡을 수 있을 것이라 기대하지 않기 때문이다.

서른이 될 즈음, 대학원 생활이 끝나가면, 대부분의 여성은 결혼 여부를 떠나 자신이 선택한 커리어가 현재 혹은 미래의 가정생활에 미칠 영향을 고민하게 된다.[60] 이 시기가 이들이 일-가정 양립을 고민하는 최초의 순간은 아니겠지만, 이 시기가 되면 상황이 보다 급박해진다. 생체 시계에는 제한이 있다. 이들은 평생 하게 될 직업을 결정하는 동시에 그 계획에 자녀를 언제, 어떻게 끼워 넣을지, 아니 애초에 함께하는 것이 가능한지를 판단해야 한다. 많은 여성들이 이 시점에서 본래 가졌던 커리어 목표를 포기한다.[61] 많은 남성들도 커리어 목표를 포기하는데, 이는 재정 부족에 대한 남성들의 고민을 반영하기도 한다. 여성보다는 남성이 대학교수직을 가족을 부양하기 쉽지 않은 직업이라 생각한다.[62]

우리가 캘리포니아대학교 대학원생을 대상으로 했던 설문조사에서 드러났던 것처럼, 많은 남성과 여성들이 가족친화적인 직장을 우선순위에 두었다. 하지만 대학원 졸업이 가까워지면서 많은 여성 대학원생, 그리고 절반이 넘는 남성 대학원생들이 연구중심대학을 가정생활에 우호적이지 않은 직장으로 인식한다. 캐리 프라시Karie Frasch가 UC 버클리에서 박사학위를 마치고 자녀에 관해 고민하기 시작하면서, 그녀가 갖고 있던 커리어 계획은 더 이상 매력적이지 않아 보였다. "대학원에 입학할 때만 해도, 교수가 아이를 갖기에 정말 좋은 직업이라고 생각했다. 시간을 유연하게 쓸 수 있고, 여름방학이 있기 때문이었다. 그런데 자녀가 있는 교수들의 체력 소모가 너무 크고 이들이 스트레스를 받는 것을 보면서 나는 생각을 바꾸기 시작했다." 졸업이 가까워질수록, 카리와 같이 대다수 여성 대학원생들의 일과 가족에 관한 고민도 커진다. 이들은 교수가 되어 정년을 보장받기까지 얼마나 험난한 과정이 앞에 놓여 있는지 깨닫기 시작한다. 이들이 대학원 졸업 후 대학에서의 커리어를 추구하는 다음 과정에 대해 깨닫게 되는 것은, 30세에서 40세 사이에 해당하는 '성공하거나 실패하는' 이 시기가 그 어느 때보다 가장 고된 시기가 될 것이라는 점이다. 근무 시간은 길다 못해 대학원생 때보다 더 길지도 모르고, 시간을 유연하게 쓰는 것마저 어려울지도 모른다.

여성들은 이런 어려움에 어떻게 대응할까? 다음 장에서 그 내용을 다뤄보려고 한다.

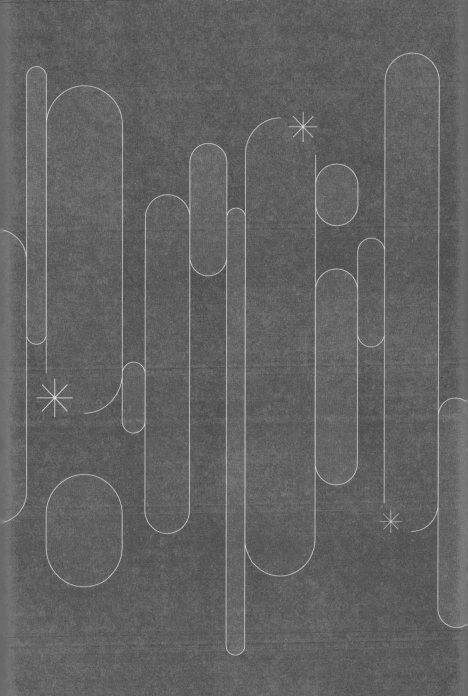

2장 　　본게임에 뛰어들기

여성들에게 성평등 정책이 도움이 되긴 할까? 나는 유럽의 모성보호제도가 많은 나라에서 왔다. 그 많은 제도들이 미친 영향은? 자궁을 알코올 통에 담아 책상 위에 올려놓지 않는 한, 여성으로서 고용되는 것은 불가능하다.
— '고등교육연보' 웹사이트에 올라온 게시글

아마도 젊은 연구자의 인생에 가장 중요한 전환점은, 이들이 대학원 이후 교원 임용을 준비하기로 결정하는 때일지도 모른다. 미국에서 박사 과정을 마치는 데 평균적으로 8년쯤 걸린다고 하면, 이 결정은 대학원 입학 후 한참 뒤에 일어나는 일이다.[1] 하지만 앞 장에서 봤던 것처럼, 많은 대학원생, 특히 남성보다는 여성이 대학원 기간 중에 연구하는 교수로서의 삶이 그들을 위한 것이 아니라는 결정을 내린다. 학계에서의 균형 잡힌 삶은 성별과 상관없이 모두 하는 걱정이지만, 특히 여성의 경우에 가족 구성과 고된 정년트랙 교수직을 동시에 꾸려나가야 한다는 고민은 굉장히 중요한 문제가 된다. 그럼에도, 많은 학생들이 박사 과정의 정상적인 결말을 정년트랙 교수직으로 보고, 이는 지도교수와 많은 동료들 간에도 공유되는 목표다. 비록 이게 가장 흔한 결과가 아닐지라도 말이다(대학원생 3명 중 1명만이 대학원 졸업 직후나 박사후연구원 후 정년트랙 교수직을 구한다).[2]

하지만 이들은 곧 정년트랙* 교수 임용에 지원하는 것이 매우 복잡한 절차임을 깨닫게 된다. 교수가 되고자 하는 이는 신청 서류를 반드시 갖춰야 하는데, 여기에는 자기소개서와 이력서, 학위 논문 사본과 출간 논문 사본, 그리고 추천인 여럿으로부터 받은 추천서가 포함된다. 임용 지원자는 전국적인 일자리 탐색에 나서고 그 결과 낯선 마을이나 도시로 옮기게 된다. 소수의 지원자들만이 가고 싶은 지역을 선택할 수 있다. 그리고 이렇게 지리적으로 먼 거리를 이동해야 하는 직업은 극히 드물다. 학문 분야마다 다를 수 있지만, 후보자는 먼저 전공 분야 학회의 연차학술

---

* 한국에서 일반적인 일자리는 정규직(기한의 정함이 없는 계약직, 무기계약직 포함)과 비정규직(재계약이 불확실하고, 계약 갱신 횟수에 제한이 있는 계약직)으로 생각된다. 하지만 연구직의 경우, 전임(full-time)과 비전임(adjunct professor, research professor) 등 다양한 임시(contingent) 교수직으로 크게 나뉘고, 전임은 다시 정년트랙과 비정년트랙으로 구분된다. 여기서 의미하는 정년트랙은 정규직보다 훨씬 더 보장성이 강한 직위, 즉 미국 대학의 경우 종신직이 보장되는 정년트랙의 교수, 혹은 연구기관의 종신직 연구원을 의미한다.

대회에서 일종의 비공식적인 예비 심사를 통과해야 할 가능성이 높고, 대학에 직접 방문해서 면접도 치러야 한다. 다른 면접과는 달리 대학 면접은 매우 오랜 시간이 소요되며 통상 하루 반 정도 걸린다. 일부 분야에서는 후보자가 한 번 이상 해당 대학을 방문하기도 한다. 모든 게 성공적으로 진행된 경우, 지원자는 잠재적으로 정년퇴직 때까지 일할 수 있는 직장을 얻게 된다.

대학의 교수 임용 경쟁에 뛰어드는 것은 상아탑 밖의 구직 활동과는 많이 다르며, 훨씬 복잡한 과정을 거친다. 앞으로 보겠지만, 교수가 되려는 이 결정적인 순간에 성별, 결혼 여부, 그리고 자녀 유무는 막대한 영향을 미친다. 이번 장에서는 젊은 학자들 중 누가 비전임 교원이 되는지, 그리고 이렇게 차선을 선택한 교원들이 정년트랙 교원이 될 가능성이 있는지 살핀다.

앞서 소개한 스웨덴 출신의 인문학자, 안나 베스터슈탈 스텐포트의 경험은 여성이 처음 대학교수 임용 지원을 할 때 겪게 되는 일들을 보여준다.[3] 논문 실적이 뛰어났음에도 안나는 학회에 가서 교수직 면접을 볼 때 결혼반지를 끼지 않았다. 그녀는 잠재적인 고용주들에게 가족 관계를 드러내어 그로 인해 그녀가 거주지를 옮길 여력이 없거나, 고용 후 일을 덜할지도 모른다는 신호를 주고 싶지 않았다. 하지만 그녀가 대학에 방문해 면접을 볼 시점에는 둘째를 임신한 것이 쉽게 보일 정도였다. 이 점이 그녀에게 불이익이 되지는 않아서, 안나는 좋은 학교의 정년트랙 교원이 되었다.

앞으로 보게 되겠지만, 안나는 매우 운이 좋았다. 그녀는 대학원을 다니며 아이를 키우느라 몇 년간 바빴고, 아마 조교수 시기에도 몇 년을 바쁘게 보낼 것이다. 하지만 결혼한 대부분의 여성, 특히 자녀를 둔 여성들은 본인의 커리어를 그렇게 끌고 나가지 못할 가능성이 높다. 재키Jackie는 대학에서의 커리어가 불투명한 상황이다.[4] 안나처럼, 그녀는 박사학위를 명문 연구중심대학에서 받았다. 재키와 남편 그레이슨Grayson은 생명과학으로 박사학위를 받았고, 이 둘은 박사후연구원으로 일하고 있다. 박사후연구원 2년 차인 재키는 몇 주 뒤 첫아이 출산을 앞두고 있다. 재키는 몇 년 후 이 아이와 함께 대학 채용에 지원하게 될 것이다. 재키와 그레이슨의 상황을 더 어렵게 만드는 것은 가족이 함께하려면 같은 도시권에서 두 개의 대학 일자리를 구해야 한다는 것, 즉 '투바디two body' 문제에 직면하게 된다는 점이다.[5]

엄마로서 재키는 아마도 아이를 보살피는 데 더 많은 시간을 투자하게 될 것이다. 그리고 육아는 채용 면접을 위한 출장을 어렵게 할 것이다. 재키와 그레이슨이 같은 지역에 두 개의 교수직을 찾을 만큼 운이 좋지 않다면, 둘 중 한 명은 학계를 떠나거나, 적어도 정년트랙 교수직을 포기할 가능성이 높다. 일하는 여성에 관한 태도가 바뀌고 있지만, 여전히 전업주부 여성의 수가 전업주부 남성의 수보다 압도적으로 많다.[6] 이런 고정관념 때문에 그레이슨이 모두가 원하는 정년트랙 교수직을 구하고 재키는 아이를 돌보게 될 가능성이 높다. 어쩌면 겸임교수로 재키도 한두 개 정도의 강의를 맡게 될지도 모른다. 하지만 소속 실험실이 없고 정년트랙 교원에게 주어지는 다른 특전을 받지 못하기 때문에, 재키는 연구를 지속하기가 어려울 것이고, 그러면 정년트랙 교수직을 구하려는 게임에 다시 들어갈 가능성도 낮아진다. 재키가 초조하게 "어떻게 해야 할지 모르겠다"고 이야기했을 때, 그녀의 머릿속에는 이제 막 시작된 육아나 직업적인 전망이 모두 뒤섞여 있었을 것이다. 어린 자녀를 고려해야 하는 시점에서, 그녀는 정년트랙 교수가 아닌 새로운 커리어 경로를 짜야 할지도 모른다.

결혼과 자녀가 대학원 졸업 이후 학계 구직에 미치는 영향

이 책에서 우리는 두 가지 종류의 가족 구성, 즉 결혼과 자녀를 다룬다. 가족 구성은 젊은 연구자들이 박사후연구원 일자리를 구하려고 하는 커리어 초기에 가장 큰 영향을 미친다. 이 시기는 종종 가정을 꾸리려고 하는 시기와 겹친다. 결혼과 자녀는 남녀 연구자들에게 서로 다른 형태의 어려움이 된다. 자녀의 연령 또한 차이를 만든다.

박사학위 소지자 조사SDR 결과에서 여성은 남성에 비해 모든 분야에서 정년트랙 조교수직을 얻을 가능성이 7% 정도 낮았다.[7] 이 분석 결과는 남성과 여성 박사학위 소지자의 커리어 전망에 관한 이전 연구와 일맥상통한다.[8] 하지만 전반적인 성별 간 격차는 더 큰 차이를 숨긴다. 결혼과 자녀 모두 여성의 교수 채용 지원에 상당히 부정적인 영향을 미친다. 자녀가 없는 여성에 비해, 6세 미만 자녀를 둔 여성은 정년트랙 교수직을 구할 확률이 21% 낮다. 이 엄마는 비슷한 상황의 아빠보다도 정년트랙 교수직을 구할 확률이 16% 낮다. 앞으로 보겠지만, 어린 자녀는 여성이 대학 임용 시장에 진입하는 것을 아주 어렵게 한다. 그 결과, 많은 엄마들이 정년트랙 교수직과 정년을 받기까지 거쳐야 하는 고된 훈련 기간을 포기하고 그나마 일-가정 양립이 가능한 직업을 택한다.

자녀만큼은 아니더라도 결혼도 여성의 고용 가능성에 불리하게 작용한다. 기혼 여성은 미혼 여성보다 정년트랙 교수직을 구할 가능성이 17% 낮다. 기혼 남성에 비해, 기혼 여성이 정년트랙 자리를 구할 가능성도 12% 낮다.[9] 결혼과 자녀가 미치는 영향은 서로 독립적이다. 두 변인은 각각 여성이 정년트랙 교수직에 고용될 가능성을 낮춘다. 그러므로 자녀가 있는 기혼 여성은 대학의 교원직을 구하는 데 가중된 불이익을 겪지는 않는다.

이공계열만을 대상으로(사회과학 포함) 우리가 진행한 분석 결과에서도 가정을 꾸리는 것은 여성이 정년트랙 교수직을 구할 확률을 낮췄다.[10] 하지만, 결혼과 자녀가 미치는 부정적인 영향은 서로 다르게 작용한다. 자녀가 없는 기혼 여성은 미혼 여성 동료보다 정년트랙 교수직을 구할 가능성이 7% 낮다. 6세 미만의 자녀를 둔 한부모 여성은 자녀가 없는 미혼 동료들보다 정년트랙 교수직을 구할 가능성이 6% 낮다(하지만 6세 미만의 어린 자녀를 둔 한부모 남성과 비교하면 교수직을 구할 가능성이 14% 낮다).

이 결과는 인문계열을 포함했을 때보다는 영향력이 적다. 이공계열에서는 결혼을 하고 어린 자녀도 둔 여성들의 불이익이 가장 크다. 자녀를 둔 기혼 여성은 자녀를 둔 기혼 남성보다 정년트랙 교수직을 구할 확률이 35%나 낮다. 이들은 자녀가 없는 미혼 여성보다 교수직을 구할 확률도 33% 낮다.[11]

이 결과는 여성이 대학 임용 시장에서 겪는 불리함을 보여준다. 여성이 일반적으로 남성보다 정년트랙 조교수직을 구할 가능성이 7% 낮은 것을 기억해보자. 결혼과 자녀라는 변수를 포함하면, 전 세계 공통으로 성별이 교수직 취업에 미치는 영향력*은 사라진다. 실제로 자녀가 없는 미혼 여성은 전 학문 분야에 걸쳐 자녀가 없는 미혼 남성에 비해 자리를 구할 가능성이 16% 높다. 이공계만을 대상으로 집계한 수치는 4%였다. 결국, 여성이 학계 커리어 초반에 고생하는 이유는 이들이 여성이기 때문이 아니라 결혼하고 아이가 있기 때문이다.

6세에서 18세 사이**의 자녀는 남성이나 여성이 정년트랙 일자리를 구하는 데 아무런 부정적인 영향을 미치지 않는다. 오히려, 인문계열을 포함해, 초중고 자녀를 둔 엄마들은, 결혼 여부를 떠나 아이가 없는 여성보다 정년트랙 교수직을 구할 확률이 11% 높다. 6세에서 18세 사이의 자녀는 남성에게 아무런 긍정

---

* 지원자의 다른 조건이 동일하고 성별만이 달랐을 경우 당락에 미치는 영향, 즉 성별에 의한 불이익(gender penalty)을 말한다.

** 한국의 만 나이 기준으로 보았을 때 대략 초등학교 입학 시기부터 고등학교 졸업 시기에 해당한다. 이런 이유로, 한국어판에서는 맥락에 따라 '초중고' 자녀로 표기된다.

적인 영향을 미치지 않는다. 그러므로 초중고 자녀는 해당 임용 지원자가 성숙함과 책임감을 가진 안정적인 후보라는 인상을 주지는 못한다. 이게 사실이었다면, 초중고 자녀를 둔 남성도 여성과 비슷하게 고용률이 증가할 것이다. 오히려 5세가 넘는 자녀를 둔 시기가 여성이 정년트랙 교수직을 구하기에 더 나은 상황일 확률이 더 높다. 이들은 어린 자녀를 둔 여성과는 달리 영유아를 봐야 한다는 부담감에 시달리지 않는다. 또 한편으로는 초중고 자녀의 존재는 해당 여성 지원자가 더 이상 아이를 낳지 않을 것이고, 그렇기 때문에 교원 임용 위원회에게 임용 후에도 커리어 중단이 없을 것이라는 신호를 주는 것일 수 있다.

결론적으로, 아이를 갖는 것 자체가 대학 교원 임용 성공에 결정적인 요인이 되는 것처럼 보인다. 참고로, 자녀의 연령과는 상관없이, 자녀의 수는 여성이 정년트랙 교수직을 구할 가능성에 영향을 미치지 않았다.

왜 결혼과 자녀는 여성의 연구 커리어에 이렇게 강력한 영향을 미칠까? 이 질문에 관한 연구는 다음에 확인할 수 있다. 분명하지는 않지만, 여러 요소가 원인이 될 수 있다. 하지만 이러한 현상에는 높은 확률로 직접적 인과관계(결혼과 자녀는 정년트랙 교수직 채용을 어렵게 한다)와 선택편의*(결혼한 여성과 엄마들 — 예비 엄마를 포함 — 은 애초에 대학원 졸업 후 정년트랙 교수직에 도전하려고 하지 않는다)가 모두 반영되어 있다.

---

*   선택편의(selection bias)는 인과관계와 상대적 개념으로, 해당 집단이 애초에 해당 결과를 선택할 확률이 높은 사람들로 구성되어 있고 완벽한 무작위 상태가 아님을 의미한다.

투바디 문제

결혼한 연구자들은 종종 투바디 문제*를 마주한다. 캘리포니아 대학교 박사 과정생을 대상으로 한 조사에서 여성의 51%, 그리고 남성의 44%가 결혼했거나 파트너가 있다고 밝혔다. 전국적으로는 박사학위 소지자의 52%가 결혼했고, 여기에는 여성 49%와 남성 54%가 속해 있다. 여기에 추가로 6%는 파트너와 사실혼 관계를 유지하며 함께 살고 있다.[12] 박사후연구원 사이에서는 이 수치가 더욱 커진다. 남성의 71%, 여성의 66%가 결혼했거나 파트너가 있다.[13] 젊은 학자들은 거의 반드시 정년트랙 교수직을 구하기 위해 다른 지역으로 이동해야 하므로, 구직 과정은 결국 새로운 지역에서 두 개의 일자리를 동시에 찾아야 하는 것으로 귀결된다. 이 어려움 때문에 둘 중 한 명은 희생할 가능성이 높고, 그게 여성일 가능성이 더 높다. 남성 교수의 56%, 그리고 여성 교수의 89%가 전일제로 일하는 배우자를 두었다.[14] 문제가 더 복잡한 경우도 있다. 여성 연구자는 남성 연구자와 결

---

* 지역 간 거리가 매우 먼 미국 혹은 그와 비슷한 규모의 국가에서 나타나는 고용상의 문제로, 배우자(혹은 파트너)가 같은 대학 또는 서로 합리적인 통근 거리 내에 취업하기 어려운 문제를 의미한다. 이에 대한 추가적인 논의로 2017년 노스웨스턴대학의 로런 A. 리베라 교수는 논문 "When Two Bodies Are (Not) a Problem: Gender and Relationship Status Discrimination in Academic Hiring"에서 투바디 문제가 학자의 경력뿐 아니라 전반적인 삶의 질(overall well-being)에 부정적인 영향을 미친다고 지적했다. 출처: Rivera, L. A. (2017). When two bodies are (not) a problem: Gender and relationship status discrimination in academic hiring. *American Sociological Review*, 82(6), 1111-1138.

혼했을 확률(18%)이 그 반대의 경우(13%)보다 높다.[15]

미국에서 남성은 가정의 생계를 책임지는 가장 역할을 전통적으로 맡아왔고, 이런 전통적인 역할 분담은 연구자 부부 사이에서도 나타난다(여성이 가장인 경우가 비록 적은 수지만 증가하고 있는 데 반해 남성이 곧 가장이라는 인식은 계속되고 있다).[16] 그 결과, 대학교수직을 추구하는 것이 남편의 커리어에 악영향을 미칠 경우 기혼 여성은 임용 지원을 포기하는 경향이 있다.[17] SDR 결과에 따르면 자녀가 없는 미혼 여성 이공계 박사의 경우 14%만이 안정적인 직업을 구하는 데 있어 미래 배우자의 커리어가 고려 요소가 될 것이라고 봤다(이 14%는 아마도 다른 지역으로 이동이 불가능한 파트너와 결혼을 고민하고 있는 이들일 것이다). 자녀를 둔 기혼 남성은 38%가 그런 우려를 보인 반면, 결혼한 여성은 65%가 위와 같은 우려를 표했다.[18]

지역을 이동하면서 부부 모두 직장을 구해야 하는 문제는 여성 대학원생을 학계 밖으로 내쫓는 역할을 한다. 캘리포니아대학교 생물학과에 있는 한 여성은, 남편의 직업이 학계를 떠나는 결정적인 이유가 되었다고 말했다. "남편은 자기 직업을 사랑하는데, 그건 우리가 다른 지역으로 이동할 수 없음을 뜻했다. 하지만 그 사실은 나의 박사후연구원 결정 과정과 향후 커리어를 너무 많이 제한했다. 커리어 내내 한 도시에 머물면서 정년트랙 교수직까지 구하는 것은 거의 불가능하다고 생각한다. 하지만 (학계에 남기를 포기한 상황에서) 이제는 나와 상관없는 일이다."

배우자가 같이 다른 지역으로 이동할 의향이 있다 하더라도, 기혼 여성은 대학 교원 임용 위원회의 저항을 받기도 한다. 나이가 지긋한 위원회 위원은, 남성 배우자가 여성의 커리어를 위해 기꺼이 함께할 것이라는 데 회의적이다.[19] 도서《학계 여성을 위한 미즈멘토의 훌륭한 조언들Ms. Mentor's impeccable advice for women in Academia》에서는 여성 대학 교원 임용 지원자들에게 남편이 프리랜스 작가라고 이야기하라고 조언하기도 한다.[20] 하지만 보다 현실적인 조언은 취업 면접 중에는 결혼 여부에 관한 정보를 제공하지 말라는 것이다(물어보는 것 자체가 불법이라는 점을 염두에 두자).*[21]

대학 교원의 배우자 고용에 관한 문제는 두 배우자가 모두 연구자인 경우 더 어려워진다. 일부 대학이 '배우자 간에 정년트랙을 나눠 갖는 제도split lines'와 같은 제안을 하기도 하지만, 이

---

* 미국의 경우, 이 책이 출간된 2013년에도 이미 교수 임용을 포함해 면접 시에 가족 사항, 결혼 여부를 물어보는 것이 불법이었다. 하지만 한국은 현재까지도 여성에게 결혼 계획, 출산 및 자녀 계획, 애인 유무와 관련한 질문을 받았다는 고발이 이어지고 있다. 현행법상 성별을 의식한 질문은 '채용성차별'로 분류되지만, 법 위반 신고가 접수되어도 처벌은 30명 이상 고용 사업장에만 적용된다. 채용 절차의 공정화에 관한 법률 제4조 3항은 구인자가 구직자의 직무 수행에 필요하지 않은 용모·키·체중 등 신체적 조건, 출신 지역·혼인 여부·재산 등의 정보를 기초심사자료로 요구해서는 안 된다고 규정하고 있다. 실제로, 한국의 대부분의 대학교수 임용 지원 서류는 결혼 여부뿐 아니라 가족 관계를 상세히 기입하도록 하는 경우도 많으며, 면접 시에 결혼 여부와 배우자의 직업, 자녀의 나이를 묻는 경우가 일반적이다. 출처: "교수 면접장서 "남편 직업 뭐냐"… 두꺼운 상아탑 '유리천장'". 한국일보 2019년 5월 11일 기사.

런 조치들은 규정이기보다는 예외에 가깝다.[22] 결국, 연구자 부부 중 여성이 학계 커리어를 포기하거나, 적어도 기대치를 낮추는 경우가 많다.[23] 양쪽 배우자 모두 성공적인 학자가 될 자격을 갖춘 경우에도, 전통적인 고정관념에 따라 여성이 집에 남아 아이를 돌보는 결정을 했다. 아니면 '(논문을) 출간하거나 (학계에서) 사라지는publish or perish' 고된 실력 증명 기간이 필요하지 않은 겸임교수와 같은 차선책을 택했다.[24] 이 주제는 이 장 후반부에 다시 다룬다.

캘리포니아대학교 설문조사에 참여했던 여성 대학원생들 중 다수는 학계 커리어를 가진 파트너에 관한 고민을 털어놓았다. 그중 캘리포니아대학교 물리학과의 한 학생은 본인이 정년트랙 교원 임용을 포기하기로 한 결정을 대학 임용 시장의 상황 때문에 어쩔 수 없다고 정당화했다. "난 지금 나와 같은 전공 분야의 커리어를 꿈꾸는 사람과 관계를 이어가고 있는데, 같은 지역에 같은 전공으로 대학교수직 두 개를 구하는 것은 불가능에 가깝다." 또 다른 여성 과학자는 남편의 연구 커리어가 우선하고 있다는 점을 암묵적으로 인정했다. "배우자도 대학에 있고, 일자리를 동시에 구해야 하기 때문에 내가 대학이나 연구소 교수가 된다는 것은 거의 불가능해 보인다. 아무래도 연구보다는 강의 기회가 더 많을 것이다. 강의하는 것을 좋아하지만 연구도 좋은데, 둘 다 할 기회는 얻지 못할 것 같아 그 점이 불만이다."

배우자의 취업에 관한 고민은 학계의 여성이 어느 지역 대학의 일자리를 수락하게 될지 결정하기도 한다.[25] 사회학자 스티븐 쿨리스Steven Kulis와 다이앤 시콧Diane Sicotte은 여성 연구자가 동료 남성보다 대도시나 대학이 밀집된 지역에 거주할 경향이 높다는 것을 발견했다.[26] 이는 여성들이 대학이든 기업이든 배우자가 일을 쉽게 구할 수 있을 만한 지역의 일자리를 선택한다는 뜻이다. 반면, 미혼 여성은 교제 가능성이 줄어들기 때문에 작은 도시로 이동하는 것을 싫어한다고 여겨질 수도 있다.[27] 이 책의 공저자 중 한 명의 지인은 미국의 작은 중서부 마을에 있는 유명 대학 정년트랙 교수직을 떠나면서, "나는 그 마을에서 교제할 수 있는 사람은 다 만나봤다"고 했다. 결국, 여성 학자들은 배우자가 있는 경우, 배우자가 다른 지역으로 이동하고 싶지 않아 하거나 혹은 배우자가 그럴 것이라고 의심받고, 결혼을 하지 않았다면 배우자를 찾기 어려운 지역으로 이동하는 것을 꺼릴 것이라고 의심받는 딜레마에 빠지게 된다. 한 여성은 고등교육연보의 온라인 게시판에 소도시 대학 교원 임용 위원회 앞에서 여성이 가족 상황을 설명할 수 있는 가능성을 재치 있게 표현했다.

다른 지역으로 이동이 가능한 배우자와 결혼했다고 (위원회에) 이야기하는 것은 전혀 다른 문제다. 왜냐하면, 여성은 결혼 여부와 상관없이 어떻게 대답을 해도 위원회를 설득할 수 없다. 남성 주도적인 교원 임용 위원회는 다음 네 가지 가능성을 떠올린다.

1. 당신은 미혼이다. '포덩크(가상의 마을 이름)'에서 어떻게 팬

찮은 배우자를 찾을 수 있겠는가? (당신은) 아마 곧 떠날 것이다.

2. 당신은 동성애자다. 당신과 당신의 동성 배우자는 '포덩크' 에서 행복하지 않아 떠나게 될 것이다. 어차피 예수님도 당신들을 안 좋아할 것이다.

3. 이동이 쉽지 않은 배우자와 결혼했을 것이다. 남편이 결사적으로 이 교수직을 맡지 못하게 막거나, 아니면 너무 징징대서 여기로 이사하자마자 남편을 달래기 위해 다시 떠나야 할 것이다.

4. 이동이 쉬운 남편과 결혼했다. 아마 '포덩크'가 질려서 떠나버릴 텐데, 그래도 그럴 가능성은 매우 적다. 교수직을 받아들일 가능성이 가장 높은 지원자이긴 하다.[28]

어느 지역으로든 이동 가능한 배우자와 결혼하는 것이 문제를 가장 적게 일으키지만, 많은 연구자들에게 이런 조건은 실현 불가능할 때가 많다.

대학 교원 임용 시장에서의 자녀

사회학자 셸리 코럴Shelley Correll과 동료들은 고용주들이 여러 방법으로 기혼 유자녀 여성 지원자를 차별한다는 것을 보인 바 있다.[29] 모성 차별, 아니 실은 어떤 종류의 차별이든 증명하기가 어렵고, 그래서 전통적으로 사기업보다 진보적인 것으로 알려진 대학 내에서 일어나는 차별이 얼마나 만연해 있는지는 더욱 알려져 있지 않다. 하지만 대학 교원 임용 위원회에서 연구보다는 육아에 더 치중하는 듯한 소위 '엄마트랙mommy-track'*에 있는 여성 지원자를 차별하여 채용하지 않는다는 일화는 상당히 많다. 이런 사례들을 이미 알고 있는 많은 여성 지원자들은 대학 임용 면접에서 출산이나 육아에 관한 내용을 어떻게든 숨기려고 한다. 엄마(혹은 예비 엄마)에 대한 편견은 법학자 조앤 윌리엄스Joan Williams가 주장하듯 여성이 정년트랙 교수직에 발탁될 비율이 낮은 것도 설명할 수 있다.[30]

대학 교원 임용에 도전하는 기혼 유자녀 여성 지원자들은 면접을 하기도 전에 아이 때문에 여러 어려움과 씨름해야 한다.[31] 일단, 출산과 육아는 이력서에 어색한 빈틈을 남긴다. 엄마들은 이 빈틈을 어떻게 설명할까? 대학 교원 임용 위원회의 설명에 따르면, 잘못된 답을 하는 것이 오히려 임용에 악영향을 미칠 수 있다고 했다. 한 대학의 교원 임용 위원회 위원은 지원서를 심사하는 과정에서 이 빈틈에 관해 즉답을 얻길 원했다.

* '엄마트랙'은 자녀 양육에 더 많은 시간을 할애하기 위해 승진과 급여 인상을 희생하는 여성을 위한 직업 경로, 혹은 행동 양식을 의미한다. 반의어로 '경력우선트랙(career-track)'이 존재한다. 엄마트랙에 있는 여성들은 경력이 단절되지는 않지만, 일을 하더라도 자녀 양육(혹은 가사에)에 중요도를 둔다. 이들은 회사 내에서는 적당히 일하는 사람 혹은 성취욕이 없는 사람으로 비난받는 경우가 많다. 출처: Sidle, S. D. (2011). Career track or mommy track: how do women decide?. *Academy of Management Perspectives*, 25(2), 77-79.

우리는 한 번도 간단명료하게 "아이 둘을 돌보면서 박사학위 논문을 쓰느라 3년간 강의를 쉬었고, 지금은…(이하 생략)"과 같이 쓰여진 지원서를 의심해본 적은 없다. 하지만 '이 해에 남편을 따라갔군, 이 시점에서 첫째 아이가 생겼고, 이때쯤 가족이 다시 이사를 갔군, 거기서 둘째가 생긴 건가?'라는 식으로 추측하기에 충분하게끔 빈틈이 있는 지원자의 경력과 그 3, 4년간 매번 다른 학교에서 시간강사를 했으면서도 이를 설명할 추천서가 없는 지원서를 두고 고심한 적은 있다. 이런 경우, 지원자의 경력에 있는 공백은 채용자 입장에서는 문제적으로 보일 수도 있기 때문에, 그게 아니라는 걸 확인하기 위해서는 법에 위배되는 질문을 해야 하는 상황에 처한다. 지원자가 자원해서 말하는 것은 불법이 아니지만, 우리가 질문하는 것은 불법이다.[32]

이 이야기는 대학 고용 시장에 있는 엄마들이 자주 접하는 딜레마를 보여준다. 경력 중 육아 때문에 공백이 있다는 정보를 자원해서 제공하면, 일을 열심히 하지 않을 것이라는 인상을 줄 위험에 처한다. 하지만 그런 정보를 제공하지 않으면, '암울한 사정'을 감추려 한다는 의심을 받게 된다.

아이를 키우기 위해 경력에 공백이 생겼음을 공개해야 한다는 것에 교원 임용 지원자들은 상당히 많이 실망하곤 한다. 한 엄마는 이렇게 회상했다.

나 또한 과거에 아이를 키우면서 생산성이 떨어졌던 여러 번의 '공백'이 있다. 나는 사실 학계를 떠났다가 다시 들어왔다(이전 전공 분야를 떠나 처음부터 다시 시작해야 한다는 것을 깨달았지만, 학계가 너무 좋다는 것도 깨달았다!).

(앞서 등장한) 저 '대학 교원 임용 위원회 위원'은 '엄마트랙'에 있었다는 것 자체가 나쁘다는 이야기를 하려는 것일까, 아니면 이력서의 공백을 설명하기만 한다면 최악의 경우를 상정하거나 불법적인 질문을 하지 않겠다는 이야기를 하려는 것일까?

너무 두렵다. 새로운 출발선에 서서 새롭고 환상적인 커리어를 시작할 수 있을 거라고 생각했는데…. 나는 가망이 없는 것일까?[33]

여성 지원자의 자녀 유무는 임용 지원서를 작성할 때보다 면접을 볼 때 문제가 될 가능성이 더 높다. 대학 면접에는 대개 식사를 하며 어울리는 시간이 포함되는데, 이때 질문하는 것은 불법이지만 자녀에 관한 질문이 무심코 나오기도 한다. 여기서 거짓말을 하는 것은 가능한 선택지가 아닌데, 새로 임용된 교원이 이후 아이들을 데리고 나타나면 바로 진실이 드러나기 때문이다. 동료들 사이 신임 교원의 신뢰도는 시작부터 추락할 것이고, 조교수인 그녀가 정년을 보장받을 가능성에도 흠이 생기고 만다. 그럼에도, 한 임용 지원자가 본인의 면접을 통해 배운 것처럼 지원자는 자녀에 관한 이야기를 꺼낼 필요가 없다.

나는 대학 임용 지원 과정에서 여러 실수를 저질렀고, 그로부터 얻은 경험을 통해 면접 중에는 아이들에 관한 이야기를 하지 않기로 했다. 누군가 직접 물어본다면 답을 하겠지만, 아무도 물어보지 않는다면, 나도 이야기를 꺼내지 않는다. 그 결과 대학 교원으로 임용될 수 있었다. 그리고 내게 아이가 있는지가 직후 크게 논란이 되었다고 들었다.

이전의 다른 면접에서는 아이를 언급했더니 대학 교원 임용 위원회장이 고개를 떨궜고, 그걸로 지원은 그렇게 끝이 났다. 물론 수만 가지 다른 이유가 있을 수 있겠지만, 아이가 있는 것이 임용에 도움이 되지 못했다는 점만은 분명해 보였다.[34]

또 다른 임용 지원자는 가족친화적으로 보였던 예비 고용주들 앞에서 편하게 자녀에 관한 이야기를 했지만 이 행동은 후회로 남았다.

나는 두 번의 캠퍼스 면접*을 치렀다. 격식을 갖추고, 덜 가족친화적으로 보이는 학교에서는 배우자를 언급했지만 아이들을 언급하진 않았다. 두 번째로, 첫인상에 가족친화적인 면을 내세우던 학교에서는 배우자와 아이들을 모두 언급했다. 두 번째 학교에서는 면접 내내 가족에 관해 물어봤다. (…) 가족에 대해 이야기할 수 있어서 정말 편안했다. 하지만 첫 번째 학교에서만 임용 제안을 받았고, 두 번째 학교에서는 받지 못했다.

104   105

* 미국에서 캠퍼스 면접은 사실상 교원 임용의 마지막 관문에 해당한다.

두 번째 학교의 교원들과 주고받은 이메일을 통해 돌아보건대, 대학의 많은 이들(특히 실제로 집에 아이들이 있는 젊은 교수들)에게는 내게 가족이 있는 것이 문제가 되지 않았지만, 더 나이 많은 교수들은 이를 문제로 여겼던 것 같다. 정당화될 수 없지만 (그리고 정말로 구시대적이지만), 학과 내 원로 교수들은 가족이 있는 여성을 고용하는 건 모험이라는 생각을 갖고 있었고, 그래서 지원자인 나에 대해 반대표를 행사한 것 같다. (…) 이런 식이라면, 앞으로는 무슨 일이 있어도 임용 면접에서 아이에 대한 이야기는 하지 않을 것이다.[35]

물론 이 임용 지원자의 상황에 자녀 유무가 진짜로 영향을 미쳤을지 알 수 있는 방법은 없다. 우리가 아는 것은 고용주들이 대체로 기혼 유자녀 지원자를 차별하고, 많은 여성 지원자들이 대학 임용 면접 중에 자녀를 공개하는 것이 문제가 된 것 같다고 보고했다는 점이다. 하지만 이것은 자녀가 있는 여성이 자녀가 없는 여성이나 자녀가 있는 남성보다 교원으로 선정될 확률이 낮은 여러 이유 가운데 하나일 뿐이다. 또 다른 이유는 결혼 여부다. 결혼과 육아가 결합되면, 여성 지원자들 앞에 완전히 새로운 딜레마가 놓인다. 자녀가 있는 기혼 여성이라면 배우자와 다른 지역으로 함께 이동하는 것을 두고 씨름해야 한다. 한부모 여성 지원자라면 지원자의 연구 생산성이 근본적으로 의심받을 수 있다. 혼자 아이를 보면서 조교수 업무량을 어떻게 다 감당할 수 있겠는가? 한 여성 지원자는 첫인상이 중요하다는 것도 깨달았다. "그들은 직접적으로 내게 아이가 있는지 물어봤는데(내게는 아이가 있다), 면접 당시 결혼반지를 끼지 않았기 때문에 한부모라고 여겼던 것 같다. 그리고 그들에게는 이 점이 큰 문제였던 것 같다."[36]

대학 교원 임용 지원 과정의 특성도 자녀가 없는 여성보다 자녀가 있는 여성에게 더 많은 문제를 야기한다. 지원자들은 일반적으로 몇 시간씩 이동해서 하루 혹은 그 이상(면접에 며칠씩 걸리기도 한다)을 대학 교원 임용 위원회와 보내야 하는데, 육아를 하는 경우 이는 매우 곤란한 상황이다. 여성 연구자들이 직업을 가진 남편을 둔 경우가 그 반대의 경우보다 많다는 점을 기억하자. 대학 교원 임용 가능성이 높은 후보일수록 면접을 많이 보게 되고, 그럴수록 육아는 어려워진다. 예상할 수 있듯, 갓난아기를 둔 여성 지원자들은 면접을 가장 어려워한다. 온라인 게시글을 통해 갓난아기 엄마들이 면접을 볼 때 가장 불편한 점으로 언급하는 내용은 수유다. 한 엄마는 갓난아기를 보살피면서 여러 대학의 임용 면접을 봤던 경험을 이야기했다. "(미국) 곳곳의 캠퍼스를 나흘씩 방문해야 하는데, 모유 수유를 해야 하는 아이를 어떻게 집에 두고 오는가? 유축을 하기도 하고, 그러다 (모유 일부는) 얼리고, 일부는 버리고, 어떤 면접에는 아이와 남편을 모두 데려가서 호텔에 숨겨두기도 했다. 두 달이라는 기간 동안 아주 어린 아이와 함께 6개 캠퍼스를 방문하는 것은 우리 모두에게 너무 어려운 일이었다. 하지만 어떻게든 해냈고 괜찮은 교수직도 구했다. 하지만 나는 정년 보장 심사를 통과하는 것보다 둘째 아이를 갖는 것이 내게 더 중요하고, 그 아이와 정년을 맞바꿔야 한다면 바꿀 수도 있다는 점도 이 경험을 통해 깨달았다."[37] 자녀를 둔 또 다른 여성은 갓난아기를 집에 두고 면접을 보러 갔지만, 그럼에도 면접 도중 유축할 시간이 필요했던 기억을 떠올렸다. "아이가 4개월일 때 교원 임용 면접을 봤다. 한 대학에서 면접 일정을 일주일 전에 알려줘서, 면접 가기 전에 모유를 모아놓기 위해 미친 듯이 유축을 했고, 공항에서도 유축하고, 면접이 진행될 캠퍼스에 유축기를 들고 가서 면접 중간 휴식 시간 20분 동안에도 유축을 했는데 나쁘지 않았다. 남편이나 도우미 아주머니를 위한 비행기 표를 사는 것보다 훨씬 쌌기 때문이다. (…) 그냥 제안인데, 아기에게 젖병 주는 것을 싫어하는 사람들도 있다지만, 젖병도 괜찮다고 생각한다면 유축하는 방법을 적극 추천한다!"[38]

이처럼 어린 자녀는 여러 측면에서 여성 연구자의 대학 교원 임용 지원을 어렵게 만든다. 하지만 남성 연구자에게는 어린 자녀로 인한 어려움이 별로 없다. 우선, 여성에 비해, 남성 연구자는 육아를 전담하는 전업 배우자를 두었을 가능성이 높다. 그리고 임신해서 배가 커지지도 않고, 모유 때문에 블라우스가 젖어서 갓 아빠가 되었다는 것이 부지불식간에 드러나지도 않는다. 그리고 남성 대학원생들에게는 롤모델이 될 수 있는 성공적인 연구자 아빠들이 많다.[39] 실제로 기혼 남성은 대학 교원 임용 시장에서 성공하는 경우가 더 많다. SDR 자료에 의하면, 이들은 미혼 남성보다 정년트랙 교수직을 구할 가능성이 9% 더 높다. 결혼을 했다는 사실이 대학 교원 임용 위원회에게, 그리고 임용 지원자 스스로에게, 이 지원자가 안정적이고 어른스럽다는 점을 어필하는 것인지도 모른다.[40] 이런 특성을 가진 남성 지원자라면 장기간 함께 일할 수 있는 이상적인 동료가 될 것이다. 실제로 스스로를 '가족적인 남자'로 표현하는 남성 지원자들이 임용에 더 유리할 수도 있다. 하지만, 적어도 대학 교원 임용 위원회의 한 위원은 좋은 인상을 얻으려고 스스로를 헌신적인 가장으로 내보인 남성 지원자에게 비호감을 표했다. "나는 (어떤 후보가 그랬던 것처럼) 만나자마자 3분 만에 자신의 두 아이 이야기를 꺼내는 지원자에게는 좋은 인상을 받지 못한다. 왜냐면 그가 무엇을 의도했든, '가족적인 남자'라는 특권을 활용하려는 것으로만 보이기 때문이다. 나는 그가 자신이 하게 될 일의 중요성을 제대로 알지 못하는 사람이거나, 더 심하게는, 공개적으로 역차별을 요구하고 있는 것이라고 판단한다. 나는 자신의 특권을 활용하여 역차별을 하는 사람이 아니라, 성별, 인종, 가족 관계와 상관없이 사람을 뽑는 대학을 만들어갈 동료와 함께하고 싶다."[41]

자녀의 존재는 대학 교원 임용 시장의 남성 지원자에게는 심각한 방해 요소가 되지 않는다. 하지만 여성 지원자에게 아이는 여러 문제가 된다. 먼저 자녀는 여성들이 면접장에 가는 것을 어렵게 한다. 게다가 대학 교원 임용 위원회는 엄마들이 학계 커리어에 전념할 수 있을지를 의심하기도 한다. 이런 이유로, 어린 자녀를 둔 여성 박사학위 소지자들은 정년트랙 교수직과는 다른 커리어를 선택하곤 한다.

학계의 소작농*

성평등을 제외하고 학계에서 자주 논의되는 몇 안 되는 이슈 가운데 하나가 비정규직 교원**의 증가다.[42] 1975년, 비전임 강사는 미국 교수의 43%를 차지했다. 2007년, 비전임 교원이나 비

---

* 이 글에서는 학계에서 비정규직 교원이 처한 상황을 중세 시대의 '소작농(sharecropper)'에 비유한다. 소작농은 중세 유럽에서 남의 땅을 빌려 농사를 짓는 농민 계급을 의미하는 말로, 자영농의 반대 개념이다. 과거 조선 시대에도 소작농이 존재했다. 중세 농민들 대부분이 소작농이었고, 외세의 침략 등으로 도시 방위 비용과 세금이 가혹해지면서 빚이 쌓이게 되는 경우 자신의 자유를 바치면서 봉건 영주나 기사에게 예속되는 상태의 농노(농민+노예)가 되기도 했다. 이렇듯 열심히 일할수록 오히려 더 빈궁해지거나 경제적 기반을 가지고 독립한 자영농이 되지 못하는 소작농의 운명과, 학계에서 연구와 강의를 계속해나가지만 독립된 연구 기반을 가지거나 정년트랙 교수직을 얻을 기회로부터 멀어지는 비정규직 교원의 상황이 닮은 것에 착안한 표현이다.

** 여기서는 정년트랙 전임 교원의 상대 개념으로 비전임 교원과 비정년트랙 전임 교원 두 개념을 같이 이야기하고 있다.

정년트랙 교원이 전체의 69%를 차지했다.[43] 최근에 진행된 전일제 교원 임용은 대부분 정년트랙 고용이 아니었다.*[44]

성평등과 비정규직 교원의 증가는 불가분의 관계에 있다. 비정규직 교원은 전체 전임 여성 교수의 22%를 차지하지만 남성 교수의 11%만이 비정규직 교원이다.[45] 비정규직 교원의 비율이

---

* 한국 역시 비전임 교원, 비정년트랙 전임 교원 양산 문제가 심각하다. 비전임 교원과 비정년(트랙) 전임 교원 간의 큰 차이는 대학 소속 교원이라는 신분 보장과 사학연금 가입 여부다. 전임 교원은 사학연금에 가입되고, 비전임 교원은 국민연금 보장 대상이다. 2014년에 이미 전체 대학교수 가운데 약 60%가 비전임 교수로 확인되었고(4년제 41.1%, 전문대학 71.2%), 이들을 부르는 명칭은 겸임교수, 초빙교수, 시간강사, 연구교수로 다양했다. 이 중 가장 큰 비중을 차지하는 것은 시간강사였다. 출처: "대학교수 10명 중 6명 '무늬만 교수'". 이데일리 2014년 10월 30일 기사.
비정년 전임 교원과 정년트랙 전임 교원 간의 큰 차이는 정년 보장 및 승진 여부, 급여에 있다. 일반적으로 비정년트랙 전임 교원은 명예교수나 겸임교수, 외래교수 등의 비전임 교원과는 다르게 조교수와 부교수 등의 직급은 부여되지만 통상 2년마다 계약을 갱신해야 하는 무기계약직 신분이다. 비정년 전임 교원은 전임(full-time)교원이라는 점에서 정년트랙 전임 교원과 동일하게 최초에 조교수 직급으로 임용되나, 이후 부교수, 정교수 직급으로의 승진에 제한 혹은 차등이 있다. 많은 경우 한국 대학에서는 비정년트랙 전임 교원의 승진이 불가하거나, 부교수로 제한을 두고 있다. 또한, 급여는 일반적으로 정년트랙 전임 교원의 60%에 머물고 있다. 출처: "전임 교수인데도 임금 3천만 원… 비정년트랙 제도 철폐하라". 연합뉴스 2019년 7월 10일 기사.

증가한 시기는 학계에 여성 비율이 증가하기 시작한 시기와 일치한다.[46] 점점 더 많은 여성들이 정년트랙 교수직을 얻게 되었지만, 여전히 여성 비정규직 교원 비율이 지나치게 높다.[47]

사회과학자들은 '가난의 여성화feminization of poverty'*에 대해 이야기한다. 현대 미국 사회에서 여성이 생계부양자인 가정은, 평균적인 미국 가정에 비해 가난해질 확률이 더 높다.[48] 여성 비정규직 교원 비율이 늘어나는 것도 같은 맥락으로 볼 수 있다. 여성 연구자를 대학의 2군으로 격하시키는 것이다.

물론 비정규직 교원이 임금도 높고 안정적인 학계 밖의 본업을 두고, 교수로서는 시간제로 일하는 경우도 있다.[49] 이런 개인들에게는 비정규직 교원직이 지적인 자극에 추가 임금까지 제공한다. 하지만 이런 이들은 소수다. 대부분의 비정규직 교원에게 이 일은 전일제 업무이자 주 수입원이다. 비정규직 교원의 절반 정도가 주당 50시간 이상을 일한다.[50] 비정규직 교원은 거의 모든 측면에서 대학의 이류 계층에 속한다. 이 점을 지적하려면 웬델 파운틴Wendell Fountain의 2005년 책《학계의 소작농들Academic Sharecroppers》만 언급해도 충분할 것이다.[51] 비정규직 교원은 정

---

* 가난의 여성화는 1970년대 다이애나 피어스(Diana Pearce)가 제안한 개념으로, 가난한 인구 집단에 여성의 비율이 높아지는 현상을 의미한다.

년트랙 조교수보다 급여를 26%나 덜 받는다.*52 비정규직 교원은 개인 사무실, 컴퓨터 등 정년트랙 교수가 일반적으로 받는 지원을 받지 못하는 경우가 많다. 이들은 학생을 직접 지도하는 경우도 많지 않다. 결정적으로, 비정규직 교원의 증가는 미국 고등교육의 기본 원칙마저 훼손한다. 왜냐하면 비정규직 교원은 정년트랙 교수들만큼 엄격한 평가를 받지는 않기 때문에, 교육의 질이 떨어질 수 있다.53 비정규직 교원 중 많은 이들이 훌륭한 선생님이지만, 열등한 강사가 교원이 되는 것을 막을 방법도 거의 없다. 한편으로 학문의 자유라는 고등교육의 가치 또한 폄훼된다. 비정규직 교원은 정년을 보장받지 못하고, 대학 내에서 목소리를 크게 낼 수도 없다. 그래서 이들에게는 자유롭게 의견을 교환하거나 비주류의 의견을 옹호하는 등 대학에 중요한 가치를 장려하는 것이 이득도 적고, 오히려 이들의 고용이 위태로워지는

---

* 한국의 경우 시간강사 처우는 더 열악하다. 2020년 1학기 기준 4년제 대학 강사의 시간당 평균 강의료는 6만 6000원이었다(국공립대 8만 6200원). 전업 강사 1인당 강의 시수가 주당 6.2시간 안팎을 기록한 점을 토대로 대학 강사의 임금을 계산해보면, 국립대 강사의 경우 학기 중 임금은 2,137,760원(월 급여), 연봉으로 계산하면 19,239,840원(32주 강의+방학 4주)이 된다. 사립대의 경우 1,386,320원(월 급여), 연봉은 12,476,880원에 불과하다. 직급별 교수 연봉 평균액을 기준으로 정년트랙 전임 교원과 비교했을 때, 국립대 기준 조교수 65,190,000원(2017년) 연봉의 3분의 1 수준에 불과하다. 이러한 시간강사 처우를 개선하기 위해 정부는 소위 '시간강사법'이라고 불리는 고등교육법 개정안을 시행했지만, 이는 대학에 인건비 부담을 늘리게 되었고 오히려 강사 대량 해고 등의 결과를 불러왔다. 출처: "강사료 올라 시간당 66000원… '마흔 박사' 또래의 절반도 못 번다". 한국일보 2020년 7월 28일 기사.

상황에 처하게 될 수도 있다.[54] 심리학자인 레슬리 츠빌링거Leslie Zwillinger는 오랜 시간 국립대학교에서 강사로 재직했다. 비정규직 교원으로서의 삶에 대한 그녀의 의견은 예상할 수 있다시피 부정적이다. "대부분의 시간강사는 여성이고… 이들의 고용은 매우 불안정하고, 많은 어려움이 따른다. 시간강사 한 명은 다음 학기 강의 일정에 이름을 찾을 수 없어서 20년간 서오던 교단에서 갑자기 은퇴했다. 그녀와 이에 대해 미리 상의한 사람은 아무도 없었다."[55]

레슬리의 이야기에서 알 수 있듯이, 지금의 학계는 이분화되었고 여러 이유로 정년트랙에 진입하지 못하는 인재들이 많다. 많은 연구자들에게 비전임 교원의 삶은 대학 임용의 무덤, 곧 정년트랙 교수직의 꿈이 모두 사라진 곳이다.

정년트랙 교원 임용의 대안

앞서 언급한 것처럼, 박사학위 소지자의 3분의 1 정도만 대학원이나 박사후연구원 이후 정년트랙 교수직을 구한다. 나머지 사람들 중 비정규직 교원이 되는 비율은 얼마나 될까? 결혼과 자녀는 정년트랙에 고용되지 않은 박사 인력의 커리어 결정에 어떤 영향을 미칠까? 지금까지 이 책에서 다룬 것처럼, 대학원 졸업 후 바로 정년트랙 교수직을 구하지 못한 박사학위 소지자의 커리어 방향은 성별의 영향을 크게 받는다.

정년트랙 교수직을 구한 여성의 수가 적은 이유가 가족 구성 때문이라면, 비정규직 교원 중에 여성이 많은 것도 이 이유로 설명될까? 사실 비정규 교원직은 여성 박사학위 소지자에게 정년트랙 교수직이 줄 수 없는 다양한 혜택을 제공한다. 먼저, 시간제 근무를 선택할 수 있게 되는데, 이런 경우는 정년트랙 교수직에서 보기 힘들다.[56] 짧은 근무시간과 적은 강의 시수뿐만 아니라, 정년을 보장받기 위해 연구에 몰입해야 하는 것도 필수가 아니다. 둘째로, 비전임 교원은 정년트랙보다 훨씬 자리가 많아서, 남편의 커리어에 따라 다른 지역으로 이동하기 어려운 기혼 여성들이 선호한다. 결혼한 여성 박사는 남편의 임금이 있어 비전임 교원의 낮은 임금으로도 생활할 수 있다. 이런 요소들은 한 여성 연구자가 비정규 교원직을 선호하는 이유를 설명해준다. "정말 좋다. 내게 완벽한 직업이다. 전일제로 근무하고 있고 각종 혜택도 받고 있다. 연구비 신청서를 쓸 필요도 없고, 논문을 쓰면 경력에 유리하지만, 꼭 써야만 하는 것은 아니다. 대학원생을 지도하지 않아도 되는 대신 학부생 및 대학원생과 연구를 시도해보고 있는데, 매우 만족스럽다. 내가 담당하는 실험 수업도 재량껏 결정할 수 있다. 나는 정년트랙 동료 교원들처럼 그렇게 출장을 많이 갈 필요도 없다. 나는 어린아이 둘을 키우고 있고 출장이 싫기 때문에 이게 더 좋다. (…) 컨설팅을 하는 남편이 버는 돈과 내가 버는 돈을 합하면 각종 공과금을 낼 수 있을 정도다. 아이들에게 무슨 일이 생기면 일찍 퇴근할 수도 있다."[57] 이 연구자가 이야기한 것과 비슷한 이유로 우리는 여성이 대학원을 마치고 정년트랙 교수직보다는 비정규 교원직에 채용될 가능성이 높을 것이라고 예상해볼 수 있고, 결혼한 여성이나 어린아이가 있는 여성의 경우 그 가능성이 더 높을 것이다.

이 장의 초반에 우리는 여성이 남성보다 정년트랙 교수직을 얻을 가능성이 낮음을 알렸다. 여기에서 나아가 SDR 결과는 남성과 여성의 커리어 경로가 서로 달라지는 것을 보여준다. [그래프 2-1]은 정년트랙 교수직이나 다른 직업을 선택하는 비율에 성별이 미치는 영향을 보여준다.[58] 남성 박사학위자에 비해, 정규직이 되지 못한 여성 박사학위자는 비정규직 교원이나 강의를 하지 않는 교원으로 대학에 남는 경우가 더 많았다. 반면, 대학이 아닌 곳에서 일하는 비율은 여성이 더 낮았다. 게다가 여성은 박사학위 취득 직후 학교를 떠나는 비율이 남성보다 2배나 더 높았다.

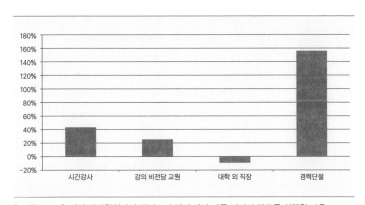

[그래프 2-1] 여성 박사학위자가 정년 교수직이 아닌 다른 커리어 경로를 선택할 비율

출처: 박사학위 소지자 조사(Survey of Doctorate Recipients), 미국 국립과학재단(National Science Foundation), 1983~1995.
주: N=16,049.

결혼과 자녀는 남성과 여성의 커리어 결정에 서로 다른 영향을 미친다. 가족이 있는 여성은 크게 두 가지 고용 패턴을 보인다. 우선, 6세 미만의 자녀를 둔 여성은 비정규 교원직을 택할 확률이 높다. 자녀가 없는 여성에 비해 6세 미만의 자녀를 둔 여성은 정년트랙이 아니라 비정규 교원직을 택할 비율이 26% 더 높다. 어린 자녀를 둔 남성과 비교하면, 비정규직 교원을 택할 가능성이 무려 132% 더 높다. 반대로 어린 자녀를 둔 남성 박사학위 소지자가 정년트랙 교수직이 아니라 비정규 교원직을 택할 가능성은 36% 낮았다. 이런 방식으로 자녀는 대학원 이후 남성과 여성의 커리어 결정에 서로 다른 결과를 이끌어낸다. 어린 자녀는 남성 박사학위자들에게 정년트랙 일자리를 선택하거나 아예 학계를 떠나 보다 안정적이고 수입이 좋은 일자리를 찾게끔 압박한다. 반대로 어린 자녀는 여성 박사학위자들에게 스트레스가 덜하고 근무도 유연하지만, 임금은 낮고 지위도 낮은 비정규 교원직을 선택하게끔 이끈다.

예상할 수 있듯이, 어린 자녀를 둔 여성 박사학위자들은 아예 노동인구에서 이탈하는 경로를 선택하기도 한다. 6세 미만의 자녀를 둔 여성은 정년트랙 교수직 대신 노동인구에서 이탈할 가능성이 어린 자녀를 두지 않은 여성에 비해 4배 이상 높다. 어린 자녀를 둔 남성은 이 정도의 비율로 일을 포기하지는 않는다. 결혼 또한 여성이 노동인구에서 이탈시키는 역할을 한다. 미혼 여성에 비해, 기혼 여성은 일하지 않을 가능성이 28% 더 높다. 결혼도, 어린 자녀도 남성에게는 여성만큼의 노동인구 이탈 효과를 보이지 않고, 오히려 직업 전선을 떠나는 것보다 정년트랙 일자리를 구할 가능성을 높였다. 아마도, 남성이 가족을 부양해야 한다는 인식이 무직이라는 선택지를 불가능하게 만든 것 같다. 우리가 제안한 것처럼, 결혼과 부성은 대학 교원 임용 위원회에게 이 남성이 어른의 역할을 하고 있고, 안정적이며 생산성 높은 교원이 될 가능성이 높다는 신호로 작용할 수 있다.

종합적으로 볼 때, 여성 박사학위자들이 경력단절을 겪게 되는 결정적인 요인은 결혼과 출산이다. 6세 미만의 자녀가 없는 미혼 여성이 대학원 졸업 후 직업을 구하지 못하는 비율이 정년트랙 교수직을 구할 비율보다 10% 낮았다. 마찬가지로 미혼 여성이 정년트랙이 아닌 비정년트랙을 택할 비율도 10% 낮았다. 여성이 남성에 비해 비전임 교원을 택할 가능성이 45% 더 높다는 것을 기억하자. 반면 어린 자녀를 두지 않은 미혼 여성은 비전임 교원을 택할 가능성이 17%만 높았다. 이 장의 앞에서 우리는 가족 구성에 의해 여성이 정년트랙 교원이 되는 비율이 줄어드는 것을 보았다. 우리는 이제 이 여성 박사학위자들이 어디로 가는지 알 수 있다. 이들은 경력이 단절되거나, 비정규 교원직을 택하는 것이다.[*]

* 한국의 경우, 여성 박사학위자들에게 시간강사(비전임 교원직) 자리조차 아주 드물고, '운이 좋은' 경우에 해당한다. 2019년 국내 박사 취득자 실업률은 23.2%였고, 여성 박사의 실업률이 더 높았다(28.5%). 특히 취업을 하지 않거나 구직 활동도 하지 않는 비경제 활동(경력단절) 비율도 여성이 남성보다 더 높았다. 출처: 통계청. (2019). '2019년 국내 신규 박사학위 취득자 조사 결과'. 국가통계포털.

게임에 다시 들어가기

학계의 인재 풀은 전통적으로 송수관(파이프라인)*의 형태로 표현되어왔다. 이 송수관 모델은 실험과학을 하는 과학자들의 커리어에 보다 적절한데, 이르면 고등학교부터 시작되어 송수관을 따라 물이 흐르듯 정해진 순서대로 커리어가 이어지는 과정이다.[59] 과학자가 되어가는 이 과정이 시작될 때부터 여성의 비율이 적다. 하지만 학계에서의 경력을 위해 이 송수관에 진입하는 시기는 대학원 때부터라고 보는 것이 일반적이다. 학계에 남으려면 박사학위가 필요하고, 조교수와 부교수를 거쳐야만 정교수가 될 수 있기 때문이다.

송수관 모델이 현재의 대학 커리어 현실을 반영하지 못한다는 비판도 있다.[60] 이 송수관 모델은 적어도 두 가지 관점에서 현실을 반영하지 못한다. 먼저, 이 모델은 커리어의 진행과 결혼, 출

---

* 송수관(pipeline)은 설치한 도관을 통해 물 등을 수송하는 시설을 의미하는데, 경력 파이프라인(career pipeline) 혹은 인재 파이프라인(talent pipeline)은 특정 직위/일자리를 채울 준비가 된 후보자군(pool)을 의미한다. 고위직 내 여성의 수가 적은 대표성의 문제는 결국 높은 지위에 선행하는 경력 단계에 있는 여성의 수가 적기 때문이고, 특정 직군과 직위에 발탁될 가능성이 있는 잠재적 후보자의 생존 가능성을 선행 단계에서부터 높이는 형태의 접근이 필요함을 시사한다. 출처: 진미석, 임언, 민무숙. (2000). 여성 고급인적자원 활용 실태 및 개선 방안 연구: 박사학위 소지자를 중심으로. 교육부, 한국직업능력개발원 수탁과제 보고서(수탁연구00-22). Herschberg, C., & Berger, L. J. (2015). *Academic careers and gender inequality: Leaky pipeline and interrelated phenomena in seven European countries*. Trento: University of Trento.

산, 육아 등 삶의 중요한 사건을 함께할 여지를 주지 않는다. 우리가 이미 봤던 것처럼, 이는 심각한 문제다. 두 번째 비판은, 첫 번째와 밀접하게 관련되어 있는데, 이 송수관 모델이 일반적이지 않은 커리어 진행을 용납하지 않는다는 점이다. 무엇보다 송수관에서 '빠져나온' 후에는 다시 진입할 방법이 없다. 이는 아이를 낳고 키우기 위해 학계 커리어를 잠시 내려두었던 여성들에게 특히 문제가 된다. 사회학자 필리스 모엔Phyllis Moen은 직선적이고 획일적인 송수관 모델이 구시대적인 발상이라고 주장한다.[61] 교육 전문가 잭 슈스터Jack Schuster와 마틴 핑클스틴Martin Finkelstein은 최근 정년트랙 교수직을 구하기 전에 학계를 잠시 떠나는 것, 즉 대학원과 정년트랙 교수직 사이의 중간 지점이 학계 커리어라는 사다리의 '새로운 가로대'가 되어야 한다고 주장한다.[62] 다른 연구자들은 남성 주도적인 학계에 진입한 여성을 위한 '회전문revolving door' 모델을 주장하거나, 여성이 임신과 육아로 대표되는 '경사로를 내려오는off-ramps' 기간을 지나 일터로 되돌아올 수 있도록 다시 '경사로를 오르는on-ramps' 방법이 더 많아져야 한다고 주장한다.[63]

우리는 이미 대부분의 박사학위 소지자들이 정년트랙 교수직을 대학원 직후 (혹은 박사후연구원 직후) 선택하지 않는 것을 봤다. 특히, 기혼 여성이나 어린 자녀를 둔 여성 연구자는 학계라는 게임에서 빠져나올 가능성이 많아, 주로 비정규직 교원이 되거나 경력이 단절된다. 그렇다면 얼마나 많은 학자들이 학계로 다시 돌아올까? [그래프 2-2]는 다른 직업을 택한 후에 (아니면 2년 이상 학계를 떠난 후에) 다시 정년트랙 교수직을 구하는 연구자 수를 보여준다. 일반적으로, 대학원을 졸업한 직후에 정년트랙 교수직을 구하지 못한 4명 중 1명만이 훗날 다시 정년트랙 교수직에 도전한다. 하지만 이 수치는 이 연구자들이 박사학위를 받은 후에 선택한 고용 형태에 따른 차이를 제대로 보여주지 못한다. 대학원 직후 비정규직 교원을 선택한 박사학위 소지자의 절반 이상은 10년 안에 정년트랙 일자리를 구한다. 또한, 대학 내에서 강사가 아닌 대학 행정직이나 연구원 같은 다른 직종을 택한 이들의 정년트랙 교수직 재진입률 또한 높은 편이다. 반대로 대학원 졸업 직후에 직업을 구하지 못했던 이들이 정년트랙에 진입하는 비율은 낮았고, 대학이 아닌 곳에서 고용된 이들의 재진입률도 10% 정도로 조사 대상 중 가장 낮았다. 그러므로 대학의 인재 풀을 튼튼한 송수관으로 표현하는 것은 이제 틀렸다. 학계 송수관을 떠난 많은 이들이 결국은 학계로 되돌아오기 때문이다. 특히, 고등교육기관에 계속 남아 있던 이들은 정년트랙 교수직을 언젠가는 얻게 될 가능성이 높다. 대학원 졸업 직후 비정규직 교원을 선택하는 것이 정년이 보장된 교수직을 얻을 가능성을 없애지는 않는다. 다만, 대학원 졸업 후 시간이 흐를수록 정년트랙 교수직을 얻을 가능성은 줄어든다.[64]

학계 재진입률과 재진입 이전의 고용 형태 사이의 관계가 얼마만큼 인과성을 띠는지는 불분명하다. 첫 시도에 정년트랙 교수

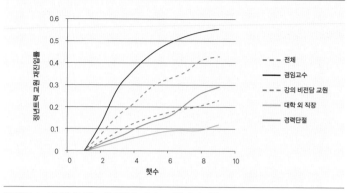

[그래프 2-2] 정년트랙 교원 임용을 잠시 포기했던 박사학위자의 임용 재진입률

출처: 박사학위 소지자 조사(Survey of Doctorate Recipients), 미국 국립과학재단(National Science Foundation), 1983-1995; Nicholas H. Wolfinger, Mary Ann Mason, Marc Goulden, "Stay in the Game: Gender, Family Formation, and Alternative Trajectories in the Academic Life Course," Social Forces 87, no. 3 (2009): 1607, 그림 2, 옥스퍼드대학교 출판사의 허가로 재출간.
주: N=6,501

직을 얻지 못한 연구자들이 일부러 대학에 남으려고 임시직을 택하는 것일까? 아니면 정년트랙 교수직으로 고용되지 못한 박사학위 소지자들의 자연스러운 대안일까? 하지만 어느 쪽이 됐든, 정년트랙이 아닌 교원직이 재진입을 도울 수는 있다. 2년제 지역사회대학 학생 다수가 4년제 대학에 진학하게 되는 것과 비슷하다. 우리가 관찰한 것처럼, 비정년트랙 교수직은 연구와 강의 경험을 제공해서 이력을 채울 수 있게 도와주고, 해당 지원자가 교원에 임용될 확률을 높인다. 어떤 비정규 교원직은 시간제라, 연구자가 연구에 매진할 시간적 여유가 생기기도 한다(비록 정년트랙 교원에게 제공되는 대학의 지원은 없다 하더라도 말이다). 이 과정은 연구자들이 대학 내 네트워크를 넓히는 계기가 되기도 한다. 그리고 마지막으로, 비정규직 교원은 대학 임용 시장에 몇 년간 머물면서, 자신에게도 알맞고 임용 위원회 위원들도 해당 지원자가 적합하다고 판단하는 자리에 채용될 가능성을 높이기도 한다. 이런 이유들로, 모두가 원하는 정년트랙 교수직을 잡지 못한 젊은 박사학위 소지자들이 대안으로 비정규직 교원이 되었다 해서, 이들이 대학에서 더 이상 자리를 잡지 못하게 되었음을 의미하지는 않는다(물론, 비정규 교원직을 택한 이가 쉽게 정년트랙 교원직을 구할 수 있는 것은 아니다).

최근 고등교육연보 내 온라인 포럼의 게시글에서도 비슷한 관점을 엿볼 수 있다. 어떤 이가 출판직 진로를 고민한다고 하자, 다른 이들은 학계와의 끈을 놓지 말라고 조언했다. "교원 임용 기회가 적어서 경쟁이 센 전공 분야에서는, 임용 위원회가 지원자들이 분야 이외의 직업을 택하는 것을 이해할 뿐 아니라 오히려 출판계에서의 경험을 긍정적으로 볼지도 모른다. 출판직을 부업으로 한다면, 대학 임용 시장에서는 손해가 되지도, 물론 딱히 이득이 될 것 같지도 않다. 겸임교수로 대학에 소속되어 강의 경험도 쌓으면서 전일제로 출판계에서 일하는 것도 고려할 만한 방법이다."[65] 또 다른 이는 아래와 같은 이유로 정년트랙 교수직을 구하는 데 비정규직 교원으로 일한 경험이 유리하게 작용했다고 여겼다.

강의에 집중하면서, 연구 압박 없이 강의를 준비할 수 있다.

연구 준비 작업을 많이 할 수 있어 향후 2~3년간 도움이 될 것이다.

대학에서 필요한 업무를 일부 해야 하지만, 그 양이 정년트랙 교수에게 요구하는 만큼은 아니었다.

결과적으로, (비정규직 교원으로 지낸) 지난 2년은 곧바로 정년트랙 교수직을 시작한 이들보다 내게 많이 유리했다.[66]

물론 모든 비정규직 교원이 이렇게 생각하는 것은 아니다. 많은 이들이 정년트랙 교원직을 구하지 못해 좌절한다. 한 캘리포니아대학교 강사는 "나는 정년트랙 교수가 되고 싶었지만 연구대상을 직접 접촉하거나 진행할 자금이 없는 상황에서 그 목표는 점점 멀어지고 있다. 논문은 여전히 발표하고 있지만 정년을 보장받은 이들만큼 많이 내지는 못한다. 게다가 다른 교원들과 협동연구를 할 기회도 없다."

대학 교원 임용을 계속 시도하는 것 외에 연구자들이 정년트랙 교수직을 구할 수 있게끔 하는 다른 요인들이 있을까? 우리는 6세 미만의 자녀를 둔 여성이 정년트랙 교수직 대신 비정규직 교원을 택할 가능성이 특히 불균형적으로 높다는 점을 관찰했다. 정년트랙 교수직 지원을 포기한 이 여성 연구자는 향후 자녀가 없는 여성보다 정년트랙 교수직으로 재진입할 가능성이 24% 적었고, 비슷한 조건의 남성들보다는 66%나 낮았다.[67] 하지만, 이 아이들이 학령기에 이르면 이야기가 달라진다. 5세가 넘는 자녀를 둔 여성은 자녀가 없는 여성보다 정년트랙 교수직을 구할 가능성이 65%나 더 높았다. 모든 조건이 동일한 남성과 여성은 똑같은 확률로 정년트랙 교수직으로 재진입했다.[68]

박사학위를 취득한 후 첫 직장이 대학이 아니었던 연구자 사이에서도 성별에 따른 차이가 보인다. 121쪽의 [그래프 2-2]에서 봤던 것처럼, 정년트랙 교수직을 구할 가능성이 가장 낮은 이들은 대학이 아닌 곳에 고용된 이들이었다. 하지만 추가 분석을 해본 결과, 이들 사이에서 대학으로 복귀하는 비율이 적은 것은 남성에게만 해당되었다. 대학 밖에서 일자리를 안정적으로 잡은 남성 연구자는 계속 대학 밖에 자리하는 경향을 보였다. 하지만 대학 밖에서 일자리를 찾은 여성 연구자들이 정년트랙 교수직을 구하게 될 확률은 무직의 여성 박사학위 소지자가 정년트랙 교수직을 구할 비율보다 10% 정도 낮을 뿐이었다. 이는 대학 밖의 자리를 구한 여성 연구자가 임시로, 즉 아이들이 학령기에 이를 때까지만 그 일을 선택했을 가능성을 보여준다. 반대로, 대학을 떠난 남성은 대학으로 복귀하지 않을 가능성이 높다. 남성 박사학위자들은 가장으로서의 역할을 중시해서, 대학 밖의 안정적인 직장 대신 정년 보장 여부에 따라 고용 안정성이 결정되는 대학에서의 도박을 꺼리는 경향이 있다. 한편으로는 이들 남성 연구자들이 처음부터 대학이 아닌 일터를 원했을 수도 있다. 여성 박사학위자보다는 남성 박사학위자가 대학 밖에서 더 나은 일자리를 구할 가능성이 높은 것도 별로 놀랍지 않은 현상이다.[69]

종합해서, 이 결과들은 정년트랙 교수직 지원을 포기했던 남성과 여성이 어떻게 대학으로 복귀하는지를 보여준다. 여성 박사학위자는 어린아이가 있는 경우 (혹은 아이를 가지려고 계획할 때) 정년트랙 교수직을 구할 가능성이 낮다. 이들은 정년트랙 교수직 지원을 포기하고 주로 비정규직 교원으로 일하면서, 아이들이 학교에 갈 때까지 기다리고, 자녀들이 취학한 이후 정년트랙 교수직 지원 및 임용 비율이 높아진다. 하지만 송수관 안에 머물면서 대학원 졸업 (혹은 전공 분야에 따라 박사후연구원) 직후 정년트랙 교수직을 구하는 것에 비하면 비정규 교원직으로 일하다 정년트랙 교수직으로 재진입할 확률은 낮다. 남성 박사학위자의 경우, 정반대 경향이 보인다. 이들은 오히려 아이가 어릴 때 정년트랙 자리를 구할 가능성이 높다. 이들의 경우, 배우자나 파트너가 육아를 담당할 가능성이 높다. 자녀를 둔 남성의 경우, 아이들이 아직 어리거나 학교나 동네에서 교우 관계가 견고히 형성되기 전인 어린 시절에 다른 지역으로 이동하는 것에 더 개방적일 수도 있다. 반대로, 초중고 자녀를 둔 남성은 대학에서 일자리를 새로 구했다는 이유로 가족을 다른 지역으로 이주시키는 변화를 감행하기 어려울 수도 있다.

결론

박사학위를 받은 젊은 연구자가 처음으로 갖게 되는 직업은 이들의 인생을 크게 바꿀 수 있다. 대학원에서 고되고 임금도 적은 몇 년을 보내고, 아니면 박사후연구원으로 어려운 시기를 보낸 뒤 젊은 박사학위자들은 전문적으로 훨씬 나은 위치에 있는 자신을 발견하게 된다. 갑자기 임금이 급격하게 오르고, 전문적인 지위도 그에 따라 급격하게 높아진다.* 하지만 이런 긍정적인 변화는 대개 지역 간 (혹은 나라 간) 이동을 요한다. 결국 대학원과 대학 교원 임용 사이에는 급격한 변화가 있다. 그리고 이 시기는 여성 박사학위자가 대학에서 교수직을 구하려는 노력을 포기하는 시기와 맞물리기도 한다.[70] 이들은 대학의 교수직을 수행하며 결혼과 육아를 함께할 수는 없다고 여기고 포기한다. 우리는 이런 점을 자녀가 없는 미혼 여성 박사학위자가 정년트랙 교수직을 구할 확률이 자녀가 없는 미혼 남성보다 더 높은 것을 통해 확인할 수 있다(일반적으로 가족 상황에 덜 민감한 남성 박사학위자는, 대학 임용 시장 전반에서 여성 박사학위자보다 앞서 나간다).

* 박사학위 소지자가 졸업 이후에 더 나은 임금과 고용상 지위를 보장받는 현실은 고학력자 노동시장이 충분히 형성된 미국과 유럽에 해당되며, 이마저도 일부 전공에 한정되는 경향이 있다. 한국의 경우, 국내에서 박사학위를 취득한 4명 중 1명은 실업자인 것으로 나타났다. 한국직업능력개발원이 2018년 8월과 2019년 2월 박사학위를 취득한 이들을 대상으로 설문조사를 실시한 결과, 박사학위 소지자의 실업률은 23.4%로 나타났다. 특히 이 중 여성 박사의 취업은 더 어려운 것으로 나타났는데, 국내 여성 박사의 실업률은 28.5%(3,505명)로, 남성 박사의 실업률 23.2%보다 높았다. 자료에 따르면 박사학위 취득 후에 경제활동을 하더라도 취업/취업 확정인 경우는 54.9%에 지나지 않고, 박사후 과정이 11.0%, 시간강사가 5.5%로 나타났다. 출처: 한국직업능력개발원 THE HRD REVIEW 제23권 3호 〈조사, 통계 브리프〉.

그간 많은 연구자들이 전통적으로 대학 구성원 중 여성이 소수인 상황을 성차별로 설명하려 해왔다.[71] 대학에서 여성이 직면하는 차별을 부정하려는 것은 아니다. 다만, 우리의 연구 결과는 성차별이 그간 정년트랙 교수 중 여성이 적은 이유가 되지 못한다고 본다. 또한 여성 박사학위자들이 여성과 남성을 다르게 대하는 차별적 사회화differential socialization 때문에 대학 내 커리어를 꺼린다는 주장 또한 틀렸다. 여성 박사학위자는 배우자나 어린 자녀가 아니라면 남성 박사학위자보다 대학 교원 임용 가능성이 더 높기 때문이다. 하지만, 여성 전반에 대한 차별이 아니라 결혼한 여성이나 자녀를 둔 여성에 대한 차별은 여전히 남아 있다. 다음 장에서 보게 되겠지만 정년이 거부된 여성들의 고소장에 언급되는 주된 내용은 1964년 시민권Civil Rights 내 타이틀세븐에 의거한 모성 차별이다.

결혼과 어린 자녀의 존재는 여성 박사학위자가 대학 내에서 자리를 잡는 데 여러모로 불리하게 작용한다. 이런 불리함은 대학원 시기부터 나타나기도 한다. 여성 대학원생은 일단 커리어와 가족을 성공적으로 꾸려나가는 교수 롤모델을 만나기 어렵다. 게다가 대학에서 일하며 가정을 이룰 시기를 찾는 데 어려움을 느끼기도 한다. 불행히도, 아이 낳기 좋은 시기는 없다. 대학원생 기간에는 임금이 너무 적거나 대학원생으로서 해야 할 일이 너무 많다고 느낀다. 하지만 막상 조교수가 되면, 논문을 내지 못하면 커리어가 실패하는 분위기 속에서 아이를 낳고 키울 시간을 어떻게 마련할 수 있을지 고민하게 된다. 그리고 정년을 보장받고 나면, 가임 기간이 끝나버릴지도 모른다.* 이런 상충되는 압력들 속에서, 일부 여성 대학원생은 정년트랙 교원으로서의 커리어를 추구하지 않게 된다(물론 일부 남성도 학계 커리어를 포기하지만, 이들의 결정은 가족에 관한 고민과는 거리가 있다).

대학교수직에 도전하기로 결정한 여성들은 결혼과 자녀로 인해 교원 임용 지원 자체가 어렵다고 느끼기도 한다. 여성 박사학위자는 남성 동료보다 직업을 가진 배우자를 두었을 확률이 높다. 특히 여성 연구자는 남성 연구자와 결혼할 비율이 그 반대보다 높다. 고용된 배우자는 다른 지역으로 이동이 어려울 수 있고, 대학 교원 임용 위원회도 비슷하게 짐작할지 모른다. 부부가 모두 연구자인 경우에는 '투바디' 문제에 직면한다. 전통적인 양육자라는 인식 때문에 남성 배우자를 위해 여성 배우자가 커리어를 희생할 확률이 높다. 임신은 대학 교원 임용 위원회에게 해당 여성 지원자가 정년트랙 교수직보다는 육아에 전념할지도 모른다는 신호를 보낸다. 어린 자녀는 하루 종일 돌봄이 필요하

---

* 일반적으로 '가임 여성'의 연령은 20~44세로 통용된다. 한국에서는 조교수로 최초 임용되는 시기 여성 박사학위자의 평균연령은 남녀를 통틀어 43.6세로 나타나는데, 절대적으로 남성 교수의 비율이 높다는 점을 감안하더라도 여성 조교수의 임용 연령은 30대 후반~40대 초반으로 짐작된다. 한편, 학업전념자 박사학위자 중 여성의 평균연령은 37.3세로 나타난다. 이러한 수치를 고려하면, 한국 사회에서 박사학위를 취득하고 조교수 임용 시기에 여성의 가임기의 끝 무렵에 해당하는, '생체 시계가 얼마 남지 않은' 30대 후반과 40대 초반을 지나는 것이다. 출처: 김봉억. 교육의봄 채용 포럼 시즌2 자료집(2021).

고, 이런 상황은 지원자가 교원 임용 면접에 참석하는 것조차 어렵게 한다. 하지만 이 모든 난관을 극복한 기혼 유자녀 여성 지원자들은 이내 고된 커리어를 이어가면서 가족도 보살펴야 하는 갈림길에 놓인 자신을 발견한다.

대학에 속해 있는 여성은 이 난관에 어떻게 대응할까? 가장 흔한 해결법은 대안인 비정규 교원직을 선택하는 것이다.* 하지만 이들 중 많은 수가 향후 정년트랙 교원으로 대학에 되돌아온다.** 하지만 여전히 많은 이들이 비정규직 교원이나, 2년제 전문대학의 교원, 혹은 비정년트랙 교원직에 머문다.[72] 기혼 여성이

---

* 한국에서 비전임 교원은 대학에 전일제(full-time)로 소속되어 있지 않은 시간강사, 겸임교수, 연구교수, 객원교수 등의 계약제 교원을 통칭한다. 대안이라고는 하나, 이들은 전임 교원에게 보장되는 안정적 고용 계약, 상여금 같은 금전적 처우뿐 아니라 연구실이 제공되지 않거나 대학 내 의사 결정에 참여하지 못하는 등 대학 구성원으로서 지위를 인정받지 못하는 경우가 많다. 출처: 김민희. (2017). 한국연구재단 시간강사지원사업 재설계 방안. **예술인문사회 융합 멀티미디어 논문지**, 7(4). 433-442.

** 국내 대학의 전임 교원 사회의 성불평등 구조 현황에 대한 분석 결과 역시 이러한 결과와 궤를 같이한다. 변수연(2020)은 2007년부터 2019년까지 13년간의 국내 4년제 대학교 학생 및 전임 교원의 성별 분포와 학위 취득 현황, 전임/비전임 및 교내 직위 분포 변화 양상을 분석하였다. 그 결과, 여성 박사학위자들의 배출과 이들의 대학 교원 집단으로의 진입은 이 기간 매우 활발하게 이루어졌으나, 여전히 학내 여성 교원의 정치적 지위가 취약함이 나타났다. 또한 정년트랙에 '입성'하더라도, 여성이라는 요인이 부교수와 정교수 승진에 영향을 미친다는 것을 밝혀냈다. 출처: 변수연. (2020). 4년제 대학교 교원 집단 안의 성불평등 구조 변화와 교원 승진에 대한 성별 효과 탐색, **교육행정학연구**, 38(4). 185-214.

비정규직 교원이 될 확률도 불균형적으로 높다.[73] 이는 남편이 대학교수라는 전문직 일자리를 찾고, 그를 '따르는 배우자'는 시간제로 강의한다는 연구자 부부에 관한 고정관념과도 일치한다.

비정규 교원직은 엄마와 아내가 필요로 하는 근무 유연성을 제공할 수는 있지만, 임금, 명예, 그리고 근무 조건 등과 관련해 불리함을 감수해야 한다. 나아가 여성(혹은 남성)이 오랫동안 이런 임시직에 머물수록, 이들이 정년트랙 교수직을 구할 확률도 낮아진다. 우리의 연구 결과는 많은 여성들이 평생의 직업으로 비정규 교원직을 선택하는 것이 아니라, 남성 중심 커리어 모델의 대안으로 선택했다는 점을 보여준다. 어떤 여성 지원자는 영유아를 키우는 동안은 비정규직 교원으로 일하다가 아이들이 학교에 들어가면서 정년트랙 교수직에 지원한다. 이 전략은 효과적일까? 우리는 이 질문에 그렇다고 대답할 수 있으며, 그 근거로 대학원 졸업 후 2년 이내에 비정규직 교원이 된 박사학위자의 절반 이상이 이후 정년트랙 교수직을 구하게 된다는 결과를 언급하고 싶다. 하지만, 이것이 뚜렷한 커리어 경로는 아니다. 이상적인 사회라면, 가정을 이루기 원하는 여성 연구자들에게 더 나은 선택지가 주어져야 한다.

그렇다면 더 많은 여성 박사학위자, 특히 자녀를 둔 여성 박사학위자가 정년트랙 교수직을 구할 수 있도록 대학에서 해야 할 일은 무엇일까? 남성 배우자가 이미 해당 대학에 고용된 경우, 주로 여성인 상대 배우자도 고용하는 방식으로 도움을 줄 수 있다. 많은 대학에서는 잠재력 있는 유능한 지원자를 고용하기 위해 애쓴다. 대학의 이런 노력에 배우자의 취업 지원도 포함되어야 한다. 이는 상대적으로 적은 비용으로 여성 교수를 고용하는 데 큰 도움이 될 수 있다. 임용될 교수의 배우자가 연구자인 경우에는 문제가 훨씬 더 복잡해지지만, 여전히 선택 가능한 방법들이 있다. 가장 확실한 방법은 배우자 고용에 대한 공식 정책을 모든 교원 지원자에게 일괄 공지하는 것이다. 로드아일랜드대학교에서 실시 중인 이 프로그램은 책의 마지막 장에서 상세하게 설명한다.

대학을 자녀가 있는 여성 연구자들이 환영받는 공간으로 만드는 데는 더 많은 노력이 필요하다. 지난 장에서 제안했던 것처럼, 많은 대학원생들이 이미 대학에서의 일-가정 양립 가능성에 부정적이다. 대학의 분위기를 바꾸는 것만으로 여성들이 대학교수직을 구하는 과정에서 맞닥뜨리는 무자비한 차별을 누그러뜨리지는 못한다. 대학 교원 임용 위원회를 규제할 더욱 강력한 가이드라인이 필요하다. 교원 인사팀은 자녀 유무, 혹은 그 가능성이 고용 기준이 될 수 없고, 이를 기준으로 삼는 것이 불법이라는 점을 공식적으로 명시해야 한다. 대학 교원 임용 공고는 지원자의 인종, 민족, 성적 지향 등에 대한 차별이 없을 것임을 밝혀야 한다. 그리고 여기에 가족 형태도 포함되어야 한다. 나아가, 지원자들에게는 면접 진행과 함께 해당 대학의 가족친화정책을 안내해야 한다. 이 내용은 비용이 들지 않는 동시에 자녀를 둔 여성 지원자를 채용하는 데 도움이 될 것이다.

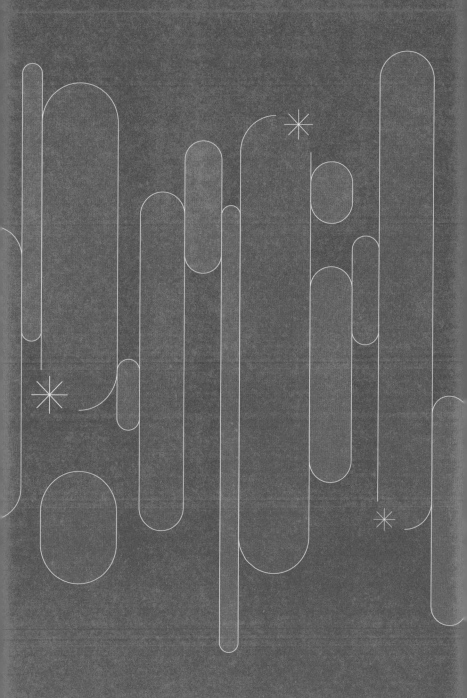

2010년 2월 12일, 42세의 생물학과 교수가 앨라배마대학교 헌츠빌 캠퍼스 교수 회의에 들어왔다. 하버드에서 교육받고, 아이 넷을 둔 엄마인 교수 에이미 비숍Amy Bishop은 이날 정년 거부 결정에 이의를 제기한 것이 또 거부된 상태였다. 비숍은 권총을 뽑아 들었다. 동료 세 명은 총격으로 사망했고, 또 다른 교수 두 명과 교직원 한 명은 총상을 입었다.

그 후 며칠에 걸쳐, 총격 피의자를 향해 이상하게도 비난보다는 공감하는 분위기가 형성됐다. 비숍이 오랫동안 성격이 이상하고 공격적인 성향을 보였다는 수차례의 보고에도 불구하고, 많은 목격자들이 오히려 대학의 정년 제도를 비난했다. 뉴욕타임스 홈페이지에 있는 게시글을 보자. "대학의 정년 제도는 기업에서는 감당하지 않을 부담을 대학에 지운다. 이번 비극은, 평생 하게 될

지도 모르는 일자리를 유지하거나 아예 떠나야 하는 극단적인 방식이 상아탑을 무너뜨릴 위기로 몰았다는 것을 보여준다. 정년은 대가가 크다. 상아탑 안에 있는 이들이 택하는 방식은 두 가지다. 다른 사람이 하는 것을 설렁설렁 따라 하는 식으로 성공하거나, 한물간 통념을 강요하는 동료들이 정년을 이용해 당신을 거부하는 비극을 견디거나. 그런데 이번엔 살인이 일어났다."[1] 또 다른 뉴욕타임스 독자는 더 나아가, 정년을 거부당한 이는 누구라도 총격의 충동을 느낄 위험이 있다고 언급했다. "우리는 이 사건으로 무엇을 배울 수 있을까? 학사학위를 받고 12년 혹은 그 이상을 투자하고 마침내 정년 승진 평가를 받는 사람들의 감정 상태를 이해하고, 그에 보다 민감하게 반응해야 하지 않을까."[2] 이들이 책임 소재에 관해서는 잘못된 이해를 보이고 있지만, 두 게시글은 대학에 관한 공통적인 정서를 보여준다. 정년은 지나치게 위험한 상품이다. 정년을 보장받거나 대학을 떠나야 하는 단한 번의 결정이 젊은 연구자가 오랜 기간 투자한 시간의 가치와 대학에서의 커리어를 결정해버리고 만다. 대학 입장에서도 누군가에게 정년 보장을 결정하는 것은 해당 지원자를 평생 임용하는 반면 다른 이들을 임용할 기회는 영원히 잃게 만들 수도 있다.*

어떤 사람들은 에이미 비숍의 총격을 그 성별로 설명하려고 했다. 그녀는 남성들의 세계에 있는 여성(아내이자 엄마)이었다. "나는 그녀가 미국의 보수적인 지역에서, 남성 주도적인 기관에, 그리고 특히 남성이 많은 전공 분야에 있었다는 점을 무시할 수 없다"[3]고 뉴욕타임스 독자가 썼다. 이런 배경은 부정적인 정년 결과와 복합적으로 작용해서, 그녀를 벼랑 끝으로 몰고 가기에 충분했다. 유명 인사들도 정년 제도에 성별 문제가 엮여 있다고 본다. 프린스턴대학교 총장 셜리 M. 틸먼Shirley M. Tilghman은 정년 제도가 철회되어야 한다고 주장하는데, 여성 조교수가 이미 어린 자녀 때문에 스트레스를 받는 상태에서 정년 제도는 이들에게 더 큰 짐을 지운다는 것을 그 이유로 든다.[4] 텍사스주 민주당 의원이자 과학우주기술위원회House Committee of Science, Space, and Technology 원로 위원인 에디 버니스 존슨Eddie Bernice Johnson은 다른 개혁과 함께 신생아를 둔 과학자들의 정년 심사를 유예하는 법안을 소개하며, "연방 정책 제안자들은 여성이 커리어의 전환점마다 공학, 물리, 기술 관련 분야를 떠나는, 새는 송수관leaky pipeline을 막기 위해 더욱 적극적으로 노력해야 한다"고 이야기했다.[5]

---

* 이와 같은 상황은 미국과 한국 맥락 간에 차이가 존재한다. 미국의 경우 전임 교원으로 임용되어 조교수, 부교수를 거치더라도 정년을 얻지 못하면 정교수로 승진되지 못한다. 2021년 글로벌 OTT 서비스 넷플릭스가 방영한 미국 드라마 '더 체어The CHAIR'(여기서는 대학교 전공의 학과장 혹은 학부장을 의미한다)에서는 정년 자리를 두고 같은 교수 조직 내에서 발생하는 갈등이 사실적으로 묘사된다. 극중 영문학과 신임 교수 야즈는 충분히 뛰어난 연구와 강의 실력이 있음에도, 이미 정년을 보장받은 선배 교수들로부터 정년 심사를 받아야 하는 불리한 위치에 놓인다. 반면, 한국은 정년트랙으로 전임 교원에 임용될 경우 조교수, 부교수 재임용 시 탈락률이 그리 높지 않다. 2002년 1월 1일 고등교육법이 개정되어 정년보장제가 폐지되면서 임금제 계약교수 제도가 생기긴 했지만, 여전히 정년트랙으로 임용된 교수에게는 상대적으로 재임용 및 승진 심사의 부담이 현저히 낮다.

정년을 받는 길

정년을 받으려면 교원 임용 후 10년 정도 압박감이 큰 기간을 보내야 하나, 통상 5~7년 정도 걸린다.[6] 고용 안정성은 미약하기 그지없고, 동료 심사가 진행되는 논문(혹은 전공 분야에 따라 전공논문monograph)을 게재하는 것은 교수로 살아남는 데 필수적이다. 다수의 이공계열 조교수는 연구를 보조하기 위해 연구비도 따야 한다. 하지만 최근 들어 기초과학 연구에 대한 연방정부의 투자가 줄어들면서, 연구비를 구하는 것도 갈수록 어려워지고 있다.[7] 어떤 대학은 밀착된 멘토링과 규칙적인 피드백을 바탕으로 정년을 받는 과정이 순조롭도록 도와주지만, 대부분의 학교는 그렇지 않다. 신임 교원은 매일 스스로가 좋은 스승이자, 학과에도 좋은 교수임을 증명해야 하는 압박에 시달린다. 무엇보다 이들은 저명한 학자가 되기 위한 능력을 갖추었다는 점도 끊임없이 증명해야 한다. 예전에는 좋은 강의가 평가의 기준이었던 교육전문대학들도 이제는 논문 실적을 요구하기 시작했다. 정치학 정교수가 된 우리의 동료 중 한 명은, 교수직을 시작한 첫해를 이렇게 회상했다. "첫 두 해에 네 과목을 맡아 가르쳤고, 그중 두 개는 한 번도 공부해본 적 없는 분야였다. 한 강의는 대형 강의였는데, 학생만 300명에 조교는 6명이었다. 아마 그 강의 하나에 매주 50시간쯤 투자한 것 같은데, 학기 말에 학생들은 그 수업에 최악의 강의 평가를 내렸다. 점차 나아졌지만, 그 두 해가 지나는 동안 내 연구에 관해서는 20쪽 정도밖에 못 쓴 것 같다. 하지만 정년을 보장받으려면 책 한 권에 논문 세 편을 써야 했었다."[8]

정년이 결정되는 날이 오면, 후보자의 자격 여부는 대학 내외에서 신중하고 면밀히 조사된다. 그 과정은 고통스러울 정도로 길 수 있고, 결과가 부정적이라면 열패감은 참담하다. 정년을 거부당한 조교수들은 대학을 떠나야 한다. 나아가 또 다른 정년트랙 자리를 비슷한 대학에서 구하는 것도 이전 대학의 정년 거부로 불투명해진 상황이다. 미국대학협회 소속 학교에서 구한 표본에 따르면 전체 조교수의 절반 정도가 정년을 보장받는다.[9] 연구가 덜 강조되는 대학에서는 이 비율이 조금 더 높다.*[10]

정년이라는 경주의 승자와 패자

결론부터 말하자면, 여성은 남성보다 정년을 보장받을 확률이 낮다. 이전 장에서 우리는 이미 어떻게 여성 연구자의 정년트랙 교수직 선정 비율이 결혼과 자녀에 의해 남성 동료보다 낮아지는지 보았다. 여성의 정년 보장 결정에서도 비슷한 결과를 예상할 수 있다. 여성 조교수의 승진에 필요한 일을 해내는 데 자녀의 존재가 어려움을 줄 것이라는 사실은 명확해 보이지만, 박사학위 소

---

* 한국 대학의 경우 정년트랙 내에서는 승진과 정년 보장 심사 탈락률이 현저히 낮다. 2012년 자료이긴 하나, 승진 및 정년 심사 통과율은 평균 95.3%였고, 승진 심사 신청자 대비 통과율은 96.3%, 정년보장 심사의 경우도 신청자 대비 94.3%의 통과율을 나타냈다. 출처: 김상희 의원실, 2012년 전국 국공립대 교수 승진 및 탈락자 현황(국립대학법인 서울대 포함).

지자 조사SDR 결과는 그 과정이 보다 더 복잡하고 학문 분야에 따라 다르다는 것을 보여준다. 또한, 양육과 직접적으로 연관되지 않은 성차별에 의해 정년 보장 결과가 달라질 수 있는 가능성도 보여준다. 이를 바탕으로 성차별 때문에 정년 보장 심사에서 부당한 결정이 내려진 것이라고 보고 진행 중인 타이틀세븐 관련 소송들이 있다. 앞으로 보게 되겠지만, 이 소송들은 결과가 항상 같진 않았다. 그리고 마지막으로, 정년 자체에 관한 최근의 논쟁을 다룬다. 정년은 근본적으로 여성에 불리한 제도일까? 정년이 없는 대학은 어떤 모습일까? 정년 제도의 취지를 훼손하지 않으면서도 현재 실정에 맞게 바꿀 수 있는 방법은 없을까?

학문 분야 전반에 걸쳐 남성 조교수에 비해 여성 조교수가 정년을 보장받는 비율은 21% 낮다.[11] 하지만, 의외로 이 결과는 결혼이나 어린 자녀의 존재에 큰 영향을 받지 않는다. 기혼 여성과 미혼 여성의 정년 보장 비율은 비슷하다. 어린 자녀를 둔 여성도 자녀가 없는 여성보다 정년을 받을 가능성이 낮지 않다.[12] 그러나 모든 경우, 여성 조교수는 남성 조교수보다 정년을 받을 가능성이 낮다.

(사회과학을 포함해) 이공계열 조교수만 살펴보면 이야기가 많이 달라진다. 어린 자녀를 둔 이공계 여성 교원은 정년을 받는 비율이 낮다. 학령기 이전의 자녀(6세 미만의 자녀)를 둔 여성 과학자는 어린 자녀를 둔 남성에 비해 정년을 보장받을 확률이 27% 낮다. 여성 과학자에게 어린 자녀가 없다면, 그 가능성은

남성 과학자에 비해 11% 낮은 것으로 그 격차가 줄어든다.[13]

이공계열이 특히 엄마들에게 가혹한 이유는 무엇일까? 지금까지 봐왔던 것처럼, 정년트랙에 진입하는 여성 과학자의 풀은 이미 얕다. 이공계열에 여성 교수가 부족한 것도 엄마가 된 소수의 살아남은 여성 과학자가 지내기 어려운 근무 환경을 만들 수 있다. UC 버클리의 화학과 교수 안젤리카 스테이시Angelica Stacy는 20년 전 과학 학회에 신생아와 친정 엄마(베이비시터 역할)를 데리고 간 기억을 떠올렸다. "학회에 아이를 봐줄 시설도 없고, 아이를 데려온 과학자도 없었고, 여성도 매우 적었다. 우리 엄마와 아이는 학회장에서 쫓겨났다. 선례가 없다는 이유에서였다."[14] 이제는 더 이상 이런 일들이 일어나지 않지만, 문화는 여전히 매우 느리게 바뀌고 있다.

오랜 시간 실험실에서 일해야 하고, 연구비를 따기 위해 경쟁해야 하는 이공계열의 연구 환경은 정년 보장이라는 경주에서 엄마들을 불리한 위치에 놓는다. 이는 인문계열 연구자는 경험하지 않는 어려움이다. 과학 연구를 주로 지원하는 연방정부 연구비 지급 기관은 임신과 출산, 육아를 함께할 여지를 별로 주지 않는다.[15] 이공계열 교수나 연구원이 연구비를 지원받는 것은 정년을 보장받는 데 가장 중요한 요소다. 주요 연구중심대학에서 일하는 연구자들 중 연방정부의 연구비를 직접 지원받는 경우, 연구자들이 정년을 얻을 가능성이 65% 더 높아진다.[16] 연구비를 받는 것이 성공에 꼭 필요한 일이 되어서, 참신하고 획기적인 과학적인 발견만큼이나 중요해지고 있다. 컬럼비아대학교의 지구연구소Earth Institute 소장 스티븐 코언Steven Cohen은 최근에 이런 푸념을 했다. "지난 20년간, 우리는 점점 한계에 다다르고 있는 것 같다. 최고의 과학자들이 연구비를 받는 데 더 많은 시간을 투자하면서 연구에는 점점 적은 시간을 투자하고 있다."[17] 연구비 지원 대상에 선정되기까지 경쟁이 매우 심하고, 신청 준비에도 많은 노력이 요구되며, 심사를 받고 수정하는 과정은 1년 이상 걸리기도 한다. 정년 심사 기한은 6, 7년 정도인 데다 어린 자녀까지 키워야 하는 젊은 조교수에게 이 모든 연구비 선정 과정은 지나치게 길다. 성공하지 못한 지원자는 수정을 거듭해서 다시 지원할지, 아니면 다른 연구 사업에 지원할지, 그것도 아니면 연구 주제를 바꿀지 정해야 한다. 결국, 연구 사업에 신청하는 것은 결과에 상관없이 엄청난 시간을 투자해야 하는 일이고, 이는 실험실에서 연구하는 시간, 논문을 쓸 시간, 혹은 집안일이나 육아에 쏟는 시간을 희생해야 함을 의미한다.

SDR 결과는 어린 자녀를 둔 기혼 여성 조교수가 연구비를 따는 데 불리한 상황을 보여준다. 이들은 어린 자녀를 둔 남성 이공계 조교수보다 해마다 연구비나 계약을 통해 연구비의 일부라도 연방정부로부터 지원받을 확률이 21% 낮다. 자녀를 둔 기혼 여성 조교수는 자녀가 없는 기혼 여성 조교수에 비해 연구비를 지원받을 확률이 26% 낮고, 미혼 여성에 비해서는 19% 낮다.[18] 연방정부의 연구비는 연구중심대학의 많은 학과에서 정년을 받기 위해 꼭 필요하기에, 이 수치는 어린 자녀가 이공계열 여성이 정년을 보장받을 가능성을 낮추는 이유를 설명한다.

결혼과 나이 있는 자녀가 주는 이점

하지만 이렇게 자녀가 정년 보장에 영향을 미치는 상황은 자녀가 어릴 경우에만 나타난다. 반대로 5세가 넘는 자녀는 남성과 여성이 정년을 보장받을 확률을 각각 14%, 16% 높인다. 이 결과는 모든 학문 분야에서 관찰된다. 초중고 자녀는 영유아보다는 지속적인 관심이 덜 들지만, 여전히 연구, 강의, 그리고 정년 심사에 필요한 대학 행정 업무 등에 쓸 수 있는 시간을 뺏는다. 그럼에도 어느 정도 자란 자녀가 그들을 보살피는 데 드는 시간을 상회할 이점을 제공한다는 점만큼은 분명해 보인다. 캘리포니아대학교에서 진행한 조사나 온라인 게시글, 그리고 고등교육에 관한 블로그 어디에서도 "우리 아이들이 날 더 성공적인 연구자로 만들었다"는 이야기는 찾아볼 수 없지만, 초중고 자녀가 여성 조교수에게 안정적인 효과를 주어 이들을 보살피느라 잃은 시간을 보상해주는 것 같아 보인다.

　우리는 초중고 자녀가 정년 보장에 긍정적인 영향을 미치는 이유가 육아와 연구를 조율하는 데 성공한 여성 연구자(그리고 남성 연구자)의 노력을 반영하는 것이 아닐까 추측한다. 많은 경우, 자료에 등장하는 아이들은 해당 연구자가 박사 과정 중이거나 다른 일자리를 구했을 때는 6세 미만이었을 것이다. 어린 자녀를 키우면서 대학원을 마치고 정년트랙 교수직을 구하는 데 성공한 연구자, 특히 여성 연구자는 일과 가정이라는 상반된 요구를 조율하는 데 특히 더 노련한 이들일지도 모른다. 이들은 배우자로부터 더 많은 지원을 받거나, 시간을 관리하는 더 효과적인 방식을 터득했는지도 모른다. 이들은 어린 자녀를 키우면서 정년트랙 교수직을 구하는 첫 관문에서 살아남았으니, 조교수로서 더 탁월한 성과를 이룰 수 있었는지도 모른다. 여기에 지난 장에서 다룬 결과들도 기억해두어야 한다. 어떤 엄마들은 대학원 졸업 직후 정년트랙 교수직 대신 비정규 교원직을 택한다. 이들의 경우, 정년트랙 교수직을 구하기 전에 이미 어린 자녀를 키웠다. 이들 중 일부는 정년트랙 교수직 지원을 잠시 포기했다가 재진입한다. 정년 보장에 도전하는 이들이 손이 많이 가는 신생아가 아니라 학교에 다니는 자녀의 엄마가 된 것이다.

결혼 또한 이공계열 조교수의 정년 보장에 긍정적인 영향을 미친다는 점도 놀라웠다(인문계열은 그렇지 않다). 여성이든 남성이든, 결혼한 과학자는 미혼 동료보다 정년을 보장받는 비율이 11% 높다. 왜 그럴까? 먼저, 결혼한 과학자는 그렇지 않은 동료보다 논문을 더 많이 낸다.[19] 이는 아마도 결혼이 전반적으로 지니는 유익한 효과 때문인 것으로 보인다. 일반적으로 결혼은 성인을 더욱 행복하고, 건강하고, 그리고 생산적으로 만든다.[20] 이런 높은 생산성은 정년 심사를 받을 때 유리하게 작용한다. 리치먼드대학교 정년직 교수 엘리자베스 로즈 그루너Elisabeth Rose

Gruner는 둘째를 출산한 후 힘이 되었던 배우자의 장점을 설명했다. "그렇다. 육아 초기 (그리고 그 이후에도 여러 번) 나는 '전통적인 아내traditional wife'를 두고 있었다. 다만 이 '아내'는 기름도 넣고 도배도 할 줄 아는 이였다. 그가 커리어를 희생한 덕분에 내가 성공할 수 있었고, 나는 그의 도움에 깊이 감사하고 있다."[21]

차별

자녀를 두지 않았더라도, 여성 조교수는 전반적으로 남성 조교수보다 정년을 적게 받는다. 경제학자인 도나 긴서Donna Ginther와 다른 연구자들은 승진할 때가 되어서 여성 조교수가 남성 조교수에 비해 뒤처지는 주된 이유를 차별로 봤다.[22] 하지만 미국 교수의 4분의 1 정도만이 여성 과학자의 부족을 차별 때문이라고 했다.[23] 심리학자 스티븐 세시Stephen Ceci와 웬디 윌리엄스Wendy Williams는 "최근에 보이는 정년 보장의 성 격차가 성차별 때문이라는 주장은 부당하고, 성차별이 미치는 영향은 아주 적다. 보다 복합적으로 분석을 해보면, 성차별이 없거나, 오히려 여성에 더 유리한 경우가 있다는 결론이 나온다"고 주장한다. 수학을 기반으로 한 이공계열의 경우에는 여성 과학자가 정년을 받는 것에 대해 성별이 장벽이 될 수 있는 점은 인정했지만, 그 외의 경우에는 임신, 출산, 그리고 육아가 정년 보장의 주요 장애물로 언급되었다.[24]

차별은 판단하기 어려운 개념으로, 모성에 대한 편견을 포함해서 복잡하고 다양한 편견도 포함된다. 특히 물리학계에서는 이런 차별이 남성과 같은 과학적인 사고 능력이 여성에게는 없다는 믿음에서 비롯되기도 한다. 2005년, 하버드대학교 총장 로런스 서머스Lawrence Summers는 어떤 학회에서 이공계열의 여성과 소수 인종에 대해 이야기하면서, 내재된 성 차이가 이공계열 교수로 성공하는 여성이 적은 이유를 설명할 수 있다는 의문을 제기했다.[25] 서머스의 의견은 소수의 교수에게만 전달되었지만 곧 전 세계 사람들이 알게 되었다.[26] 이 사례는 고위 보직의 연구자들도 여성에 관해 구시대적인 관념을 갖고 있음을 보여줬다.

하지만 성차별이 성별을 둘러싼, 적성에 대한 편견만을 다루지는 않는다.[27] 육아에 대한 학계 내의 (그리고 밖에서의) 편견은 잘 알려져 있다. 어떤 과학자는 가족을 둔 여성 (혹은 미래에 가족을 꾸릴) 과학자는 진지한 과학자가 될 수 없다고 믿는다. 학문으로서의 과학은 연구에 과몰입할 것을 요구하기 때문이다. 이런 태도는 다른 학문 분야에서도 볼 수 있다. 이상적인 교수는 연구를 가장 중요한 책무로 삼는 남성으로 여겨진다. 그 결과, 여성 과학자는 "저 사람은 엄마트랙에 있다"는 비난에 직면하게 된다. 하지만 남성 학자들이 아빠트랙에 있다는 이야기를 하는 사람은 없다.

맞서 싸우기

정년을 보장받지 못한 이유가 성차별 때문이라고 생각하는 일부 여성은 소송을 통해 싸움에 나서고, 그중 일부만 승소한다. 1980년대 이후, 미국대학여성협회의 법적옹호기금American Association of University Women's Legal Advocacy Fund은 기나긴 법적 다툼을 이어가고 있는 여성 교수 60명 이상을 지원해왔다.[28] 이외에도 정년 보장에 관한 법적 다툼이 수차례 이어지고 있지만, 대중의 관심으로부터는 멀어져 있다.

1964년에 제정된 민권법Civil Rights Act 타이틀세븐은 성별, 인종, 국적, 그리고 종교에 따른 고용 차별을 금지한다. 임신차별금지법Pregnancy Discrimination Act은 타이틀세븐의 개정 조항으로 임신, 출산, 혹은 그에 관련한 의료 상태를 기반으로 한 차별을 금지한다.[29] 이 법률이 제공하는 보호는 연방법원의 해석에 따라 진화해왔다. 1980년대, 41세의 영문과 교수 줄리아 프루잇 브라운Julia Prewitt Brown은 보스턴대학교에서 내린 정년 보장 거부 결정에 불복해 싸웠고, 연방제1순회항소법원First Circuit Court of Appeals으로까지 고소를 끌고 갔다.[30] 그녀는 정년을 보장받았을 뿐 아니라 큰 보상금까지 받으며 승소했다. 총장이 다른 여교수에게 한 발언을 직접적인 증거로 낸 것이 부분적인 이유가 되었다. 당시 보스턴대학교 총장은 정년을 보장받으려는 다른 여교수에게 "남편이 낙하산인데, 왜 그런 걱정을 하나?"라는 발언을 했다. 제출한 자료 또한 그녀가 강의나 연구 이력 면에서 정년을 보장받은 다른 남성 동료들과 비슷하다는 근거가 되었다.

지난 20년간, 사법 해석의 변화는 정년 보장 관련 사건의 원고가 차별을 증명하는 것을 점점 더 어렵게 만들었다. 대학이 정년을 보장하지 않는 흔한 이유는 해당 지원자의 연구나 강의가 학과의 기준을 충족하지 못한다는 것이었다. 하지만 1990년대 이후에는 원고의 업적에 대한 대학의 평가에 결함이 있다는 점뿐만 아니라 정년을 보장받지 못한 진짜 이유가 성차별이라는 것까지 증명해야 했다. 차별이 증명되지 못하면, 학과가 정년 심사 지원자의 연구 결과에 대해 거짓말을 한 것이 밝혀지더라도, 동료 의식 부족 같은 다른 정년 거부 사유는 여전히 인정되었다.[31]

정년 보장에 관한 피셔Fisher와 바사대학교Vassar College 사건은, 1994년 연방법원에서 시작되어 결국 1997년 미국 순회항소법원 US Circuit Court of Appelas에서까지 심리된 사건이다. 생물학자인 신시아 피셔Cynthia Fisher는 바사대학교가 그녀의 성, 결혼 여부, 나이 등을 바탕으로 자신을 차별했다고 주장했다. 피셔는 동료 교수와 정년을 받기에 비슷하거나 더 나은 실적을 가졌음을 연방지방법원federal district court 판사에게 증명하면서 1심에서 승소하였다. 그녀는 또한 바사대학교가 기혼 여성의 정년을 보장하는 이력이 적음을 보이는 통계 자료도 제출했다. 하지만 최종적으로 순회법원은 그녀의 사건을 기각했다. 법원은 "개별 의사 결정권자는 차별은 아니지만 진짜 이유를 의도적으로 숨기기 위해 다른 이유를 댈 가능성이 있다. 예를 들면 지원자가 아첨을 하거나, 서로 밀어주기logrolling, 흥정horse-trading, 사내 정치, 질투, 족벌주의nepotism, 악의spite, 개인적 적대감personal hostility 등의 이유를 숨기기 위함이다. 주장된 이유가 거짓이라는 사실은, 원고가 논증하는 것처럼, 실제 동기가 반드시 불법적이라는 의미는 아니다.[32] 피셔가 지적한 것처럼, 대부분의 교수는 "기혼 여성은 집에서 가족을 돌봐야 한다"고 공개적으로 이야기하기에는 너무 똑똑하다.

성차별 소송에서, 원고는 전보 배상금, 미지급금과 선급금back and front pay 지급, 혹은 정년 고용 복직에 더해 소송 수수료 및 비용을 받을 수 있다. 하지만 실제로는 일부 원고만 복직되고, 대부분의 보상은 고소에 들인 엄청난 시간과 비용, 그리고 정년 실패를 사람들 앞에서 반복해 이야기하는 데에서 오는 수치심을 만회할 정당한 금전적 보상에는 한참 못 미친다. 나아가 동료 연구자가 피해자를 멀리하게 된다. 말썽꾼으로 인식될 수 있고, 다른 일자리를 제안받을 가능성도 줄어들 것이다. 그럼에도, 일부 교수가 정년 보장 소송에서 승소하면서 대학 분위기가 많이 바뀌었다. 각 대학에서는 소송에 비싼 돈을 들이는 것보다 애초에 소송을 방지하기 위해 소규모의 투자를 하는 것이 훨씬 이득임을 깨달았다. 예를 들어, UC 버클리에서는 몇 차례의 성차별 소송이 1980년대 말과 1990년대 초에 발생했다. 그중 세 건은 법정에서 해결됐고, 해당 소송의 원고인 교수는 정년 보장과 보상금을 받았다. 네 번째 사건에서는 법정에서 거액의 합의금을 인정했다. 이 사건 때문에, 대학의 정년 심사 과정이 더욱 투명해졌고, 지원자는 충분히 자신의 권리를 안내받게 되었다. 이는 여

성과 남성 모두에게 좋은 일이었다.[33]

　희망적인 소식은 이렇게 오랜 기간에 걸쳐 이루어진 성차별 소송 덕분에 정년 심사 과정이 더욱 투명해지고 공정해져서 성차별의 가능성이 줄어들고 있다는 점이다. 그리고 이 장의 앞부분에서도 언급한 여러 연구 결과도 여성을 대학 밖으로 내모는 데 성차별의 영향이 더 이상 크지 않다는 것을 보여준다.[*34]

정년 제도 개혁하기

정년 제도를 아예 폐지하자는 논의가 진행 중이고, 실제로 많은 대학이 그런 방향으로 움직이고 있다. 이런 경향은 정년 제도를 폐지하는 것이 단기간에 경제적으로 이득이라는 전망에서 비롯된다. 하지만 정년을 폐지하는 것은, 경제적으로도 지성의 측면에서도 좋지 않다. 정년 제도가 없는 대학은 새로운 발견과 연구가 번성하는 창의적이고 도전적인 환경을 만들지 못한다. 그 대신, 시간강사와 비전임 교원이 대학 법인의 행정직에 의해 언제

---

[*]　국내 대학은 여전히 교원의 성별 불균형이 심각한 상황이다. 한국교육개발원 교육기본통계에 따르면, 2019년 4월 1일 기준 38개 국립대(교육대학 포함)의 여교수 비율은 17.1%로 4년제 사립대의 26.4%보다 9.3%p 낮다. 교대는 28.7%로 사립대 평균보다 높지만 일반 국립대는 여교수 비율이 16.5%에 그친다. 이에 교육부는 2020년 국립대 여성 교원 비율을 2030년까지 25%까지 확대하도록 하는 〈교육공무원임용령〉 일부 개정령안을 발표하기도 했다. 그러나 이후 국공립대 여성 교수 '할당제'가 역차별이며 남성 채용자들의 기회를 박탈한다는 반발에 부딪히고 있는 현실이다. 출처: "교육부, 2030년까지 국립대 여성 교원 비율 25%로 확대". 대학지성 2020년 7월 14일 기사.

든 임용되거나 해고될 수 있다. 이는 학생들에게, 또 교수들에게, 그리고 지식 생산과 혁신이라는 미래에 좋지 못하다. 대학은 가장 우수한 인재를 더 이상 유치하지 못하게 될 것이다. 어떤 연구자가 다른 대안을 두고 고용이 불안정하고 임금도 낮은 직업을 선택하려고 할까? 미국 대학의 명성과 가치는 이들이 유치한 교원들의 자유로운 사고와 창의력에서 시작된다.

문제가 있는 정년 제도지만 그럼에도 더욱 확대되어야 한다. 지금 다른 대학에서 진행되는 것처럼 정년 제도를 무너뜨려서는 안 된다. 대신, 기울어진 운동장을 평평하게 하고 오늘날 교수가 당면한 삶의 현실을 반영해 정년 제도는 더욱 유연해져야 한다. 이미 여러 대학에서는 출산을 위해 정년 심사를 유예하고 있다.[35] 환영할 만한 정책이지만, 캘리포니아대학교에서 실시한 조사에 따르면 이 정년 심사 유예가, 첫째 특별히 신청하는 것이 아니라 당연히 받는 것이 되고(최근 여러 연구중심대학에서는 정년 심사 유예 제도를 따로 신청하는 것이 아니라 자동 신청되는 것으로 바뀌었다)[36], 둘째 엄마들만이 아니라 아빠들도 쓸 수 있게 하고, 셋째 캠퍼스의 규정과 문화 전반에 걸쳐 지지받고 강력하게 시행되어야 이 정책이 사용된다는 것을 발견했다. 유급 육아휴직과 강의 부담 완화 정책 사용을 촉진하기 위해서도 위와 같은 지지와 규제가 필요하다. 2002~2003년 캘리포니아대학교의 교원 조사에서 볼 수 있듯 강의 경감 정책을 쓰지 않은 51%의 교수 엄마들은 "정년이나 승진 가능성에 불리할 것"을 염려했다고 밝혔다.

정년 제도를 개혁하는 가장 좋은 출발점은 정년 보장이 결정되는 기간에 교수 아빠를 적극적으로 육아에 동참시키는 정책을 만드는 것이다. 하지만 우리가 분석한 대학 내 구성원인 엄마들이 겪는 어려움이 그들의 배우자나 파트너를 고발하는 것으로 읽혀서는 안 된다. 우리가 봐온 것처럼, 아빠들이 육아에 전적으로 참여하는 것은 아니지만, 분명 집에서 도움이 된다. 뿐만 아니라 대학의 남성들이 집안일에 더 많이 참여하는 것을 막는 사회적, 그리고 제도적 장애물도 있음을 잊지 말자. 캘리포니아대학교의 한 실험과학자가 쓴 다음 글을 보자.[*]

(특수 교육이 필요한) 우리 딸이 태어나고 처음 몇 년간, 나는 아이가 주 3회씩 물리치료를 받도록 데려가면서 매주 7시간 정도 일할 시간을 잃었다. 그때는 정년을 보장받기 전이었다. 남성인 학과장과 여성 학장과 부총장 등, 모든 이들이 (마찬가지로 정년 트랙 과학자인) 나의 아내가 주 돌봄자라고 여겼고, 그래서 아내

---

[*] '아빠 육아'를 위한 휴직과 일-가정 양립 제도를 쓰기 어려운 상황은 국내도 마찬가지다. 2020년 남녀고용평등법시행으로 부부가 동시에 육아휴직을 쓸 수 있고, 육아휴직 급여도 모두에게 지급될 수 있도록 제도가 바뀌었음에도 불구하고, 남성 직장인 중 70.5%가 아빠 육아를 위한 육아휴직을 사용할 의향은 있지만 실제 사용은 힘들다는 분석이다. 직장인을 대상으로 한 설문조사에서 남성이 육아휴직을 마음 편히 사용할 수 있다고 응답한 비율은 11.1%에 그쳤고, 사용할 수 없다고 응답한 경우도 38.4%로 나타났다. 출처: 잡코리아 2020년 〈기업별 남성 육아휴직자 현황〉, "남성 직장인 70% '육아휴직 의향'… 실제로는 여전히 어려워". 연합뉴스 2020년 1월 4일 기사.

는 강의 시간을 재조정받는 등의 지원을 받았다. 아이는 아내와 있을 때만큼은 정서적인 보살핌을 받고 싶어 해서, 아내는 물리 치료 부분에 있어서는 내가 주 돌봄자 역할을 맡고 있다고 학장 등에게 알렸다. 하지만 내게는 별다른 지원이 없었다. 내 생각 에 그들은 남성이 주 돌봄자라는 생각을 도저히 이해하지 못하 는 것 같았다.

미국에서 여성이 생계부양자인 가족은 전체의 39%다.[37] 하지 만 대학에서는 여성이 주로 돌봄을 맡고 남성이 생계부양자일 것이라는 인식을 계속 이어간다. 이는 우리가 미국대학협회를 대 상으로 하는 조사 결과에서도 증명되었다. 소속 대학의 58%가 자녀를 둔 여성 교수에게는 6주의 유급 휴가를 보장하는 반면, 부모 모두에게 1주의 유급 육아휴직을 제공하는 학교는 전체의 16%였다.[38] 이는 엄청난 차이다.

아빠가 된 이들의 정년 심사를 유예해줄 것인지, 아니면 강의 나 다른 업무를 경감해줄지에 관해서 오랜 시간 많은 연구자들이 논쟁을 벌여왔다. 이를 반대하는 연구자들의 의견은 항상 똑같았 다. "남성 교수는 그렇게 부여받은 시간을 부모 역할을 하는 데 쓰지 않을 것이다. 그들은 그 시간에 책을 한 권 더 쓰거나 논문 을 더 출간할 것이다." 자녀를 둔 남성 교수는 육아를 온전히 담 당하고 있는 경우에도 부모에게 주어지는 여러 지원을 엄마들처 럼 쓰지 않는다. 왜냐하면 이들은 자신이 정년 심사를 중요하게 생각하지 않는 지원자로 여겨지거나 대학과 연구에 전념을 덜하는 것처럼 비춰지는 것을 두려워하기 때문이다. 남성도 유연한 근로 환경에 머물게 하지 않는 한, 문화는 바뀌지 않을 것이다.*

자녀를 둔 남성 교수에게 육아를 위해 주로 한 학기 정도의 면제를 제공하는 대학에서는 그 지원을 신청하기 위해 맡아야 할 육아의 정도에 관해서 논쟁이 진행 중이다. 캘리포니아대학교에서 최근 수정된 규정에 따르면, 대학 내에서 해당 육아 정책을 지원한 교수는 아이나 신생아를 보살피는 시간의 50% 이상을 책임진다는 진술서를 제출해야 한다. 유타대학교에도 비슷한 제도가 있다. 하버드 로스쿨의 부모와 개인 연차에 관한 규정은 보다 유연한데, 1주가 168시간으로 이루어져 있다는 점을 감안한다. "자격이 있는 교원은 자녀에 관해 필수적이고 지속적인 책임이 있음을 학과장이 만족할 정도로 증명해야 한다. '필수적이고 지속적인 책임'은 유일한 전일제 부양자로 적어도 주당 40시간 이상을 사용함을 의미하며, 최초 재직 기간 중 혹은 직전에 이루어진 연장 기간을 포함해 적어도 한 학기 이상 지속되어야 한다. 해당 교

* 실제로 한국에서도 남성 육아휴직 제도가 도입된 이후 2020년 기준 육아휴직자 중 24.5%가 남성으로 나타났음에도 불구하고, 맞벌이 가정에서 여성의 하루 평균 가사(가정 관리+돌봄) 시간은 남성의 3배였고, 심지어 아내 외벌이 가구인 경우에도 여성이 남성보다 하루 평균 37분 가사노동에 더 많은 시간을 투입하고 있는 것으로 나타났다. 출처: 통계청. (2019). 육아휴직통계; 통계청. (2019). 성별 가사노동가치.

원 인사가 아닌 사람이 그 40시간 중 일부를 자녀의 육아를 위해 수행할 경우 '유일한 전일제 부양자'로 인정되지 않는다."[39]

유연한 직업 선택

정년 심사를 유예하거나 보다 유연한 육아휴직을 제안하는 것보다 대담한 정책은 가족의 상황에 따라 해당 교원이 시간제나 전일제로 고용 형태를 전환할 수 있는 시간제 정년트랙 제도이다. 캘리포니아대학교 교원을 대상으로 한 조사 결과, 전 연령대의 남녀가 시간제와 전일제를 오가는 고용 형태를 전폭적으로 지지했다. 여성의 60% 이상, 그리고 남성의 3분의 1이 유연하면서도 언제든 전일제 고용으로 돌아갈 수 있는 시간제 정년트랙에 관심을 가졌다. 여성 교원은 어린아이를 돌볼 의무와 대학 업무의 균형을 이룰 수 있다는 이유로 이 정책을 지지했다. 한편, 남성과 여성 모두 유연한 정년트랙을 지지하는 이유로 고령의 가족 돌봄 그리고 은퇴 준비 등을 꼽았다. 하지만 이런 정책에 대한 수요가 많음에도 불구하고, 현실에서 시간제 정년트랙은 보기 드물다. 오랫동안 일과 가정에 관한 연구를 후원해온 알프레드 P. 슬론 재단에서 2001년 발표한 보고서에 따르면, 미국 정년트랙 교원의 2%만이 반일제 교원으로 고용되었다. 그리고 조사한 대학의 6%만이 반일제 교원의 정년 보장을 허가했다.[40] 반대로, 뉴욕 일-가정 연구소Families and Work Institute in New York에서 1,057개 회사를 대상으로 실시한 유사한 조사에서는 57%가

직원들이 반일제와 전일제 고용 형태를 오갈 수 있도록 했다.[41]

물론 반일제 정년트랙 교수직의 어려움은 잘 알려져 있다. 캘리포니아대학교의 한 여성 화학자는 다음처럼 신랄한 의견을 밝혔다. "나는 이공계열 교수가 시간제로 일하는 것이 가능하지 않다고 생각한다. 연구팀을 절반만 운영할 수는 없기 때문이다." 알프레드 P. 슬론 재단의 캐슬린 크리스텐슨Kathleen Christensen도 시간제 정년트랙 교수직을 불가능하다고 봤다. "왜냐하면 장시간 근로를 추구하는 문화, 정년에 빠르게 도달하려고 노력하는 문화 안에서 시간제로 일하는 사람은 일탈을 한다고 보여지기" 때문이다.[42] 물론 시간제 정년트랙 교원은 강의 책임이 적지만, 이것이 정년 심사 위원회에게 해당 지원자가 보다 나은 연구 실적을 보여야 한다는 기대를 줄이지는 않는다. 심사 위원은 적은 강의 책임이 연구를 위한 시간을 늘린다고 생각할 수도 있다. 반일제 정년트랙 정책은 원로 교수를 대상으로 적용하는 것이 보다 쉬운데, 이미 정년을 받았기 때문에 정년을 보장받기 위한 연구의 절반이 얼마나 되는지 계산하지 않아도 되기 때문이다. 실제로, 슬론의 연구에서 묘사된 반일제 정년트랙 교수직은 은퇴 준비를 시작한 커리어 소강기의 남성 교수를 대상으로 했다.[43] 하지만 이런 방식은 반일제 일자리가 가장 필요한 교수에게는 전혀 도움이 되지 못한다. 특히 아이 양육과 정년 필수 조건 사이에서 고전하는 커리어 초기의 여성 교수에게는 말이다.

2001년, 우리가 교수 부모를 위해 캘리포니아대학교의 정책을 진지하게 바꿔보려고 시작했을 때, 우리는 대학 규정에 시간제 정년트랙에 관한 조항들이 애매하게나마 있는 것을 발견하고 놀랐다. 이 소식은 우리가 인터뷰한 모든 교원에게, 그리고 인사팀 직원들에게도 놀라운 소식이었다. 문서화된 정책을 적용하는 것과, 그 정책이 활발히 사용되고 문화적으로 지지받는 것 사이에는 큰 간극이 있다. 더 탐색한 끝에 일부 교원이 이미 시간제 정년트랙 직책을 받은 것을 알고 또다시 놀랐다. 시간제 정년트랙 교원 대부분은 그들이 가진 유연성을 이용해 자문을 하거나 자신의 회사를 차린 과학자나 공학자였다. 이 모든 일자리는, 연장된 휴가처럼 학과장과 개인적으로 협상되었고, 이미 정년을 받은 교원만이 대상이 되었다.

전일제 근무 조건으로 복귀할 권리는 시간제 정년트랙 자리의 핵심 조건이다. 시간제 정규직이 어떤 이들에게는 매력적일 수 있지만, 대부분의 사람들에게는 영원히 낮은 임금을 받으면서 학과에서 소외되는 것을 의미한다. 캘리포니아대학교의 시간제 정년트랙 정책에는 전일제 고용 조건으로 돌아가는 권리에 대해서는 명시하지 않았다. 그래서 기존의 정책은 아이가 크게 되면 시간제 일자리의 필요성이 줄어들 여성 교수들이 사용하기에는 조심스러울 것이다.

기존에 마련된 정책의 제한된 유용성 때문에, 우리는 교원이 가족에 관한 의무를 다할 수 있게끔, 이들이 커리어 어느 시점에나 이용할 수 있는 새로운 정책을 만들기로 했다. 늘 그렇듯이,

문제는 세부 사항에서 드러난다. 일단, 캘리포니아대학교의 10개 캠퍼스와 캠퍼스에 있는 모든 대학평의원회에서 이 정책에 동의해야 했다. 사람들은 정년 보장 이전의 커리어 생산성을 평가하는 데 대한 우려가 컸고, 커리어 전반에 걸친 연차 평가의 기준에 대한 우려도 있었다. 정책 초안을 짜는 과정에서 우리는 두 가지 안 중 하나를 선택해야 했다. 하나는 전통적으로 '논문을 출간하거나 학계에서 사라지는' 기간을 6년으로 유지하되 시간제 정년 트랙 교원을 위해 정년 보장 기준을 조정하거나, 정년 보장 기준을 유지하되 정년 심사 기한을 연장하는 것이었다. 결국, 정년 심사 기한을 연장하자는 교원의 동의는 얻었으나, 정년 보장의 기준을 조정하는 것에 대해서는 동의를 얻지 못했다. 하지만 정년 심사 투표는 임용 후 10년 이내에 이루어져야 한다는 캘리포니아대학교 이사회에서 도입한 규정에 부딪혔다. 게다가 우리가 제안한 간단한 계획조차도 교원 거버넌스의 여러 단계와 대학의 관료 체계를 통과하는 데 2년이란 시간이 걸렸다.

2006년 말에야 사용이 가능해진 이 정책이 나온 직후, 캘리포니아대학교의 한 역사학 교수 엄마는 "이런 정책을 만들어줘서 고맙지만, 나는 이 정책을 쓰지 못했을 것이다. 절반의 임금으로는 가족의 생활을 감당할 수 없다"고 했다. 하지만 긍정적인 측면에서 보자면, 캘리포니아대학교에 적용된 여러 개혁 정책은 유연하지 못한 정년 심사 기한을 완화시켰다. 자녀를 둔 여성 교수에게는 두 학기, 그리고 자녀를 둔 남성 교수에게는 한 학기(모두 급

여는 전액) 동안 강의를 면제해주는 정책이 더 널리 적용되었다.[*]

결론

여성이 남성보다 정년 보장을 받는 비율이 낮은 것은 이미 잘 알려져 있다. 우리는 대학 측의 정년 보장 결정에 가족 구성이 중요한 영향을 미친다는 것을 보였다. 6세 미만의 아이를 둔 여성 과학자는 남성 동료보다 정년을 받을 비율이 27% 낮은데, 아이가 없는 여성은 정년을 받을 가능성이 남성보다 11% 낮았다. 이 후자의 수치는 (사회과학을 포함해서) 이공계열 여성 교원이 정년을 받는 비율이 낮은 이유가 임신, 출산, 육아에 의해서만 설명되지 않는다는 것을 보여준다. 아마도 또 다른 차별이라는 측면이 있겠지만, 지금으로서는 확신할 수 없다.

결혼과 초중고 자녀도 모두 정년 결정에 영향을 미치지만, 우리가 예상한 바대로는 아니었다. 이공계열의 기혼 교수는 남녀 불문하고 미혼 동료들보다 정년을 받는 비율이 높았다. 6세 이상의 자녀를 둔 교원도 마찬가지였다. 결혼이 개인의 신체적, 사

---

[*] 한국에서는 아직 시간제 정년트랙 전임 교원 제도가 도입되지 않았고, 관련한 논의조차 시작되지 않은 상황이다. 그러나 비슷한 제도 도입 사례로 '육아기 근로시간 단축 제도'를 들 수 있다. 고용보험 가입자는 만 8세 이하 또는 초등학교 2학년 이하의 자녀를 양육하기 위하여 근로시간 단축을 신청할 수 있는데, 이때 육아휴직 미사용 기간을 가산하는 경우 최대 2년까지 사용 가능하다. 이때 육아기 근로시간 단축 급여액은 단축 전 근로시간과 단축 후 근로시간에 따라 달리 계산된다. 예를 들어 통상임금이 월 230만 원인 피고용인이 기존 주 40시간에서 25시간으로 근로시간을 단축하면 62만 5000원(통상임금의 약 27.2%)을 수령한다.

회적 건강에 미치는 광범위한 이득을 볼 때, 결혼이 정년 결정에 미치는 영향을 설명할 수 있다. 초중고 자녀가 정년 결정에 미치는 영향은 이해하기가 조금 더 어렵다. 이 아이들도, 영유아보다는 덜하지만 여전히 돌봄이 필요하다. 하지만 초중고 자녀가 개인 연구자에게 주는 이득은 이들에 대한 시간 투자를 상회한다. 어쩌면 초중고 자녀는 남성과 여성 교원이 인생의 안정적인 시기에 이르렀음을 암시할 수도 있다. 대학원 과정에 (혹은 그전에) 부모가 된 연구자가 정년을 준비하는 조교수 시기가 되면 자녀가 어느 정도 자랐을 가능성이 높다. 이렇게 볼 때, 연구자에게 가족을 시작하기 가장 좋은 시기는 대학원 때라고 볼 수 있다.

이 패턴에서 예외가 되는 것은 인문계열 교원을 포함한 분석이다. 인문계열 교원을 포함하는 경우, 결혼도 어린 자녀도 정년 결정에 영향을 미치지 않았다(물론 자녀를 둔 기혼 여성 연구자가 애초에 정년트랙에 진입할 가능성은 훨씬 낮다). 가장 쉬운 설명은 이공계와 인문계의 학계 문화가 많이 다르다는 점인데, 지금의 자료로는 결론을 알기 어렵다. 실험과학은 과학자들이 실험실에서 오랜 시간을 보내야 하고, 그렇기 때문에 아이들이 환영받지 못하는 환경이다. 이공계열에 비해, 인문계열의 연구자들은 연방 연구비를 지원받는 비율이 낮고, 그래서 그로 인해 커리어 진행이 직선적이고 획일적인 경우가 적다.

자녀를 둔 남성이 여성보다 정년을 받을 가능성이 높다고는 해도, 이들 역시 일과 가정 사이의 갈등을 경험한다. 가정의 책임과 직업의 책임을 모두 포함하면 자녀를 둔 여성이 남성보다 매주 훨씬 더 많은 시간을 쏟지만, 많은 남성 연구자도 가사와 양육에 눈에 띄는 공헌을 한다. 실제로 자녀를 둔 남성 교원 대부분이 가족들과 시간을 보내길 원하지만, 직업상의 요구 사항 때문에 시간을 내기 어렵다고 느낀다.

우리는 기존의 정년 시스템을 바꾸는 것은 지지하지만, 이를 대체 가능하고 고용이 불안정한 노동 인력으로 바꾸는 데는 반대한다. 정년 이전이든 이후든 유연한 시간제 근로를 선택할 수 있고, 언제든 전일제 근로로 돌아올 수 있는 권리를 가진 교수직이 이 방향으로 가는 시작점이다. 젊은 교원을 위한 다른 지원책, 즉 정년 심사를 유예하는 것, 출산 후 강의 부담을 줄여주는 것, 양육 보조 등의 정책은 이 책의 마지막 장에서 자세히 다뤄질 것이다.

물론 나의 커리어에 관한 결정이 다른 사람의 삶에 영향을 미칠 것이라는 고민은 덜해도 되지만, 모든 결정을 혼자 내려야 하고, 새로운 곳에서 적응도 혼자 해야 하고, 다른 이들이 (가족으로부터) 받게 될 지원을 받지 못하게 된다. 이를 더 악화시키는 것은, 많은 사교 행사에서 고립된다는 점인데, 왜냐하면 내 경험상 결혼한 부부가 미혼 여성을 그들의 사교 모임에 초대하는 경우는 매우 드물기 때문이다. (…) 이게 실제로 무슨 의미냐 하면, 여러 부담을 함께 나눠 질 가족도 없는 데다 엎친 데 덮친 격으로 학과 생활의 많은 부분에서도 배제됨을 뜻한다.

—'고등교육연보' 웹사이트에 올라온 게시글

이 책의 앞선 두 장에서는 전문적인 삶, 즉 정년트랙 교수직을 구하는 이가 누구인지, 그리고 실제로 정년을 받는 이가 누구인지에 집중했다. 이를 통해 가족에 관한 결정이 정년트랙 교수직을 구하는 데 결정적인 역할을 한다는 것을 보였다. 기혼 여성과 어린 자녀를 둔 여성 박사학위자는 정년트랙 교수직에 채용될 가능성이 낮다. 특히 자녀를 둔 여성 박사학위자는 비정규 교원직을 택할 가능성이 높다. 이들이 정년트랙 교수직에 임용된다 해도, 어린 자녀를 둔 이공계 여성 과학자는 정년을 받을 확률이 낮다. 어떤 여성 연구자에게는 일-가정 양립에 대한 고민 자체가 대학에서의 커리어를 일찌감치 포기하게 만든다. 포기하지 않은 여성 연구자에게는, 결혼과 어린 자녀가 정년트랙 교수직을 구하거나 정년을 보장받는 것을 어렵게 한다.

그 결과는 고등교육기관에서 나타나는 두드러진 성별 불균형이다. 이런 불평등이 우리가 연구를 시작하게 된 동기이지만, 보다 근본적으로 대학 내 연구자와 여성 모두 우려하는 것은 불평등한 미국의 직장 문화이다. 남성은 언제나 더 나은 직업을 구하고[1] 같은 직업을 구하더라도 남성의 임금이 여성보다 더 높다.[2] 하지만 성별에 따른 직업 간 차이, 그리고 경제적인 차이가 꾸준히 줄어들고 있는 것도 사실이다.[3] 자유주의 페미니즘liberal feminism*에서 이야기하는 여러 지표를 볼 때, 성별 불평등은 과거 그 어느 때보다 줄어들었다.[4]

하지만 성별 불평등을 확인하는 또 다른 방법이 있다. 여성이 일터에서 성과를 얻기 위해 가족 형성과 관련해 어떤 희생을 했느냐는 점이다.[5] 유타주립대학교의 영문학 교수 리사 개버트Lisa Gabbert가 강력하게 주장하는 것처럼, 대학은 가족친화적인 면이 한참 부족하다. "나는 대학이 그 본질 밖을 벗어난 모든 관심사에 대해 적대적이라고 생각한다. 아이를 갖는 것이나 아이와의 관계에 대해서는 더더욱 적대적인 것 같다. 나는 사람들에게 내게는 두 개의 서로 경쟁하는 시간이 있다고 이야기한다. 정년 심사를 받는 '정년 시계'와 가임기 제한이 있는 '생체 시계'다. 내가 사는 유타는 아이에게 좋은 환경이지만, (다른 곳과 마찬가지로) 내가 속한 대학은 출산휴가조차 제공하지 않고(물론 노력은 하고 있다), 보육 시설도 제공하지 않는다. 이런 최소한의 필요조건도 충족하지 못하는 곳에서 어떻게 성공할 수 있을까?"[6]

지난 장에서는 '정년 시계'를 다루었다. 이제는 '생체 시계'에 눈을 돌려 남성, 그리고 특히 여성 교원이 전문적으로 성공하기 위해 결혼과 아이를 포기하는지를 살펴본다. 여기서는 남성과 여성 교원의 결혼, 이혼, 임신을 살펴보고 대학교수를 다른 전문

* 여성 스스로의 행동과 결정을 통해 그들의 평등을 유지하는 능력에 집중하는 여성주의 이론의 개인주의적인 형태로, 기존의 사회구조를 바꾸지 않고도 진정한 성평등을 달성할 수 있다고 믿는 사상이다. 자유주의 페미니즘은 여성에게 교육의 기회를 평등하게 제공하고, 정치적 권리와 경제적 기회를 보장하는 등 기회와 평등을 주장하는 경향이 강하다. 이로 인해서 여성의 업적 달성, 경제적 독립을 강조한다. 본문에서 자유주의 페미니즘이 이야기하는 여러 지표라 함은, 고등교육 입학률, 취업률, 투표권 등 공적 영역의 여성 진출을 보여주는 지표들이다. 출처: 숙명여자대학교 아시아여성연구원. (2021). **다시 쓰는 여성학**. 한국문화사. 한국여성연구소. (2005). **새 여성학 강의-한국사회, 여성, 젠더**. 학술총서 22. 서울: 동녘.

직과 비교함으로써 대학의 여성 교수가 다른 전문직 여성에 비해 얼마나 다른지 살펴본다.

먼저 경고할 것이 두 가지 있다. 첫 번째, 우리는 선호하는 가족 형태에 대한 전제를 둔다. 우리가 상아탑에 홀로 있는 여성 교원에 대해 이야기하는 이유는 대부분의 미국인이, 그리고 보다 구체적으로는 대부분의 연구자들이 자녀를 원하기 때문이다.[7] 또한 대부분의 미국인들이 결혼을 하고 싶어 한다는 자료도 있기 때문에, 연구자들도 비슷할 거라고 가정했다.*[8] 다른 미국인들처럼, 일부 연구자는 결혼하고 싶어 하지만, 동성애 관계에 있고 그래서 법적으로 결혼할 수 없을 수도 있다. 박사학위 소지자 조사SDR를 통해서는 결혼하지 않은 조사 참여자가 어떤 성

---

* 그러나 이러한 미국인의 결혼 선호 경향은 2021년 기준으로는 상당히 달라졌다. 1970년대만 해도, 25~50세 사이의 미국인 중 결혼을 한 번도 하지 않은 비율은 9%에 불과했지만, 이제 미국인 중 20% 이상이 일생 동안 결혼을 한 번도 하지 않고 있다. 이러한 '비혼 확산' 현상의 주요 원인으로는 '제도의 테두리 안에 들어온 비혼(institutionalized singlism)'이 늘어남에 따라, 비혼/미혼으로 있는 사람들이 치러야 하는 사회적, 경제적인 불이익(loner tax)이 상당 부분 줄어들었다는 것을 들 수 있다. (출처1) 자녀를 갖고 싶어 하던 미국인들의 성향도 빠른 속도로 변화해왔다. 2021년 기준으로 18~49세에 해당하는 미국인 44%는 자녀를 낳을 계획이 없다고 응답했고, 이 결과는 2018년에 자녀를 낳을 계획이 없다고 응답한 37%보다 증가한 수치였다. (출처2) 출처 1: 뉴욕타임스 기사. https://www.nytimes.com/2021/10/20/opinion/marriage-decline-america.html 출처 2: 투데이 사이트. "I just don't want to': More Americans report not wanting to have children ever". https://www.today.com/parents/more-americans-report-not-wanting-have-children-ever-t239990

적 지향을 지녔는지, 그리고 동거 관계에 있는지 확인할 수 없다. 둘째, 우리는 커리어가 가족에 미치는 영향과 가족이 커리어에 미치는 영향을 따로 고려하며, 인과관계 여부가 복잡할 수 있음을 염두에 두고 있다. 예를 들어, 우리는 이미 젊은 연구자가 일과 가족을 함께 고려하는 결정을 내리는 것을 보았다.[9] 일부 경제학자는 출산율이 올라가면 여성의 노동 참여가 감소한다고 (혹은 그 반대) 오랫동안 주장해왔으나, 그 인과관계에 대해서 동의된 바는 적다.*[10] 사회학자 미셸 버딕Michelle Budig의 연구에 따르면 둘 다 원인이 된다.[11] 버딕은 어린 자녀를 둔 여성이 일을 하고 있다면 유급 노동인구에서 이탈할 가능성이 높고, 일을 하지 않으면 노동인구에 유입될 가능성이 적다고 밝혔다. 반대로, 고용은 출산 가능성을 낮춘다. 이 복잡함을 감안하면서, 이 장은 이미 교수가 될 가능성을 쟁취한 남성과 여성의 결혼과 부모됨을 살핀다.

학계 커리어 시작 단계의 결혼과 이혼

우리는 SDR 결과를 이용해서 박사학위를 받은 후 처음으로 일을 시작한 남성과 여성의 결혼과 이혼 비율 차이를 탐구했다.[12]

---

* 여성의 출산율이 올라가는 경우 여성의 노동 참여가 감소한다는 것은, 일반적인 의미의 '경력단절'을 의미한다. 실제로 한국의 경우, 집중적으로 여성의 생애사적 사건(임신-출산-육아)이 이루어지는 시기, 여성이 노동시장을 이탈하는 소위 M자형 노동 참여 곡선이 나타난다. 반면, 난임 시술이 발달하면서 여성이 고학력, 전문직으로 노동시장에 좀 더 나은 조건으로 진입하게 되면 경력단절에 상대적으로 덜 취약한 상황이 되기도 한다.

정년트랙 여성 교원이 커리어 시작 단계에 결혼했을 가능성은 남성 교원의 절반 정도였다. 이는 2장에서 살펴본 결과와 일치하는데, 결혼은 여성이 정년트랙 교수직을 갖게 될 확률을 급격히 낮추기 때문이다. 2장의 결과를 반영해보면, 비전임 교원, 시간강사, 그리고 경력단절 등을 선택한 여성 박사학위자에 비해 정년트랙 여성 교원이 결혼했을 가능성이 52% 낮다는 점도 놀랍지 않다. 반대로, 정년트랙 교수직은 남성의 혼인율을 높인다. 정년트랙 남성 교원은 비전임 교원, 시간강사, 경력단절 등을 택한 남성 박사학위자에 비해 결혼했을 확률이 84% 높다. 잠재적인 직업 안정성과 정년트랙 교수직의 높은 임금이 남성 박사학위자의 개인적인 인생에 이득을 주는 반면, 여성 박사학위자의 경우, 정년트랙 교수직을 갖거나 배우자를 가질 수는 있으나, 둘다 가질 수 있는 것은 아니었다.[13] 한 여성이 고등교육연보 게시판에 언급했듯이, 남편과 그의 커리어는 대학 교원 임용 지원에 방해 요인이 되기 쉽다. "나는 지리적으로 한군데 매여 있지 않고, 미혼이며, 아이도 없다. 어떤 면에서, 이런 사실 덕분에 나는 쉽게 일을 구할 수 있었다. 플로리다든 오리건이든 남편이나 파트너의 '이동 가능성'을 생각하지 않고 지원할 수 있었기 때문이다. 나는 대학 교원이 되고자 하는 다른 여성들이 직면하는 문제를 걱정할 필요가 없었다. '남편이 일을 그만두어야 할까? 그는 다른 일자리를 찾을 수 있을까? 연구자라면, 남편에게도 일자리를 줄까?'와 같은 문제들 말이다."[14]

이 글은 여성 교원이 남성 동료보다 커리어 초기에 미혼일 가능성이 높은 여러 이유 중 하나를 언급한다. 여성 교원은 대학원 과정 중에는 일을 많이 하느라 연인을 찾지 못했을 수 있다. 결혼한 이들은 대학원 과정이나 그 후 임용 지원 과정에서 살아남지 못했을 수 있다. 특히, 여성들은 다른 지역으로 이동하기 위해서 연인 관계를 포기했을 수 있다.* 다른 지역으로의 이동은 정년트랙 교수직의 필수 조건이다.** 아래는 고등교육연보 게시판에 글을 쓴 다른 참여자의 이야기다. 이혼은 그녀에게 새로운 커리어 가능성을 주었고, 덕분에 전남편에게서 벗어날 수 있었다.

박사 과정 마지막 해에 대학 교원 임용에 도전하면서 전남편과 별거를 시작했다. (…) 이혼은 내 삶과 커리어를 모두 구원했다. 3개의 대학에서 임용 제안을 받았고, 나의 품위도, 재정 상태도 무너지지 않은 괜찮은 상황에서 고향을 떠났다. 일을 시작하고 14개월 뒤에 박사학위 논문을 마무리했는데, 끝내기로 했던 때보다 12개월이 지난 뒤였다. 그사이 좋은 일들이 많이 있었다.

---

*   한국과 달리 미국에서 다른 주(州, state)로의 이주는 가히 이민에 가까운 생활권 변화를 의미한다. 미국 본토 내에서만 해도 4개의 시간대가 존재하는 만큼, 다른 주로 이주할 시 결혼 생활 혹은 연인 관계를 유지하기가 매우 어려워진다.

**   미국 대학의 정년트랙 교수는 사실상 종신직이기 때문에, 교수를 임용하는 대학 입장에서는 안정적인 연구와 교육 활동이 보장되도록 거주지 이전을 필수 조건으로 내세우는 경우가 많다. 한국 역시 전임직 교수(대학의 전일제 상근직 교수)의 경우 대학 소재 지역으로의 거주지 이전을 권장하고는 있지만, 필수 조건은 아니다.

이렇게 집중할 일들이 있는 것은 정서적인 고통으로부터 벗어나는 데 큰 도움이 되었다. 대학 교원 임용에 도전하면서 파트너와 함께 이동하는 것을 고려하지 않아도 되는 것은 큰 이점이었다(아이도 없었다).[15]

일부 남성 박사학위자들도 새로운 지역으로 이동하면서 배우자의 취업에 관해 유사한 고민을 하지만, 남성 박사학위자는 그들의 커리어 결정을 순순히 따를 수 있는 배우자를 둔 경우가 더 많다.[16] SDR 자료에 이와 일치하는 결과가 있다. 정년트랙 교수직을 시작하는 여성은 동료 남성에 비해 이혼할 가능성이 144%(거의 2.5배) 높다. 또한, 정년트랙 여성 교원은 비전임 여성 교원에 비해 이혼할 가능성이 75% 높다. 반면, 정년트랙 교수직 남성은 반대로 비전임 남성 교원에 비해 이혼할 가능성이 39% 낮다.

이런 결과의 원인은 여성 박사학위자가 정년트랙 교수직에 있기 때문일까, 아니면 단순히 전일제 근무를 하기 때문일까? 즉, 대학에서의 커리어가 독특한 것일까, 아니면 전일제인 모든 박사급 커리어와 거기서 비롯되는 시간 투자가 기존의 가족 관계에 무리를 주는 것일까? (아니면 혹시 새로운 관계를 시작하는 데 방해가 될까?) 연구 결과는 박사학위 소지자 커리어 초기의 결혼과 이혼의 성별 격차는 대부분 전일제 고용의 결과물이지만, 그중에는 정년트랙 교수직에 기인하는 비율도 분명히 존재한다는 점을 보여준다. 커리어 초반에, 정년트랙 여성 교원은 남성 동료에 비해 결혼할 확률이 50% 낮다. 다른 전일제 직업을 가진 박사학위 소지자의 경우는 결혼할 확률이 여성이 남성에 비해 40% 낮았다.[17] 이 10%의 차이가 '교수 페널티professor penalty'다. 정년트랙 교수직과 다른 전일제 직업의 성별 차이는 결혼뿐 아니라 이혼에도 적용된다. 정년트랙 여성 교원이 남성 교원에 비해 커리어 초기에 이혼할 가능성이 144% 높다는 것을 기억하자. 다른 직업을 택한 박사학위 여성이 커리어 초기에 이혼할 가능성은 동료 남성보다 89% 높다. 모든 박사급 전일제 직업은 여성이 결혼할 확률은 낮추고, 이혼할 확률은 높이지만, 정년트랙 교수직은 여기에 교수로서의 페널티가 더 추가된다.

갓 대학원을 졸업한 박사학위 소지자를 대상으로 한 설문조사 결과는 이전 장에서 제시된 결과를 예측할 수 있는 거울상으로 작용한다. 결혼한 여성은 정년트랙 교원이 될 가능성이 낮고, 비전임 교원을 택할 가능성이 높다. 커리어 시작 단계의 여성 박사학위자는 결혼할 가능성이 낮고 이혼할 가능성은 높다. 앞으로 보게 되겠지만, 이는 정년트랙 남성 교원과 여성 교원 간 극적인 결혼과 이혼 비율 차이, 그리고 대학의 정년트랙 교원과 비정규직 교원 여성 간 결혼과 이혼 비율 차이의 시작에 불과하다.

교수의 결혼과 이혼

SDR 자료는 대학교수라는 커리어 중에 일어나는 결혼 양상의 변화를 추적한다.[18] 이 자료는 전일제 근무를 하는 모든 여성 박사학위 소지자에게 결혼에 의한 불이익이 있음을 보여준다. 정년트랙 여성 교원은 정년트랙 남성 교원보다 결혼할 확률이 32% 적다. 게다가 정년트랙 여성 교원은 비전임 교원으로 고용된 여성 박사학위자보다 결혼할 가능성이 35% 낮다.[19] 하지만 이 결과는 정년트랙 교수직에 고용된 결과보다는 전일제 근무의 효과로 보인다(비전임 교원은 시간제 근무를 하는 경우가 많다).[20]

이혼 양상은 조금 다르다. 정년트랙에 속해 있고 결혼한 여성 박사학위자는 비슷하게 고용된 남성 박사학위자보다 이혼할 가능성이 35% 높다. 충격적이게도 정년트랙 여성 교원은 비전임 교원 여성보다는 이혼할 가능성이 2배 높다. 하지만 성별에 따른 이혼율 차이는 대학 안팎에서 전일제로 강의를 하지 않는 직종의 여성 박사학위자 사이에서 더 크게 나타난다. 이 여성 박사학위자는 비슷한 직종의 남성 박사학위자보다 이혼할 가능성이 53% 높다. 이혼율 차이는 정년트랙 교원이 아닌 전일제 근무 여성과 비전임 교원 여성 사이에서 더 크다. 대학 안팎에서 전일제로 일하는 여성은 비전임 교원 여성보다 이혼율이 125% 더 높다.*

* 대학 밖에 존재하는 여성 박사학위자의 높은 이혼율을 간접적으로 파악할 수 있는 사례로, 고학력 전문직 여성의 이혼율을 들 수 있다. 미국 매사추세츠 종합병원 레지던트 댄 라이(Dan P Ly)는 2008년 미국인구통계를 이용해 의사, 치과의사, 약사, 간호사, 병원 관리자, 변호사, 기타 비의료계 전문직의 이혼율을 분석했다. 그 결과 의사의 경우 남성에 비해 여성의 이혼율이 1.5배 높았고, 여성의 경우 근무 시간이 길수록 이혼율이 높은 것으로 나타났다. 출처: "美의료인 이혼율 간호사〈의사〈약사순". Medical Tribune 2015년 2월 27일 기사.

미국 고등교육 교원의 결혼과 이혼의 성별 차이가 의미하는 바는 무엇일까? 가장 중요한 점은 정년트랙 남성 교원과 여성 교원 사이에 큰 차이가 있고, 또 정년트랙 여성 교원과 비전임 여성 교원 사이에도 큰 격차가 있다는 것이다. 두 집단과 비교했을 때, 정년트랙 여성 교원의 혼인율은 낮고 반대로 이혼율은 높다. 이런 가족 구성의 차이는 '교수'라는 직업과 관련되어 있지는 않다. 대신, 두 가지 요소가 있다. 먼저, 여성 교원은 고된 업무 때문에 높은 이혼율과 낮은 혼인율을 보인다. 이들이 대학교수이기 때문이 아니라, 전일제 근무를 하는 여성은 대체로 일-가정 사이의 갈등으로 인해 남성보다 이혼율이 높다.[21] 둘째로, 대학원 시기에 여성 대학원생이 이혼하는 경우가 더 빈번하기 때문에, 여성 박사학위 소지자들은 커리어를 시작할 때 이미 남성에 비해 혼인율은 낮고 이혼율은 높다(그렇기 때문에 그 직후인 정년트랙 여성 교원의 차이도 크다).

　우리는 여성 교원이 미혼이나 이혼한 상태로 커리어를 시작하는지 확실한 결론을 내릴 수는 없다. 하지만, 여기에 나온 근거로 볼 때 적어도 두 가지 가능성이 있다. 우선, 많은 여성 대학원생은 대학 커리어 안에서 일-가정 양립을 이루는 데 어려움을 느낀다. 다만 이런 인식은 과장된 경우도 있는데, 적어도 결혼의 경우에 여성 교원은 다른 전일제 직업을 구한 여성 박사학위자들과 비슷한 혼인율과 오히려 조금 낮은 이혼율을 보이기 때문이다. 그럼에도 결혼이나 출산을 기다리는 여성 박사학위자는 대학원 졸업 후 대학 정년트랙 교원 임용 도전을 포기할 가능성이 높다. 둘째로, 우리는 이미 결혼과 그에 따른 출산과 육아가 여성 박사학위자의 정년트랙 교원 임용 도전을 어렵게 한다는 근거를 제시한 바 있다.

캘리포니아대학교 설문조사 참여자들은 대학 커리어와 육아를 함께하는 것이 얼마나 어려운지 많이 이야기했다. 하지만, 결혼과 일 사이의 갈등에 관한 이야기는 적었다. 우리는 다른 전일제 직업과 비교해도 대학에서의 업무가 여성 연구자의 결혼 생활을 더 어렵게 하지는 않기 때문이라고 본다. 대신, 여성 박사학위 소지자가 정년트랙 교수직을 시작하는 순간 고난도 시작된다. 정년트랙 교원으로의 전환점에서만 여성의 (이혼율은 높고) 혼인율이 다른 전일제 직업을 가진 여성보다 낮아진다. 우리는 정년트랙 자리를 잡기 위해서 여성이 다른 지역으로 이동하면서 (아니면 정년트랙 교수직 이전에 박사후연구원 펠로십에 선정되었을 때) 결혼, 그리고 결혼으로 이어질 연인 관계가 지속되지 못한다고 본다. 대학 정년트랙 교원이나 박사후연구원이 아닌 다른 직업은 전국 단위의 다른 지역으로 이동하는 것이 동반되지 않는다. 남성 박사학위자는 이런 문제를 덜 겪는데, 이들의 배우자는 고용되었을 확률도, 다른 지역으로 이동할 수 없는 커리어를 가졌을 확률도 낮다. 또 한편으로는, 대학의 정년트랙 교수직과 동반되는 다른 지역으로의 이동이 여성 (혹은 일부 남성) 박사학위자가 좋지 못한 연인 관계에서 벗어날 기회를 제공할 가능성도 있다.

왜 정년트랙 여성 교원은 다른 직종의 전일제 박사학위자보다 이혼율이 낮을까? 그 이유는 확실하지 않지만, 연구자 간 결혼 생활에서 가장 어렵다는 장거리 관계를 감안할 때 더욱 놀라운 결과다. 흔하지는 않지만, 연구자들 사이에서는 익숙한 풍경이고 고등교육연보 게시판의 흔한 주제이기도 하다.[22] 여기 전형적인 게시글이 있다. "주말부부로 지내고 있다. 생각보다 많이 힘들다. 어떤 면에서는 최악만 모아놓은 것 같다. 같이 살면서 얻을 수 있는 서로 간의 지지는 못 받으면서, 장거리 관계가 줄 수 있는 개인적 공간과 독립성도 없다. 결혼하면서부터 있던 작은 문제들도 사태를 더 심각하게 만든다. 주말부부로 매주 며칠만 서로를 볼 수 있다는 것은, 이미 있던 문제는 해결하기 매우 어렵게 만들고, 다른 모든 일도 어렵게 한다."[23] 우리는 이런 관계에 놓인 개인들이 커리어를 바꾸거나 이혼할 위기에 놓여 있다고 예상한다. 하지만, 이런 결별은 여성의 전문적인 커리어가 시작된 후가 아니라 시작되는 시기에 일어난다.*

베이비 블루스

이전 장에서는 여성 교수가 남성 교수보다 자녀가 적은 이유를 살펴봤다. 여성 대학원생 다수는 대학에서의 커리어와 부모됨을 함께할 수 없는 것으로 본다. 아이는 대학 실험실이나 사무실에 장시간 있는 것을 어렵게 하고, 임용 지원을 위해 학회에 다니는

---

* 여성 박사학위자들은 장거리 연애, 투바디 문제를 겪은 후에, 즉 이혼 혹은 이별을 겪은 후에 정년트랙 교수가 되는 비율이 높다고 해석할 수 있다.

것도 어렵게 한다. 물론 가장 중요한 것은, 대학 커리어가 출산에 도움이 되는 구조가 아니라는 점이다. 여성 교수 다수가 정년을 받은 후에 아이를 낳는 것이 고용에 안정적이라고 생각하지만, 그때가 되면 가임기가 지나버릴 위험이 있다(심지어 조교수 평균연령은 40대 초반이다).[24] 한 여성 사회과학자는 이와 함께 또 다른 우려도 표했다.

> 나는 정년을 받기 전에 아이를 갖는 것이 고민된다. 대학 캠퍼스로 출퇴근을 해야 하는데, 그렇게 되면 아이는 집 근처 보육 시설에 맡겨야 할까, 아니면 대학 근처 보육 시설에 맡겨야 할까? 나는 캠퍼스 근처에서 살 비용도 감당하지 못하는데, 보육비를 마련할 수 있을지도 걱정이다. 내가 미혼이고 아이가 없는 상태로 남아야만 학과에서 대학에 전념할 시간이 많은 사람으로 인정받을 테지만, 반대로 '가족과의 삶'을 꾸리고 함께 보낼 수 있다는 점은 무시되어서 학과에서 내게 더 많은 요구를 할까봐 걱정된다. 이런 조사를 진행해주어서 정말 감사하다. (…) 나는 (정년 심사 후에) 아이를 낳기로 결정했을 때, 나의 생체 시계가 "너무 늦었어!"라고 외치지는 않을지 그것도 걱정된다.

이 여성의 걱정은 여성 교원의 가임 패턴을 반영한다. 간단한 이야기인데, 정년트랙 여성 교원은 비슷한 남성 교원보다 아이를 가질 확률이 극히 낮다. 정년트랙 여성 교원은 비전임 교원직을 택한 여성보다도 자녀를 덜 뒀을 수도 있다. 이런 자녀 수 차이baby gap는 박사학위 소지자의 커리어 초기와 중반 이후 모두에서 관찰할 수 있다.

이공계 여성 교원의 정년 보장 기회에 출산과 육아가 악영향을 미칠 수 있다 해도 [그래프 4-1]에서 보듯, 캘리포니아대학교에서는 많은 여성 교원이 정년 보장 이전에 아이를 갖는다. 남성은 50대 이후에도 자녀를 보는 경우가 있는데, 이는 이혼 후에 두 번째 가족을 형성한다는 이유가 크다. 일반적으로, 캘리포니아대학교의 남성 교원은 여성 동료보다 자녀를 가질 가능성이 더 높다.

SDR 자료에도 비슷한 결과가 보인다.[25] 자녀 수 차이는 남성

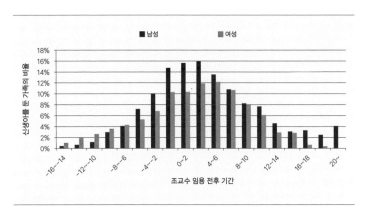

[그래프 4-1] 캘리포니아대학교 교원의 남녀 간 출산/육아 격차

출처: 캘리포니아대학교 Faculty Work and Family Survey, 2002-2003. Mary Ann Mason, Marc Goulden, "Marriage and the Baby Blues: Redefining Gender Equity in the Academy," Annals of the American Academy of Political and Social Science 596 (2004): 86-103, 그림 2. 세이지 출판사의 허가로 재출간.
주: N=3,322

과 여성이 대학원을 졸업했을 때부터 드러난다. 신임 정년트랙 여성 교원은 남성 교원에 비해 6세 미만 아이를 두었을 가능성이 61% 낮다. 이 차이는 정년트랙 여성 교원과 비전임 교원 여성 사이에서 더 크다. 전자는 후자보다 6세 미만 자녀를 둘 가능성이 65% 낮다. 정년트랙 여성 교원과 다른 전일제 직업을 가진 여성 박사학위자 사이의 자녀 수는 비슷하다. 이 두 그룹 모두 비전임 여성 교원이나 전반적인 남성 교원보다 어린 자녀를 둘 확률이 낮다.[26] 많은 여성 대학원생이 정년트랙 교수직 대신 가족친화적인 대안을 찾는다고 하지만, 현실적으로는 대학 밖의 전일제 직업을 선택하게 되고, 이런 직업은 대개 자녀를 키우기 어렵기는 마찬가지다(특히 시간 사용이 유연한 비전임 교원과 비교했을 때). 이렇게, 특히 어린아이를 키우면서 전일제 직장을 구하는 것은 어렵다. 3장에서 본 결과에 의하면 자녀를 둔 여성 박사학위자는 남성 박사학위자보다 정년트랙 교수직을 구하기 어렵고 대신 비전임 교직원을 택할 가능성이 높다. 그러므로 대학원 졸업 후 전일제 직장에서 일하는 여성이 자녀가 적은 것은 일리가 있다.* 반대로, 정년트랙 교수직을 시작한 남성 박사학위

---

* 이는 자녀가 있는 상태에서 직장을 다시 구하거나, 기존 직장을 계속 다니기 어려운 것과 연결해서 이해할 수 있다. 이러한 구조적인 문제가 육아기 여성의 경력단절과 이후 재취업의 어려움으로 나타난다. 특히 다자녀 여성의 경우, 경력단절 이후 재취업하더라도 전일제 직장을 찾기보다는 시간제 일자리, 유연제 일자리로 '하향취업' 하는 경향을 보이기도 한다. 출처: 신하영. (2018). 재취업 경력단절여성의 고용유지 현황과 정책지원 방안, 서울시여성가족재단 정책연구보고서.

자는 비전임 교원 남성보다 어린 자녀를 둘 가능성이 73% 높다. 생계부양자로서의 책임과 임금 때문에 남성 박사학위자는 전일제 비전임 교원직을 꺼린다. 마찬가지로 시간제 일자리를 구하거나 노동인구에서 이탈하는 것도 꺼린다.

그렇다면 정년트랙 여성 교원의 자녀 수 차이는 시간이 지나면서 줄어들게 될까? 직업인으로서의 생애주기를 볼 때, 우리는 자녀를 갖게 되는 시기의 성별 차이가 젊은 연구자들이 커리어를 시작할 때에만 한정되지 않는다는 것을 알게 되었다. 정년트랙 여성 교원은 남성 동료보다 6세 미만 아이가 있을 가능성이 35% 낮다. 이 자녀 수 차이는 정년트랙 여성 교원과 비전임 여성 교원을 비교할 때 더 크다. 전자가 어린 자녀를 둘 확률은 후자보다 61% 낮다.

정년트랙 여성 교원은 교수라서, 아니면 그저 전일제로 일하기 때문에 아이를 갖지 않는 것일까? 다르게 표현하면, 정년트랙 교수직이 출산을 (아니면 아이를 낳고자 하는 마음을) 피하게 하는 특별한 이유가 있을까? 위의 결과는 여성 박사학위자가 택한 어떠한 전일제 고용 형태도 자녀를 낳을 가능성을 급격하게 줄이는 것을 보여준다. 하지만 이 효과는 정년트랙 교원 사이에서만 두드러지게 나타난다. 정년트랙 여성 교원은 남성에 비해 아이를 낳을 가능성이 35% 낮다. 정년트랙이 아닌 전일제 일자리를 구한 여성 박사학위자는 같은 직업을 가진 남성보다 아이를 가질 확률이 24% 낮다. 전일제 고용이 전반적으로 자녀를 낳을 가능성을 줄이지만, 여성 교원에게는 교수라는 이유로 페널티가 추가로 부과된다. 정년을 보장받으려고 애쓰는 젊은 교원으로서, 여성 교원은 대학이 가정생활에 얼마나 적대적인 공간인지를 깨닫게 되기도 한다. 어떤 여성 교원은 정년을 보장받을 때까지 아이 낳기를 미루지만 정년을 받았을 때는 이미 늦어버리는 경우가 많다. 하지만, 이외에도 정년트랙 교수직을 추구하는 여성 중에는 아이를 낳을 생각을 한 번도 해보지 않은 경우도 있을 수 있다.

직업에 따른 자녀

지난 30년간, 많은 여성들이 법조계와 의료계에 진입했다. 아이를 키우는 데 있어 교수는 의사나 변호사에 비해 어떤 직업일까? 일반적으로 교수는 의사나 변호사보다 아이를 덜 낳고, 이는 남성과 여성 모두에게 해당된다. 2000년 미국 인구총조사 자료를 이용해서 교수의 가족 관계를 의사, 변호사의 그것과 비교해봤다.[27] 우리는 두 가지 이유로 의사와 변호사를 선택했다. 먼저, 이 두 직업 역시 전문직을 상징하고 특화된 전문 학위를 필요로 한다. 둘째, 교수, 의사, 변호사 모두 교육과 직업 문항을 통해 인구총조사 자료에서 구분할 수 있다.

우리가 봐온 것처럼 여성 교수는 아이 낳는 것을 미룬다. 이 분석 결과는 교수, 의사, 변호사의 가정에 신생아가 생기는 '출산 사건birth event' 확률을 대조함으로써 확인했다. [그래프 4-2]는 이 세 가지 직업군에 속한 이들의 연령에 따른 출산 사건의 추이를 보여준다. 비교 목적을 위해 이 그래프에는 평균적인 미국 여성의 출산 경향도 포함했다. 우리는 이 세 직종에 종사하는 여성이 평균 미국 여성의 가임 패턴과는 다른 점을 확인했고, 여기에 더해 여성 교수가 같은 연령대의 의사나 변호사보다 출산 사건이 적은 것도 관찰했다. 의사와 변호사는 30대 초반에 출산 사건이 가장 빈번하지만, 교수는 30대 중후반에 고점에 이른다. 이 시기는 대학원을 졸업하거나 정년을 받은 이후이다.[28]

이런 직업적인 차이는 어떻게 설명할 수 있을까? 여성 의사와 변호사의 경우에는, 상대적으로 부담이 덜한 세부 전공으로 훈련을 받게 되면 일반적인 대학 연구자들보다 일찍 전공 공부를 끝마치게 된다.[29] 여기에 의사와 변호사는 '승진하거나 떠나는up or

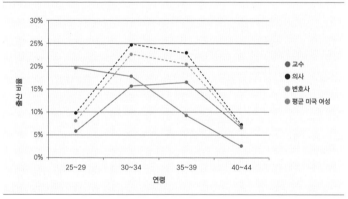

[그래프 4-2] 연령과 직종에 따른 여성의 출산 횟수

출처: 미국 인구총조사(United States Census) Public Use MicroSample, 2000. Nicholas H. Wolfinger, Marc Goulden, Mary Ann Mason, "Alone in the Ivory Tower," Journal of Family Issues 31 (2010): 1652-1670, 그림 1, 세이지 출판사의 허가로 재출간.
주: 성별, 연령, 그리고 직종에 따른 차이는 통계적으로 유의미하다. (p⟨0.001)
N=46,550.

~out~' 국면에 맞닥뜨리지 않는다는 점이 더 중요할지도 모른다. 유명 법률 사무소에 들어가려고 노력하는 것은 분명 대학에서 정년을 보장받는 것만큼 힘든 일이지만, 지원에 성공하지 못한다고 해서 일자리를 잃거나 다른 지역으로 옮길 필요는 없다. 하지만 정년 보장에 실패한 교수는 일자리를 잃고 다른 지역으로 옮기는 비극을 맞이해야 하고, 정년과 육아까지 고민하는 조교수의 머릿속은 더욱 복잡해진다. 또 의사와 변호사는 교수보다 임금이 높고, 이는 육아 비용을 대는 데 도움이 된다.[30] 여성 교수의 61%, 그리고 여성 변호사의 59%가 결혼하거나 배우자가 있고, 70%인 의사와는 대비된다. 그리고 결혼하거나 파트너를 둔 전문직 종사자는 가임률도 더 높다.[31] 이 또한 아이를 낳는 의사가 변호사나 교수보다 많은 이유다.

우리는 다변량 분석을 통해 교수, 의사, 변호사 간에 자녀 수 차이를 설명할 수 있는 원인을 찾았다. 나이, 인종, 근로시간만을 비교했을 때, 여성 교수는 여성 의사보다 출산할 가능성이 41% 낮았다. 이 차이의 50% 정도는 결혼 상태, 임금, 그리고 배우자 고용 여부로 설명되었다.* 만일 여성 교수, 변호사, 의사가 모두 비슷한 수준의 결혼, 이혼, 임금, 배우자 고용 상태에 있을 때는, 교수가 자녀를 둘 가능성이 의사에 비해 22%만 적었

---

* 다변량 분석은 변수들 간에 영향 관계, 즉 인과관계를 파악할 수 있는 통계적 분석 기법이다. 즉 같은 나이와 인종, 근로시간의 전문직이더라도 '교수인지 의사인지' 직종에 따라서 출산 가능성이 달라진다는 의미이다. 그리고 이러한 출산 가능성(예상되는 출산율)을 결정하는 데 있어서 결혼 상태, 임금, 배우자의 고용 여부가 미치는 영향이 절반 정도 된다고 볼 수 있다.

다. 남성의 경우는 조금 달랐다. 남성 교수는 남성 의사보다 자녀를 둘 비율이 21% 낮았지만, 이 차이는 거의 모두 결혼 상태, 임금, 그리고 배우자 고용에 의해 설명되었다.

인구총조사 자료 분석 결과로부터 추가적인 결론을 내리는 것은 어려웠다. 그래서 출산 사건의 차이가 이 책에서 언급한 대학교수직의 독특한 특징에서 비롯되는지는 확인할 수 없다. 하지만, 적어도 정년트랙 여성 교원과 의사, 변호사 등 다른 전문직에 종사하는 여성의 자녀 수 차이를 부분적으로는 설명할 수 있다고 본다. 대학교수직은 특유의 여러 직업 요건을 요구한다. '논문을 출간하거나 학계에서 사라지는'과 같은 학계의 정설은 양육과 함께할 수 없다. 의대생 동기들 사이의 베이비붐을 설명하는 캘리포니아대학교 신경정신과 레지던트는 이렇게 이야기했다. "나는 일해야 하는 시간 동안만 일하면 되지, 논문 출간까지 할 필요는 없다." 의사와 변호사는 또한 어린아이를 키우는 동안에는 시간제 고용 형태를 선택할 여지가 더 많다. 미국의사협회American Medical Association에서 1만 4366명의 의사를 대상으로 한 2011년 조사에서는, 여성 의사의 44%가 시간제 의사로 일했다.[32] 하지만, 또 다른 한편으로 가능한 설명은 교수가 대가족을 꾸리거나, 아이를 낳는 것에 애초에 관심이 적을 수도 있다는 점이다.

좌절된 가임 의도

SDR 자료에 따르면 정년을 받은 여성 교원의 45%가 자녀가 없다. 반면, 남성 동료의 26%만 자녀가 없다.[33] 교수는 일반적으로 의사나 변호사보다도 자녀 수가 적다. 이런 자녀 수의 차이는 어느 정도까지는 배우자 고용 등 여러 측정 가능한 요소 때문이지만, 그렇다고 해도 여성 교원의 자녀 수가 특히 더 적은 것도 사실이다. 이를 설명하려고 하기 전에 몇 가지 당연한 질문을 해야 한다. 혹시 여성 교원이 원해서 자녀가 적은 것일까? 자의로 아이를 낳지 않기로 결정하는 사람은 얼마나 될까?

캘리포니아대학교에서 진행한 설문조사 자료를 바탕으로 분석한 결과는 여러 가지다. 40~60세 사이 캘리포니아대학교 여성 교원의 3분의 1이 자녀가 없다. 자녀가 없는 여성 교원 중 3분의 1 이상이 아이를 낳았더라면 좋았을 것이라고 답변했다. 반대로, 같은 연령대의 무자녀 남성 교원 중 아이를 낳지 않은 것을 후회하는 경우는 22%에 불과했다. 이런 성별 차이는 아이를 더 많이 낳지 않은 것을 후회하는 부모 사이에서 더 크게 나타났다. 여성 교원의 64%가 아이를 1명만 낳은 것을 후회했고, 이는 남성의 42%와 비교되었다. 자녀가 2명인 여성의 32%가 더 낳기를 희망했고, 이는 남성의 13%와 비교되었다. 그리고 아이를 3명 이상 낳은 대가족 엄마의 24%가 아이를 더 낳았으면 좋았을 거라고 답했다(남성은 8%였다). 한 여성 교원은 "로스쿨을 마치고 커리어를 시작할 때까지 아이 낳기를 미뤄서, 아이를 낳기 시작했을 때는 이미 서른여섯이라 내가 원했던 아이 셋인 가족을 만들 시간이 없었다"고 밝혔다. 하지만, 여성과 남성 모두 커리어가 허락하는 한 더 많은 아이를 낳고 싶어 함은 분명했다. 이 결과는 미국에 있는 천문학, 물리학, 생물학 분야 상위 20개 박사학위 프로그램에 속한 학생을 대상으로 한 최근 연구 결과와도 일치한다.[34] 위 연구를 진행한 사회학자 일레인 하워드 에크런드Elaine Howard Ecklund와 앤 링컨Anne Lincoln은 교수, 박사후연구원, 그리고 대학원생 모두 아이를 더 낳고 싶어 한다는 것을 밝혔다. 우리 결과와 마찬가지로 아이를 더 많이 희망하는 여성의 경우가 남성보다 훨씬 많았다.

하루는 짧다

많은 학자들이 장시간 일하는 건 공공연한 비밀이다. 예전에는 대학 연구자가 주로 남성이었기 때문에, 장시간 근로 문제가 육아에 큰 장벽이 되진 않았다. 30년 전에는 정년을 받거나 정년트랙 교원 4명 중 1명에 못 미치는 비율이 여성으로 채워졌다.[35] 교수의 아내는 전통적으로 집에서 육아를 담당했고, 그렇기 때문에 교수 남편은 일을 열심히 하면서도 아빠가 될 수 있었다. 오늘날에는 더 많은 여성이 교수가 되고 있고, 이들은 남성 동료에 비해 맞벌이인 경우가 훨씬 많다.[36] 이는 여성 연구자 대부분이 육아를 남편에게 맡길 수 없음을 의미한다.

경제학자이자 노벨상 수상자인 게리 베커Gary Becker는 전문적인 일과 가정의 의무를 수행하기 위해 자원을 나눠야 하는 직접적인 갈등 관계를 상정한다.[37] 간단히 말해, 여성은 가정의 의무에 육아가 포함되었을 때 커리어에 헌신할 시간이 줄어든다. 여성이 남성보다 가사를 훨씬 많이 부담하는 것은 잘 알려져 있다.[38] 맞벌이 부부가 기본이 된 세상에서, 일-가정 양립 문제는 현대의 직장인 사이에서 흔하며, 이 문제가 대학의 연구자에게도 확장되는 것을 여러 연구에서 입증했다.*[39] 이는 연구중심대학에 고용된 연구자들의 장시간 근무가 흔한 것이 알려져 있기 때문에 꽤나 내리기 쉬운 결론이다. 캘리포니아대학교에서, 교원의 3분의 2가 일주일에 50시간 이상을 일에 투자한다.[40]

결혼 자체는 정년트랙에 진입한 여성 교원의 커리어에 어려움이 되지 않는다. 결혼한 여성 교원은 미혼 동료보다 논문 출간도 많이 하고, 결혼한 이공계 여성 학자의 정년 보장 비율이 더 높

* 최근 한국의 가사노동 시간을 보면 여전히 많은 부부가 전통적 방식을 고수하고 있다는 사실을 확인할 수 있다. 맞벌이 가정도 예외는 아니었는데, 2019년 맞벌이 가구의 하루 평균 가사노동 시간은 남자는 54분, 여자는 187분으로 나타났다. 외벌이(남편 생계부양자) 가구의 여자 가사노동 시간은 341분으로 맞벌이 가구 여자보다 154분, 외벌이(아내 생계부양자) 가구 여자보다 185분 더 많게 나타났다. 이렇듯 한국 여성들은 남성들에 비해 압도적으로 많은 시간을 식사 준비와 청소, 빨래 등에 사용하고 있다. 한국 여성과 남성의 가사노동 시간 차이는 2019년 기준 일평균 161분으로 100분 내외의 서구 국가들에 비해 큰 편이다. 일반적으로 남녀 간 가사노동 시간 차이가 크면 여성의 결혼 만족도를 떨어뜨리고 일과 가족의 양립을 어렵게 만든다. 가사노동 부담이 큰 여성들은 아이를 더 낳는 데 소극적이며 이혼을 더 자주 고려하게 된다. 여성과 남성의 가사노동 시간 차이가 큰 것이 여성들의 경제활동 참가율과 출산율을 낮추는 원인 중의 하나일 수 있다. 출처: "기혼자의 성별 일평균 가사노동 시간", "혼인상태별 및 맞벌이상태별 가사노동 시간". 통계청 〈생활시간조사〉 2014~2019년 각 연도 자료 및 해설.

다. 하지만 아이와 함께하게 되면 이야기가 달라진다.[41] 캘리포니아대학교의 아이가 있는 여성 교원은 일하는 데 시간을 덜 쏟는다. 이 시간은 남성 교원보다 적고, 미혼 여성 교원이 투자하는 것보다 적은 시간이다. 캘리포니아대학교 설문조사에 따르면, 190쪽의 [그래프 4-3]에서 보는 것처럼 자녀를 둔 여성 교수는 평균적으로 일주일에 53시간 일한다. 아이가 없는 여성 교수는 일주일에 59시간 일한다. 아이가 있는 남성 교수는 56시간, 아이가 없는 남성 교수는 58시간 일했다.[42] 아이는 교수 아빠보다는 교수 엄마의 학문 생산성에 더 많이 영향을 미쳤는데, 다른 연구자보다 교수 엄마가 주당 업무에 들이는 시간이 줄어들었기 때문이다.[43] 이렇게 어린 자녀를 둔 여성이 아이가 없는 동료 교수보다 연구와 논문 출간에 적은 시간을 들인다는 사실은 다른 연구자들 사이에서도 밝혀진 내용이다.[44] 우리가 이야기했듯이, 캘리포니아대학교의 교수 엄마는 가정에서의 의무도 많기 때문에 커리어에 시간을 덜 할애하게 된다. 만일 일의 정의에 무급 가사노동을 포함하는 경우, 교수 엄마는 일주일에 94시간을 일했고, 이는 남성 교수나 아이가 없는 여성 교수보다 훨씬 많은 시간이었다. 전체 노동시간을 볼 때, 아이가 없는 여성 교수는 교수 엄마나 아이가 없는 남성보다 교수 아빠와 더 비슷했다. 부모가 되는 것은 이미 바쁜 여성 교수에게 더 큰 부담을 지운다. 어린아이를 키우는 어려움뿐 아니라 휴식을 취하는 것도 어려운 상황에서, 많은 교수 엄마들이 아이를 덜 낳거나 아이를 아예 갖지 않기로 결정한다.

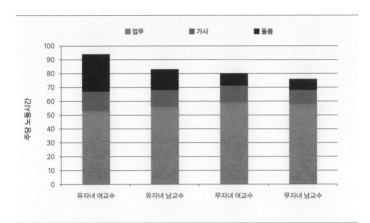

[그래프 4-3] 교수의 성별과 자녀 유무에 따른 업무와 가사노동 강도

출처: 캘리포니아대학교 교원 일-가정 설문조사, 2002-2003. Mary Ann Mason and Marc Goulden, "Marriage and Baby Blues: Redefining Gender Equity in the Academy," Annals of the American Academy of Political and Social Science 596 (2004): 86-103, 그림 4, 세이지 출판사의 허가 후 재출간.
주: N=4,239

부모에게 "상당히 높은" 강도의 스트레스 요인	여성 (%)	남성 (%)
거주지에서 멀리 떨어진 야외 현장 실습이나 연구	48	27
논문 저술과 출간	48	29
학회 출장 및 학회 논문 발표	46	22
세미나 및 위원회 미팅 참석	27	12
강의 부담	22	13

[표 4-1] 캘리포니아대학교 부모 교원이 업무에서 느끼는 스트레스 강도

N=457-1,779
출처: 캘리포니아대학교 Faculty Work and Family Survey, 2002-2003.

아이가 있는 교원의 경우는 가정의 의무가 대학에서의 전문적인 활동을 방해하고, 남성 교수보다는 여성 교수가 더 많이 방해를 받는다고 보고했다. [표 4-1]에서 보는 것처럼, 캘리포니아대학교의 교수 엄마들은 남성 동료보다 다음의 활동을 수행하면서 육아 때문에 강도 높은 스트레스를 경험했다고 보고하는 비율이 높았다. 거주지에서 멀리 떨어진 야외 현장 실습이나 연구, 논문 저술 및 출간, 학회 참석, 캠퍼스 내 미팅이나 세미나 참석, 강의, 이 다섯 가지 전문 활동이 해당되었다. 이렇게 스트레스를 받는 경험은 여성 교수들이 아이 낳는 것을 꺼리게 만든다. 뿐만 아니라 미혼인 교수가 가족을 만들려는 뜻을 꺾기도 한다. 캘리포니아대학교의 한 과학자는 이런 말을 남겼다. "나는 (특히 이공계) 대학 분위기와 가족이 공존할 수 없는 관계라는 느낌을 받는다. 할 수는 있지만, 많은 이들에게 가능하지는 않은 것 같다."

대학의 특별함?

모든 전일제 고용 형태는 아이 낳을 가능성을 낮춘다. 우리의 결과는 정년트랙 여성 교원이 다른 분야에 고용된 여성 박사학위 소지자보다도 아이를 낳을 가능성이 낮다는 것을 보여줬다. 다음으로는 엄마가 되고자 하는 이들에게 대학이 절망적인 이유를 다룬다.

대중들에게, 대학은 매우 가족친화적인 일터로 보일지도 모른다. 강의하는 것 외에, 교수는 특정 시간에 지정된 장소에 있어야 할 필요가 거의 없고, 그래서 아이를 키우기에 적합해 보인다. 실험실 과학자를 제외한 많은 연구자들이 연구를 집이나 다른 곳에서 하는 방식으로 일-가정의 균형을 맞출 수 있다. 많은 연구자들이 아이를 일터에 데려오기도 한다. 그런데 무엇이 문제일까?

가장 근본적인 문제는 경쟁이다. 좋은 일자리, 연구비, 저명한 학술지에 논문을 발표하는 기회는 모두 유한하다. 그 결과, 교수 엄마는 이 제한된 자원과 기회를 얻기 위해 미혼이거나 아이가 없는 학자들과 경쟁해야 한다. 전업주부인 배우자를 둔 교수 아빠와도 경쟁해야 한다. 그 결과, 가장 오랜 시간 일하는 연구자가 연구비를 따고, 학술지에 논문을 발표하고, 궁극적으로 가장 좋은 기회를 얻게 된다. 어린 자녀는 시간과 관심을 요하기 때문에 교수 부모는 아이를 낳은 후 지금껏 해오던 연구의 강도와 속도를 유지하는 것이 불가능함을 깨닫는다. 정년을 보장받으면 최악의 압박 상태에서는 벗어날 수 있을지 모르지만, 이건 아이를 낳고 기르는 시간이 지난 후의 일이다. 이런 학계의 특성은 다른 근로 환경과 차이를 만들고, 여기에는 정년트랙이 아닌 다른 직업을 택한 박사학위자가 속한 환경과도 차이를 만든다. 캘리포니아대학교의 한 여성 신경학자는 이 문제에 대해 가족생활에 미치는 영향을 고려한 설득력 있는 답변을 내놓았다.

나는 대학의 근무 환경이 가족친화적이지 않은 이유가 모르는 것을 알아가는 연구의 근본적인 특성보다도 다른 연구자들과의 경쟁을 강조하는 데 있다고 본다. 과학은 특히나 너무 마초적이어서, 비서가 있고, 장기간 일을 함께할 연구원이 있고, 집안일을 모두 해줄 누군가를 집에 둔 이들이 성공한다. 그런 위치의 남성은 아이를 키우고 대학에서 성공하는 데 큰 어려움이 없는데, 이건 그들이 '보조 인력support staff'을 집과 일터에 많이 두고 있기 때문이다. 여성은 이 모두를 갖출 확률이 적고, 그래서 이들에게 과학 연구와 가정생활을 같이하는 건 더욱 어렵다.

이런 조건을 생각해볼 때, 학계가 가족보다 커리어를 선택한 여성을 선호하는 데에는 그럴 만한 이유가 있다.

많은 연구자들이 연구보다는 강의가 더 중요한 일자리에 고용되고, 이 여성 과학자가 말하는 것처럼 '만인의 만인에 대한 투쟁'으로 이야기되는 홉스적인 환경에 있지는 않다. 그럼에도 여전히 많은 연구자들이 자원을 향한 경쟁이 극심한 최고의 위치에 오르고 싶어 한다. 바로 연방정부 연구비의 가장 큰 몫을 받는 분야이자, 가장 인정받는 연구가 진행되는 분야다. 이런 분야는 가족의 의무를 가진 교수에게 우호적인 근무 환경일 가능성이 낮다.

제한된 자원을 향한 경쟁과 교수라는 직업 자체의 고됨이라는 두 가지 특성은 연구를 중점적으로 하는 교수가 유연한 고용 형태를 선택하는 것을 어렵게 한다. 의사와 변호사 같은 다른 전문직은 근무 시간을 줄일 수 있는 데 반해, 지난 장에서 본 것처럼 정년트랙 교원에게 근무 시간을 줄이는 것은 불가능하다. 하지만 시간제로 일하는 것보다 더 어려운 것은 휴직이다. 아이를 낳은 후 한두 학기를 쉴 수는 있지만 그다음에는 어떻게 될까? 대학의 커리어 구조는 휴직과 복귀를 어렵게 한다. 정년트랙 교수직은 찾기가 힘들고, 정년이 보장된 교수직의 안정성을 포기할 연구자는 드물다. 대학에서의 연구를 잠시 멈추고 다른 일자리를 찾는 것도 다른 지역으로의 이동을 동반할 것이다. 2장에서 제안한 것처럼, 이렇게 경제활동인구 안팎을 자유자재로 드나들 수 있는 연구자는 겸임직뿐이다. 나머지 이들에게, 대학의 커리어 체계는 육아를 위해 몇 년 쉬는 것을 거의 불가능하게 한다.* 이런 우려 때문에 여러 저자들이 미국 대학 채용 시장에 전반적으로 더 유연한 커리어 구조가 필요하다고 주장하게 되었다.[45]

매일 일어나는 아주 작은 상황들조차도 대학 연구와 육아가 양립할 수 없다는 인식을 만들어낸다. 어떤 경우에는 이런 장애물이 전혀 예상하지 못한 지점에서 드러나기도 한다. 그중 하나

---

* 국내 대학 역시 교원에게 출산휴가 및 육아휴직 제도가 충분히 보장되지 못하는 현실이다. 특히 육아휴직 수당 지급과 관련해서 사학연금에 가입한 사립대학 교원들은 육아휴직 수당 지급 대상에서 제외될 수밖에 없다. 사립대는 회사와 마찬가지로 자율적인 규정에 따라 육아휴직 수당을 줄 수는 있으나, 지급이 의무가 아니기 때문에 수당 지급 여부, 지급 금액은 온전히 대학의 결정 사항이다. 2017년 보도된 바에 따르면, 국내 일부 사립대는 육아휴직 수당은 무급으로 규정하고 있었으며, 육아휴직으로 수업 시수를 채우지 못한 경우 복직 이후 이를 채우도록 하는 등 상대적으로 제도의 사각지대에 놓여 있었다. 출처: "〔고개 숙인 사립대 교원〕 사립대 교원 '애써 아이 가졌는데 생활고 시달릴 판'". 파이낸셜뉴스 2017년 8월 30일 기사.

는 의외로 많은 교원들을 좌절하게 하는 주차다(터프츠대학교 전 총장 닐스 Y. 웨슬Nils Y. Wessel은 자신의 직업을 소개하며 학부생에게 성관계의 기회를, 동문에게는 미식축구를, 그리고 교원에게는 주차를 제공하는 역할을 한다고 한 적이 있다).[46] 많은 교원 부모들에게 문제는 단순하다. 이들이 혹시라도 낮에 아이를 병원에 데려가기 위해 차를 사용하고 나면, 돌아와서 주차할 공간을 찾는 것은 불가능하다는 것이다. 한 여성 사회과학자는 주차 부족 사태를 인근 보육 시설의 부족과 함께 복합적인 어려움으로 설명했다.

내가 하루 중 가장 중요하게 해야 할 일 1번은 신생아 육아다. 대학 캠퍼스 근처에 신생아를 받아주는 보육 시설은 헤일리 이스트Haley East 딱 한 군데다. 헤일리 이스트를 오가는 교통량은 너무 많아서 출근하는 데만 하루 2시간씩 걸린다. 게다가 점심 시간에 아이에게 수유를 하러 가기에는 거리가 너무 멀다. 사무실에서 유축을 하고 어린이집에 젖병을 맡겨야 한다. 딸아이를 직접 보고 수유할 수 있었으면 좋겠다. 그다음 문제 2번은 목록에 없다. 부모를 위한 주차 문제다. 자리를 하나 잡으면, 떠날 수 없다. 돌아왔을 때는 그 자리가 없어지기 때문이다. 1번 사항을 고려할 때, 상당히 귀찮은 일이다. 캠퍼스 밖 보육 시설에 아이를 맡겨야 하는데, 주차가 수월하지 않기 때문에 출퇴근이나 외출하고 돌아오는 시간을 원하는 대로 조정할 수 없게 된다. 내가 머물고 있는 건물에서는 8시 15분 전에 도착하지 못하거나, 하루 종일 있지 않으면 주차를 할 수 없다. 아이를 병원에 데려가야 한다면? 그날 컴퓨터를 찾으러 오거나, 학생들을 만나거나, 사무실에 돌아오는 건 불가능해진다!

한 물리학자도 비슷한 걱정을 이야기했다. 그가 속한 대학 캠퍼스의 주차 문제에는 정치적인 동기가 있다는 의심까지 하면서 말이다.

UC 샌타바버라 캠퍼스의 주차 공간 부족 사태를 고려할 때, 잠시 아이를 돌보거나, 장을 보거나, 병원에 가는 것은 불가능하다. 주차 정책을 결정할 권한은 가장 급진적인 좌파 교수가 아니라 중립적인 행정직에게 주어져야 한다. 교통정책에 대해 사회 공학적인 설계를 하려고 들지 말고, 교직원들이 일상적으로 필요한 것에 주목하길 바란다.

우리는 주차 문제가 여성 교원의 출산을 좌절시킨다고 주장하려는 것이 아니다. 다만 이런 사소한 문제가 교수 부모가 맞닥뜨리는 예상치 못한 문제가 될 수 있음을 지적하려는 것이다. 사실 우리도 이런 문제가 설문조사지에서 발견될 것이라고 예상하지 못했다.

대학은 독특한 일터다. 정년트랙 교원에게는 비교할 수 없는 자유를 제공하지만, 요구되는 바가 많고, 커리어 구조가 유연하지 않고, 다양한 전문적인 책임을 요구하며, 일터도 지리적으로 분리되어 있어 부모를 어렵게 한다. 교수 아빠들은 전업주부인 파트너나 적어도 시간제로 일하는 배우자와 함께 이 어려움을 해결해나갔다. 여성 교원 대부분은 이런 사치를 누리지 못한다. 그 결과, 많은 여성 교원이 자녀를 낳지 않는다. 부모가 된 여성 교원은 한계에 이른 자신을 종종 발견한다. 이것이 아마도 캘리포니아대학교의 한 여성 교수가 일과 가정의 균형을 맞추는 데 이런 가슴 아픈 조언을 한 이유인지도 모른다. "아무도 안 보는 곳에서만 울어라."

동료들의 압박

1장에서 제안한 것처럼, 예비 엄마들이 대학에서 마주치는 어려움은 대학원에서 이미 드러나고, 신임 교원에게는 더 명확해진다. 신임 박사학위자는 30대 초반이고, 그때부터 이미 출산은 순전히 생물학적인 이유로 문제가 되기 시작한다.[47] 나아가 조교수는 동료로부터 아이를 낳지 말라거나, 적어도 정년 이후까지 미루라는 조언을 듣는다. 캘리포니아대학교의 한 여성 사회과학자는 해당 학과에서 보이는 교수 엄마들을 향한 극단적인 반감을 설명했다.

연로한 동료들의 적대감을 마주하게 될 것이다. 둘째 딸을 낳기 위해 출산휴가를 신청했을 때, 학과장은 낙태를 권했다. 또 다른 학과장은 여성 조교수들에게 두 번째 책 출간과 출산 사이에서 선택을 해야 한다고 이야기했다. 학과 행사에 참석할 수 없으면, 아이들과 시간을 너무 많이 보내거나 그들을 '핑계' 삼는다고 비난받고 비웃음을 산다. 통근에 1시간이 넘게 걸리기 때문에, 저녁 모임에 종종 참석할 수 없다. 이에 대한 학과의 반응은 비판적이어서 "자리에 없었다"는 비난을 듣지만, 나는 사실 6급Step VI* 이상의 남성 교수들보다 훨씬 더 부지런히 활동하고 있다. 정년을 보장받아서 날 해고할 수는 없다. 하지만 동료들은 아이가 있는 대학원생을 희롱하고 여성 조교수들에게 아이를 낳지 말라고 압박한다. 그 결과, 아이가 있는 여성 동료가 드물고, 실제로 많은 수가 결혼도 하지 않았다. 초보 교원 부모에게 내가 해줄 수 있는 조언은, 이곳 말고 다른 대학에서 자리를 찾으라는 것이다.

또 다른 인문대 여성 교원은 캠퍼스 교원 생활에 육아가 방해가 되었던 여러 경험을 들려줬다.

자녀는 학과나 캠퍼스 내에서 교원의 입지나 신뢰를 깎아내린다. 학과에 있는 14명의 동료들 중에 유일하게 아이가 있는 사람이자, 한부모로서 동료들과 연구 커뮤니티로부터 소외되는

---

* 정교수(professor) 단계, 정년이 보장된 교수 단계에 해당한다. 출처: UCLA 교원 인사 안내 사이트. https://www.college.ucla.edu/aptoolkit/dossier-toolkit/regular-professor-series/merit-to-professor-step-vi/

상황을 겪었다. 5세가 안 되는 아이를 키우면서 한때 참여했던 연구 모임에 참여할 수 없었다. 승진 심사에서 동료들은 내 연구량이 줄어든 이유를 이해하지 못했다. 아무도 아이를 가져본 적이 없어서 부모가 되기로 선택하면 연구를 얼마나 희생해야 하는지 몰랐다.

남성 동료들에 비해 교수 엄마들은 고립된 경험을 많이 한다. 이는 교수 엄마들이 불편하거나 인정받지 못하는 환경을 만들고, 결국 출산을 더 꺼리게 만든다.

교수 엄마들보다 더 소외된 대학 구성원은 누구일까? 바로 한부모 여성 교수다. 이 여성은 자녀를 둔 정년트랙 교원의 20%를 차지한다. 결혼한 동료들과 똑같은 어려움에 직면하지만, 양육을 함께할 배우자가 없고, 보육비도 혼자 책임져야 한다.[48] 하지만 아이에 헌신하는 한부모 남성이 존경받을 때, 한부모 여성도 비슷한 평가를 받는 경우는 드물다. 여기에는 이중 잣대가 있다. 캘리포니아대학교의 한 여성 심리학자는 "한부모 남성이 (한부모 여성인) 당신보다 더 나은 대우를 받는 것을 볼 마음의 준비를 해라. 이들은 아이를 우선순위로 두는 것으로 존경받고, 이혼으로 한부모가 되는 전환기를 거치는 동안 강의 부담이 줄어든다. 하지만 이런 혜택을 받는 여성을 나는 본 적이 없다"고 밝혔다. 여기서 흥미로운 점을 발견했다. 교수 엄마에 대한 비판이 예상치 못한 곳에서 나올 수 있다는 점이다. 교수 엄마의 잠재적인 비판자는 남성이 아니다. 아이가 없는 미혼 동료들도 여러 이유로 똑같이 부정적이다. 하나는 질투다. 대학에서 커리어를 위해 자녀를 포기했다면, 새로운 세대의 여성 연구자라고 달라야 할 이유가 있을까? 자녀를 둔 여성 교원을 위한 지원은 이들의 희생이 부당한 것으로 여겨지게 하고, 이 때문에 자녀가 없는 여성 교원은 자신이 속았다는 생각에 분개할 수도 있다. 또 다른 여성 교원은 자녀 때문에 실적이나 활동이 상대적으로 적은 여성 동료로 인해 대학 내 모든 여성 교원의 신뢰도에 의문이 생길까 걱정할 수도 있다.*[49]

캘리포니아대학교 설문조사의 많은 여성 응답자들이 교수 엄마들에게 아이 키우는 노력을 최소화하라고 조언했다. 사회과학 계열의 한 여성 교수는 육아가 어떤 식으로든 일에 영향을 미친다는 인상을 주지 않는 것이 중요하다고 제안했다. "페미니스트인 것이 확실하지 않은 동료들 앞에서는 아이를 데리러 간다는 사실도 이야기하지 말라. 그냥 약속이 있다고 해라." 가장 일상적인 일조차도 동료에게 숨겨야 한다고 느낀다면, 젊은 교수 엄마들에게 대학은 당연히 어려운 곳이 된다. 또 다른 사회과학자 여성도 비슷한 압박을 언급했다. "나는 내가 일에 전념하는 것처럼 보

---

* 여성친화제도, 성불평등을 보정하는 제도에 오히려 여성들이 반대하는 경우가 이에 해당한다. 이들은 호혜적 조치(affirmative action)를 포함한 여성친화제도 등이 의도치 않게 여성의 능력을 평가절하하거나, 교수에 대한 존경심의 저하로까지 이어질 수 있다고 주장하기도 한다. 출처: Kimura, D. (1997). Affirmative action policies are demeaning to women in academia. *Canadian Psychology/Psychologie canadienne*, 38(4), 238.

이지 않을까 봐 '부탁'하기가 두려웠다. 지금은 상황이 나아졌기를 바란다. 내가 가족을 꾸렸을 때만 해도 동료들이 정년을 보장받은 엄마는커녕 정년을 보장받은 여성 동료와도 지내본 적이 없었다." 이는 교수 엄마들이 맞이하는 또 다른 어려움을 보여준다. 대학의 구성원들이 많은 경우 교수 엄마들과 함께 지내는 법을 모르는 것이다. 잠시 후에 보게 되겠지만, 위의 이유로 교수 부모의 삶을 지원하는 여러 프로그램 자체가 문제가 되기도 한다.

제도의 문제

우리는 대학 내 가족친화정책이 교수 부모의 생활이 가능하도록 도울 수 있고, 그럼으로써 미국 대학 내 여성 교수의 수를 늘릴 수 있다고 본다. 이 정책의 자세한 내용은 6장에서 다뤄질 것이다. 지금은 이런 정책을 이행하는 과정의 어려움을 나열하고, 여성 연구자들이 엄마됨을 상상하는 과정에서 생기는 문제를 논의한다.

2007년 우리가 캘리포니아대학교에 제공한 가이드라인에는 의외의 안내가 있었다. 바로 대학에서 제공하는 가족친화 프로그램에 대해 각 학과의 학과장들이 잘 알고 있어야 한다는 점이었다.[50] 왜일까? 교수들의 관리자인 학과장이 이런 프로그램에 관해 가장 잘 지도해줄 수 있기 때문이다. 만일 학과장이 이 프로그램이나 그 과정에 대해 잘 알지 못하면, 해당 학과의 교원들 또한 알지 못할 가능성이 높다. 캘리포니아대학교의 남성 역사학자는 관련해 이렇게 말했다. "일-가정 프로그램에 관한 한 가지 놀라운 점은 고용될 때부터 은퇴할 때까지 정확한 정보를 얻기 어렵다는 데 있다. 하나의 학과는 대부분 교수가 속한 가장 기본적인 단위체지만, 일반적으로 학과와 단과대학은 교수를 교육하기에는 인원이 부족하다. 그래서 많은 정보가 '구전'을 통한다." 그래서 이야기를 들을 수 있는 위치에 있거나, 더 오랫동안 교수였던 (보통 정년을 보장받은) 이들이 혜택을 더 많이 받는 경향이 있다. 이는 가족친화 프로그램을 가장 필요로 하는 대학 구성원인 대학원생, 박사후연구원, 그리고 조교수에게 불리하다.

이 책의 저자인 니컬러스 H. 울핑거는 몇 해 전 그가 속한 단과대학에서 비슷한 경험을 했다. 그는 가족친화정책이 궁금해서, 어떤 내용이 있는지 알아보려고 했다. 먼저 인사팀에게 물었으나 답변을 듣지 못했다. 다음으로 그는 복지팀benefits office 직원과 대화를 나눴지만, 복지팀에서도 대학의 가족친화정책에 대한 정보를 주지 못했다. 마지막으로 그는 여성지원센터에 연락했다. 그들도 교수 부모가 사용할 수 있는 정책에 대해 몰랐다. 이쯤에서 저자는 답을 얻었다. 그가 속한 대학에는 가족친화 프로그램에 대해 아는 사람이 아무도 없었다. 다행히도, 지난 몇 년간 상황이 점차 나아졌다.[*]

가족친화 프로그램에 대한 조언을 얻는 데는 동료가 유용한 자원이 될 수 있다. 하지만 실제로 프로그램을 이용해본 구성원이 있는 학과에서는 이 방식이 통하지만, 남성이 많은 학과나 아무도 사용해보지 않은 새로운 정책이 소개된 경우는 어려울 수 있다. 확실히 수학, 물리학과처럼 전통적으로 남성이 다수인 학과에서는 예비 엄마가 가족친화정책에 대해 알게 되는 데 어려움을 겪는다. 전문대학원의 한 여성 교원은 이렇게 말했다. "나는 초보 부모(첫아이가 생후 2주 차다)이고 이 모든 게 처음이다. 그런데 내가 속한 학교에서도 내가 아이를 낳은 첫 여성이라 (출산휴가, 정년 유예 등) 알려진 정책이 없다. 그 정보를 스스로 다 구해야 했다." 하지만 이러한 문제가 전통적으로 남성이 많은 학과에만 있는 것은 아니다. 미술사학을 전공하는 한 여성 교수는 "동료들 모두 자녀가 없는 학과도 힘든 것은 마찬가지다. 동료들 중에서 가족이 있는 이를 찾을 것을 꼭 권하고 싶다. 이들은 일적으로도 또 정서적으로도 중요한 자원이 된다"고 조언했다. 공학을 전공한 여성도 비슷한 이야기를 했다. "남성이 주로 있는 분야에 속한

* 최근 국내 대학에서도 교원인사규정 및 복무규정에 휴직 사유 중 출산 및 육아를 포함해 성문화하고 있다. 2021년 들어 상당수 사립대학이 해당 규정을 신설하거나 개정하였다. 구체적으로 '교원인사규정' 내 항목을 수정하거나 '교원 육아휴직에 관한 인사업무 처리지침'을 별도로 두는 식이다. 이들 대학은 교육공무원법에 준하여 육아휴직 제도를 정리하고 있다. 이에 따라 만 8세 이하 또는 초등학교 2학년 이하 자녀를 둔 전임 교원은 육아휴직을 사용할 수 있으며, 휴직 기간은 1년 이내로 하며, 해당 교원이 원하는 경우 자녀 각 1명에 대하여 3년 이내로 하되 분할하여 휴직할 수 있고, 3년의 범위 안에서 연장할 수 있다. 이때 승진에 대한 평가는 육아휴직 기간만큼 평가 기간을 연장한다. 출처: 숙명여자대학교. 〈교원 육아휴직에 관한 인사업무 처리지침〉(2021년 7월 8일 개정), 고려대학교. 〈교원인사규정〉 중 "육아휴직에 관한 특칙"(2020년 2월 21일 개정).

내가 학과 내에서 다른 이들과 육아에 관련된 각종 복지에 대해 쉽게 말을 꺼낼 수는 없다. 그래서 일과 가정의 균형을 잡는 것에 대한 내 생각을 드러내지 않으려는 압박에 시달린다."

학과장이나 동료 교수가 가족친화정책을 알고 있다 하더라도, 교수 부모가 그 정책을 쓰는 데 부담을 느낀다면 여전히 변화가 없을 수 있다. 캘리포니아대학교의 어떤 남성 교수들은 교수 부모를 위한 정책이 학과 내 다른 이들의 부담을 가중시킬 것이라고 걱정했다. 이런 우려는 교수 엄마들에게 직접적으로 전달되지는 않지만, 육아를 할 수 있는 전업주부 파트너를 둔 경우가 많은 교수 아빠에 비해 교수 엄마들이 표적이 되곤 한다. 한 남성은 교수들이 어떤 생활양식을 선택했다는 이유로 특별 대우를 받을 필요는 없다고 말했다.

아이를 가지려고 했지만 갖지 못했고, 그 이후로 이 사안에 대해서는 특별히 관심을 둔 적이 없다. 아이를 갖는 것은 생활양식의 선택이자 건강함을 바탕으로 생물학적/의학적인 결정을 내린 것이다. 나는 다른 이들이 얼마나 귀하든, 이들이 결정한 생활양식을 지나치게 보조하는 것을 별로 좋아하지 않는다. 우리 학과의 경우, 나는 가끔 아이를 가진 이들을 위하려고 학과가 오히려 뒤처진다는 느낌을 받는다. 아이가 없는 일부는 훨씬 더 많은 업무에 시달리고, 학생들을 상담하거나 주로 저녁에 이뤄지는 채용 면접 식사 등 추가적인 일들을 맡아야 한다. 우리는 이들 때문에 특정 시간에 회의를 강요받기도 한다. 가족친화 정책을 일반적으로 찬성하지만, 어떤 경우에는 방향이 너무 치우쳤다고 생각한다. 내가 이전에 가르쳤던 다른 대학에서는, 교수인 부모가 학과의 모든 것을 결정할 힘을 가지진 않았다. 시간제 근로도 걱정되는데 이 형태의 근로가 너무 오래가거나 너무 자주 사용되면 미혼이거나, 아이가 없거나, 혹은 아이가 다 큰 교수에게 강의와 연구 부담이 더 많이 가게 되고, 학회 참가나 학과를 활기차고 지적으로 돌아가게 하는 여러 일을 맡게 된다. 이건 어떻게 균형을 잡는가에 관한 문제일 것이다.

또 다른 남성 교수는 강의나 다른 위원회 책임을 피하려는 동료들이 아이를 핑계로 댄다고 이야기했다. "문제는 아이를 가진 동료가 강의도 덜하고, 위원회에도 덜 참석하는 사이 남은 이들이 그들이 쌓아놓은 일을 해결해야 한다는 것이다. 피할 방법이 없다. 모든 교원이 어린아이, 아픈 부모, 골치 아픈 배우자, 지나친 연구 부담, 잦은 출장, 연구비 모금 등, 강의를 덜하고 위원회 부담을 줄일 핑계를 갖고 있다. 결국, 가장 공정한 시스템은 가족 상황에 상관없이 동등한 일에 동등한 임금을 지급하는 것이다."

이런 사례는 가족친화 프로그램이, 실제 존재하는 불평등이 아니라 사람들이 있다고 생각하는 불평등, 어쩌면 그중에 실제로 존재할지도 모르는 불평등을 양산하는 역효과를 낳을 수 있음을 보여준다. 누가 그 부담을 질 것인가? 결론에서 제안하겠지만, 각 대학은 가족친화 프로그램에 적절한 지원금을 반드시 제공해야 한다. 엄마만이 아니라 해당 프로그램을 아빠도 쓸 수 있게 하고, 그래서 이 프로그램이 전체 대학 문화의 한 부분이 될 수 있게 해야 한다. 하지만 교수 부모 모두 가족친화 프로그램 사용을 주저한다. 교수 엄마들은 자신이 주어진 만큼의 일을 하지 못하는 것처럼 보일까 두려워한다. 보다 자주 접하는 사유는 해당 프로그램을 쓰는 교수가 나약하다고 여겨지고, 정년을 받을 자격이 없을 것으로 생각될지도 모른다는 편견이다. 캘리포니아대학교 전문대학원의 한 여성은 이 두려움에 대해 다음과 같은 조언을 했다. "정년 전에는 아이를 낳지 말라. 꼭 필요한 게 아니라면 정년 심사에 1년도 더 사용하지 말라. 왜냐하면 남성 교원은 이를 당신이 정년을 받기에 실력이 충분하지 않거나, 6년간 일한 사람이 아니라 1년을 더 해서 7년만큼 일한 사람으로 평가하려고 한다. 모든 학과에서 그렇지는 않겠지만, 적어도 내가 속한 학과에서는 그랬다." 다행히도 이는 모든 학과에서 일어나는 일은 아니고, 캘리포니아대학교의 많은 교수들이 가족친화정책을 성공적으로 이용했다고 보고했다. 한 이공계열 여성 교수는 "(주로 남성인) 교수들이 이미 있는 정책을 활용하지 말라고 이야기하는 말을 듣지 말라. 적어도 한 명의 교수가 내게 정년 심사 유예를 하지 말라고 했지만, 정년을 멈추거나 아이를 낳고 6주간 연차를 쓴 것 때문에 불이익을 받지는 않았다"고 말했다. 또 다른 여성 교수는 가족친화 프로그램의 필요성을 도리어 더 많이 강조했다. "내가 만일 어린아이 여러 명을 키우면서 정년 심사를 늦추거나 멈출 수 있는 옵션이 아예 없다는 것을 미리 알았다면, 이 자리를 수락하지 않았을 것이다. 내가 그만두지 않은 유일한 이유는, 정년 보장을 받을 수 있을 만큼 이미 연구가 진행되었기 때문이지만, 그 시간은 나의 결혼 생활과 아이들에게는 끔찍한 경험이었다. 나야 다시는 이 경험을 안 해도 되겠지만, 다섯 살도 안 되는 어린아이 둘을 키우는 것이 내 경력에 아무런 의미가 없다는 점에는 씁쓸함을 느낀다."

정년트랙 교원 생활과 육아 사이에서 균형을 잡는 것은 어렵다. 게다가 전일제로 일하는 배우자가 있다면 말할 것도 없다. 가족친화정책들은 정년 심사 실패와 성공적인 커리어의 차이를 만들 수 있고, 또 망가진 가족 관계와 행복한 가정생활의 차이를 만들 수도 있다. 우리는 이 정책이 교수들이 아이를 (더) 낳는 결정에도 영향을 미칠 것이라고 예상한다. UC 버클리의 사례가 있긴 하지만, 확실하지는 않다. 여러 대학이 지난 몇 년 사이에 가족친화 프로그램을 도입하기 시작했다. 하지만 모든 교원이 해당 프로그램을 알고 있는 것도 아니고, 프로그램이 오히려 예상하지 못한 악영향을 미치기도 한다.

결론

우리는 가족이 여성을 대학에서 떠나게 한다는 것을 일찌감치 보여주었다. 그리고 이 장에서는 대학이 여성을 가족으로부터

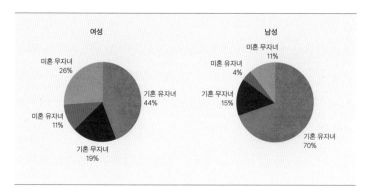

여성

미혼 무자녀
26%

미혼 유자녀
11%

기혼 무자녀
19%

기혼 유자녀
44%

남성

미혼 무자녀
11%

미혼 유자녀
4%

기혼 무자녀
15%

기혼 유자녀
70%

[그래프 4-4] 박사학위 취득 12년 후 정년트랙 교원의 가족 형태

출처: 박사학위 소지자 조사(Survey of Doctorate Recipients), 미국 국립과학재단(National Science Foundation), 1979-1995. Mary Ann Mason and Marc Goulden, "Marriage and Baby Blues: Redefining Gender Equity in the Academy," Annals of the American Academy of Political and Social Science 596 (2004): 86-103, 그림 1, 세이지 출판사의 허가로 재출간.
N=37,142

멀어지게 한다는 것을 제시했다. 정년트랙 여성 교수는 남성 동료나 비전임 교원 여성보다 결혼하거나 자녀를 둘 가능성이 낮았다. 박사학위 졸업 12년 후, 남성 교수진의 70%는 결혼하고 자녀가 있었지만, 여성 동료는 44%만 해당되었다.[51] 여성 교원은 남성 교원보다 한부모일 가능성도 더 높았다. 이 결과는 **[그래프 4-4]**에서 볼 수 있다.

여성 박사학위자는 남성 동료에 비해 커리어를 시작할 때 결혼하거나 아이를 가질 확률이 낮았고, 반대로 이혼할 확률은 더 높았다. 이 성별 간 차이는 상당 부분 일반적인 박사학위자 고용 형태의 결과였고, 대학에서의 커리어가 유일한 이유는 아니었다. 전일제 직업을 가진 모든 여성 박사학위자는 이혼율이 높고 혼인율이나 자녀가 있을 가능성은 남성 동료나 비전임 여성 교원보다 낮았다. 여성 교수는 전일제 비전임 교원 동료보다 커리어 시작 시에 이혼율이 더 높고, 혼인율은 더 낮았다. 그래서 자녀와 관련된 '교수 페널티'는 한참 뒤에 찾아왔다. 여성 교수는 다른 분야에 채용된 여성 박사학위자보다 아이를 가질 가능성도 낮았다.

경제활동인구에 편입된 여성 박사학위자가 남편이 없거나 자녀가 없거나 적은 것은 이상하지 않다. 이들 중 대부분의 여성이 대학원 시기에 가족을 선택할지 커리어를 선택할지 결정을 내렸을 것이다.[52] 교수가 되는 것에 결혼이 미치는 부정적 영향이 보다 놀라웠다. 우리는 대학에서의 커리어를 유지하는 데 필요한 대대적인 지역 간 이동이 이 커리어 경로의 어려움을 보여준다고 생각한다.* 대학에 남고자 하는 여성 박사학위자는 파트너와의

---

* 한국은 다른 지역에 위치한 대학으로의 이동이 미국처럼 시간대가 달라질 정도의 원거리 이동은 아니다. 그러나 전통적인 가사노동과 육아의 불균형을 고려할 때, 전국이 '1일 생활권'으로 불릴 정도로 지역 간 이동이 용이해졌음에도 많은 유자녀 직장 여성이 전근, 파견, 직장 사옥 이전의 경우에 경력을 포기하는 상황이다. 실제로, 한국 정부가 2007년부터 2019년 말까지 행정수도 이전과 함께 진행한 공공 기관 1차 이전 과정에서 자녀 양육 때문에 여성 직원들이 퇴사하거나 직무를 바꾸더라도 근무지 변경을 피하는 경우가 빈번했다. 출처: "소도시로 내몰리는 공기관 직원들… 신입 · 워킹맘 '퇴사 고민' 〔'2차 이전' 공공 기관 유치 전쟁〕". 파이낸셜뉴스 2021년 5월 19일 기사. 대학 교원의 경우, 절대적으로 남성에 비해 여성 전임 교원이 적기 때문에 실제 지역 이동의 어려움의 사례가 많이 보고되지 않고 있다. 하지만 공공 기관 이전의 상황을 통해 간접적으로 알 수 있듯이, 많은 여성 박사학위 소지자와 교원 임용 지원자들이 지역 간 이동을 꺼려 애초에 지원을 하지 않거나, 임용을 포기하는 경우가 많을 것이다.

결혼을 포기하거나, 아예 오래 지속되는 관계를 만들지 않으려 할지도 모른다. 반대로 정년트랙 교수직 제안이 성공적이지 못한 결혼이나 다른 문제적인 관계를 떠나게 할 추동력을 제공할 수도 있다.

여성 박사학위자가 전일제 정년트랙 교수직을 시작하면 상황이 바뀐다. 혼인율은 전일제로 일하는 모든 여성 박사학위자 사이에서 낮고, 여성 교수도 이와 다르지 않다. 커리어 관리 결과 결혼이 늦어질 수도 있고, 아예 없던 일이 될 수도 있고, 아니면 처음부터 남편이나 가족이 아니라 성공적인 커리어를 추구하겠다는 결정이 반영된 것인지도 모른다. 이 시기가 되면, 강의하지 않는 연구원직, 대학 외 직장에 취직한 박사급 여성, 의사, 변호사 등 다른 전문직보다 여성 교수가 아이를 가질 가능성이 훨씬 낮다. 그리고 어쩌면 이 시기는 여성 박사학위자가 대학이 엄마들에게 적대적인 공간이라는 것을 온전히 인식하는 시기일 수도 있다. 정년을 받고자 하는 여성 조교수는 어쩌면 너무 늦을 때까지 아이 낳기를 늦출지도 모른다.

마지막으로, 정년트랙 여성 교원은 다른 분야의 전일제 직업을 가진 여성 박사학위자보다 이혼율이 낮다. 그 이유에 대해서는 잘 알 수 없으나, 적어도 이 현상은 투바디 문제가 정년트랙 교수직을 시작한 여성의 이혼율을 증가시킨다는 인식에는 의문을 제기한다. 투바디 문제가 가장 두드러지는 것은 커리어 초기인데, 이때는 대학 외 직장에 취직한 여성 박사학위자보다 대학에 남은 이들의 이혼율이 더 높다. 그 이후에는 다른 전일제 여성 노동자들과 비슷한 이유, 즉 일-가정 양립 문제로 남성 교수보다 여성 교수의 이혼율이 높다.

캘리포니아대학교 교수진을 대상으로 한 설문조사는 이 결과에 대한 설명이 될지도 모른다. 캘리포니아대학교 조사 자료는 대학이 교수 엄마들에게 매우 적대적인 환경이라는 것을 보여준다. 낙태를 권한 학과장의 조언을 들은 여성 연구자를 떠올려보자. 다른 일하는 엄마들이 선택하는 것과는 달리, 정년트랙 교원직은 시간제로 일하거나 일자리에서 잠시 떠날 수 있는 기회를 제공하지 않는다. 이미 대부분의 미국 엄마들이 경험하고 있는 어려움에, 대학의 특수한 근무 환경이 교수 엄마들을 더욱 힘들게 한다. 교수 엄마들을 돕기 위해 만들어진 가족친화 프로그램조차 사용하기 위해서는 대가를 치러야 하는데, 어떤 경우 애초에 프로그램이 의도한 목표를 전혀 이루지 못하기도 한다.

이 상황에서 대학 내 여성이 치러야 할 희생이 얼마인지는 알기 어렵다. 확실한 것은, 여성 교수가 원하는 만큼 아이를 낳지 않는다는 점이다. 우리는 여기에 여러 연구 문헌에서 언급된 결혼의 사회적, 정서적, 경제적, 그리고 심지어는 생리학적인 이점을 미혼 연구자들이 놓치고 있다고 본다.[53] 혼자인 교수, 특히 혼자인 여성 교수는, 대학에서 살아남기 위해 대가를 필연적으로 치르게 된다. 먼저, 보통 대학에서의 커리어는 지역 간 이동을 필수로 요구하는데, 이런 이동은 홀로 지내는 사람들에게 특별히 힘든 일이 된다. 두 번째, 혼자인 교수는 학과에서 소외될 수 있다. 우리의 경험상, 학과 활동에 참여하는 것은 승진에 필요하다. 동시에, 혼자인 것은 더 많은 일을 부담해도 된다는 손쉬운 핑계가 되기도 한다. 예를 들면 학과장은 결혼하지 않은 교수에게 야간 강의나 채용 후보자를 대하는 저녁 식사 등을 더 편하게 요청할 것이다. 이런 요청은 결혼하거나 자녀를 둔 동료들에게 부탁하기 어려운 경우가 많다. 이 모든 것들은 결혼하지 않거나 자녀를 갖지 않은 연구자들이 떠안아야 할 부담을 보여준다.

대학이 가족친화적인 환경이 아니라는 점은 여성과 남성 모두에게 적용된다. 캘리포니아대학교의 남성 교수도 그들이 원하는 것보다 아이를 적게 낳는다는 것을 기억하자. 남성 교수 또한 의사나 변호사보다 자녀가 적다. 여성 교수보다 전업주부인 배우자를 둘 가능성은 높지만, 남성에게도 대학은 기대했던 만큼 가족친화적인 공간이 아니다.

하지만 여성 교수가 가족과 관련해 더 큰 희생을 치른다. 많은 여성 교수들이 상아탑 안에 홀로 있다. 이들은 결혼하거나 아이를 낳을 가능성이 남성 교수보다 적다. 많은 이들이 아이를 더 많이 낳지 않은 것을, 혹은 아예 낳지 않은 것을 후회한다. 홀로 지내는 것은 일과 사회적인 면에서 학과에 융화되는 것을 어렵게 만든다. 그 어느 때보다 여성 교수가 많아졌지만, 이들의 직업적 성취가 가족 측면에서 어떤 상실을 의미하는지 살피는 것이 중요하다. 뉴욕타임스의 칼럼니스트 게일 콜린스Gail Collins의 주장

처럼, 모든 것을 갖는 데 실패하는 것은 미국 현대 여성사를 이해하는 핵심이다.[54]

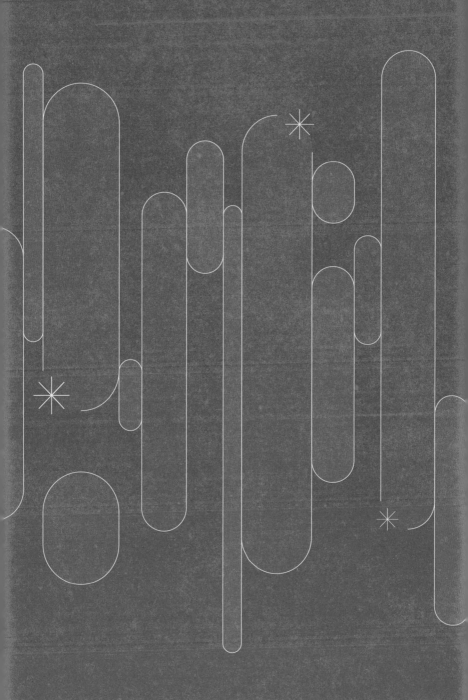

연구자의 인생에서 매우 의미 있는 순간 중 하나는 정년을 보장 받고 교수직을 유지하게 되는 때이다. 일단, 오랜 시간을 학생으로 보낸 끝에 정년트랙 교수로 채용되면서 갑자기 교수라는 호칭을 얻게 된다. 하지만 곧바로 정년 보장 심사라는 엄청난 난관을 맞닥뜨린다. 그렇게 정년을 보장받기 전인 조교수 기간을 마치고, 정년 심사를 통과하고 나면 연구자는 드디어 아마 전 세계에서 가장 고용이 안정적인 일자리를 얻게 된다. 이 자리에 오르기까지 쏟아야 하는 피, 땀, 눈물만큼, 그로부터 얻게 되는 특권은 상당하다. 정년 보장 이후 안정감이 찾아들지만, 여전히 장애물도 많다. 정교수가 되고 난 이후에도 계속해서 전문가로서의 역량을 갈고닦아야 한다. 그리고 대부분의 학교에서는 꾸준히 학문적 생산성을 보이는 것이 임금 인상의 조건이 되기도 한다.

이번 장에서는 정년 이전의 스트레스를 많이 받는 시기 이후, 안정적인 커리어 시기에 진입한 남녀 교수 사이에서 관찰되는 차이를 분석한다. 그중에서도 남녀가 교수 사회 내에서 승진하거나, 그에 따라 받는 임금이 성별의 영향을 받는지에 관심을 뒀다. 우리는 이미 앞의 장에서 젊은 박사학위자가 교수라는 전문직에 진입하고 정년을 받기까지 성별에 의한 여러 차이가 실재한다는 것을 입증했다. 그렇다면 이 차이는 중견 교수 시기까지 연장될까? 결혼과 자녀는 교수의 승진과 임금에 어떤 영향을 미칠까? 또한 대학 커리어의 마무리를 뜻하는 은퇴 결정에 가족에 관한 고민이 미치는 영향도 관찰한다.

선행 연구가 부족하기 때문에, 우리는 이 주제에 각별한 관심을 갖게 되었다. 지금까지 고등교육기관을 연구하는 연구자들 대부분은 대학 커리어 초반에 관심을 두었다(임금의 성별 차이 연구만은 예외였다).[*1] 이때는 교수직의 성별 차이가 가장 두드러지는 시기로, 여성 교수의 비율이 더 적기 때문이다. 하지만 지난 장에서 본 것처럼, 단순히 성비의 균형을 이루는 것만으로는 충분하지 않다. 정년을 받은 여성 교수가 얼마나 잘해나가는지, 그리고 대학 내에 얼마나 안정적으로 자리를 잡는지도 고려해야 한다.

---

* 국내 학계는 이보다도 더 연구가 미진하다. 고등교육 분야 연구는 대부분 대학 교원보다는 대학생의 교육 경험, 대학 재정 지원 정책, 대학 평가와 관련한 정부 정책과 그에 대한 대학의 대응 전략에 대한 연구가 주를 이룬다. 노동사회학과 노동경제학 분야에서 고등교육 분야의 인적자본, 노동 관련 문제를 다루기는 하나, 이 역시 대졸자의 직업 이동 경로, 즉 대졸자의 노동시장 진입에 초점을 맞추고 있다. 교원 및 시간강사의 처우와 경력 개발에 관한 연구는 부족한 현실이다.

정교수로의 승진

우리는 정년을 받은 부교수가 정교수로 승진하는 데에는 여성과 남성의 가족 문제가 미치는 영향이 적을 것이라고 예측했다. 많은 연구자가 정교수 승진을 앞둔 시기는 40대, 혹은 그 이후일 것이기 때문이다. 2006년 박사학위 소지자 조사SDR에 따르면, 연구자의 2% 정도만이 박사학위를 받고 10년 이내에 정교수가 된다.[2] 이는 여성의 경우, 정교수로의 승진이 가임기 이후에 가시화됨을 뜻한다. 많은 연구자가 승진에 도전할 때가 되면, 자녀가 있겠지만, 이 아이들은 학교에 다니거나 그보다 성장해서 영유아만큼의 돌봄이 필요하지 않게 될 것이다. 게다가 이 시기에 이르면, 결혼을 하려고 계획했던 연구자는 대부분 결혼을 한 상태일 것이다.[3] 정교수 승진을 노리는 연구자는 그리고 이미 오랫동안 맞벌이 생활을 해왔을 것이므로, 맞벌이 관련 문제에 대처하는 데도 많이 익숙해졌을 것이다. 연구자의 배우자 또한 안정적인 일자리를 잡은 후라 이동할 계획이 없을 것이다. 그러므로 가정생활이 여성의 커리어에 여전히 영향을 미칠 수는 있겠지만, 처음 교수직을 구하거나 정년을 보장받기 위해 노력하는 여성 연구자보다는 어려움이 적을 것이다. 캘리포니아대학교의 사회과학대학 여성 교수의 생각도 그랬다. "가정 내의 의무는 내 연구 진행을 느리게 했고 전반적인 커리어 진행도 늦췄다. 가정에서의 의무를 완전히 끝내지는 못했지만 정년을 보장받았고, 나는 여전히 생산적인 연구자다. 그리고 아이들이 더 크고 독립적으로 변하면서 (작은아이가 두 살이다) 육아의 파급 효과도 점차 줄어들 것이라고 기대한다. 아이들이 부모의 커리어, 특히 엄마의 커리어를 늦추지 않는 것은 비현실적이다. 아이 때문에 수상 경력도, 실적도 동료들보다 적고, 아이가 없었다면 외부 제안도 더 많이 받았을 것 같다. 하지만 적어도 커리어와 가족 중 하나만 선택해야 하는 극단적인 상황에까지 이르지는 않았다."

이공계열 정교수의 19%, 대학 전체에서는 24%가 여성이다.[4] SDR 자료에는 이 불균형이 드러난다. 응답자 간의 다양한 차이를 보정하면, 전체 학문 분야에 걸쳐 여성 조교수가 승진할 가능성이 남성 동료들보다 21% 낮다. 나이가 적든 많든, 결혼과 자녀는 남성과 여성의 승진 가능성에 다르게 작용하지 않는다.[5] 사실상, 결혼은 남녀의 정교수 승진 가능성을 오히려 23% 높인다.

승진 전망에 결혼이 미치는 이점은 쉽게 이해할 수 있다. 이전 장에서 논의된 것처럼, 결혼은 전반적으로 근로자의 생산성을 높인다. 결혼한 연구자는 미혼 동료보다 논문을 더 많이 낸다. 3장에서는 이공계열의 기혼 연구자가 정년을 보장받을 가능성이 더 높은 것도 보였다. 다른 지역으로 이동해야만 하는 신입 박사학위자가 결혼의 영향을 많이 받는 데 반해, 결혼은 중견 여성 연구자에게는 커리어의 장애물이 되지 않는다. 2장에서 본 것처럼, 대학 교원 임용에 도전하는 여성 연구자에게 배우자의 직업 역시 엄청난 장애물인데, 이 시기를 지난 여성 연구자의 커리어에는 큰 영향을 주지 않는다.

대학원, 박사후연구원, 임용 직전 등, 커리어 초기에는 여성이 전문가로 발돋움하는 데 큰 영향을 미치는 어린 자녀가 정교수 승진을 앞둔 여성에게는 아무런 차이를 만들지 않는 이유도 쉽게 이해할 수 있다. 커리어 중반 이후에는 영유아를 둔 여성 교수가 적다. 또 잊지 말아야 할 점은, 이 단계까지 이른 여성 교수는 이미 선택된 이들로, 가정과 일의 균형을 맞추는 해결법을 잘 찾아낸 이들이다. 물론 그것이 여성 교수가 부정적인 영향을 받지 않았다는 이야기는 아니다. 어떤 여성 교수는 (또 남성 교수도) 일부러 승진을 선택하지 않고 남은 시간을 가족과 보내는 데 투자할 수도 있다. 캘리포니아대학교의 인문학 여성 교수는 "나는 연구로 국제적인 명성을 얻는 것보다 가족과 행복하게 지내는 것이 더 중요하기 때문에 부교수로 남기로 했다"고 말했다. 하지만 일부러 이런 선택을 하는 연구자는 많지 않다.*

---

* 이러한 경향은 한국과는 조금 다르게 나타나는데, 한국의 경우 정년트랙 정교수로 임용되고 나면 사실상 정년이 보장된다. 2002년부터 신규 임용되는 모든 전임 교수(정년트랙, 비정년트랙 전임 교원)는 '계약제 전임 교원'의 형태를 띤다. 하지만 한국에서는 정년트랙(계열) 전임 교원의 경우 재임용 심사에 탈락하거나 정년보장 심사에서 탈락하는 경우가 극히 드물다. 단, 대학별로 다르지만 연구 실적이 하위 20~30%에 머물거나, 3회 연속 승진 탈락하는 경우면 승진을 누락시키는 등 정년 보장 심사 기준을 따로 둔다. 실제로, 2016년에는 재임용 조건을 일방적으로 정하고 조건 미달을 이유로 재임용을 거부한 수원대학교 해직 교수가 학교 법인을 상대로 낸 소청 심사 청구에서 승소한 바 있다. 출처: "'재임용 탈락' 수원대 해직교수 소청심사서 '승소'". 연합뉴스 2016년 8월 22일 기사.

만일 결혼과 자녀가 여성이 승진하지 못하는 이유가 될 수 없다면, 무엇이 이유가 될까? 최근까지도, 사회과학계열에서는 이에 대한 마땅한 답을 구하지 못했다.[6] 정교수 승진율의 성별 차이는 쉽게 측정 가능한 요소로 설명할 수 없다. 더 나은 설명을 찾을 수 없는 상황에서, 다수의 사회과학자는 성차별이 여성 교수가 승진하는 것을 방해한다고 결론 내렸다. 어쩌면 남성 교수는 여성 교수가 동료로는 괜찮지만, 교수 사회의 상위 계층에 두는 것은 싫은지도 모른다. 하지만 최근 연구 결과는 전문직 내에 성차별이 만연하다는 위 주장에 의문을 제기한다.[7]

사회학자 조야 미스라Joya Misra와 제니퍼 힉스 런퀴스트Jennifer Hickes Lundquist가 이끄는 팀의 2011년 연구 결과 보고는 여성이 왜 부교수급에 머무는지에 관한 설득력 있는 주장을 처음으로 제시한다. 바로 교수가 수행해야 하는 각종 업무가 불균등하게 분배되고 있다는 점이다.[8] 미스라와 런퀴스트에 따르면, 매사추세츠대학교 여성 부교수의 4분의 3이, 시간이 많이 소요되는 보직을 맡았는데, 남성 부교수는 절반 정도만 이러한 보직을 맡았다. 또한 여성 교수의 35%, 남성 교수의 17%가 학부 지도교수director of undergraduate studies*를 맡았다. 학부 지도교수직은 시간은 많이 들지만, 부교수의 승진에는 별 도움이 되지 않는 일이다. 마찬가지로 주목할 만한 점은, 여성 교수의 15%가 부교수로서 학과장을 맡았지만 남성 부교수가 학과장이 된 사례는 찾을 수 없었다(반면, 정교수의 경우 여성 교수의 거의 3배가 되는 수의 남성 교

* 학과장(the chair)과는 다른 개념으로, 학부생 교육
과정 관리와 시간강사 관리, 학생 관리를 맡는다.

수가 학과장을 맡았다).[9] 많은 교수들이 승진에 필수적인 연구를 해야 할 시기에 학과를 운영하는 행정 부담을 안고 있다는 것을 상상하기 어렵다. 전반적으로 볼 때, 여성 부교수는 강의와 다른 학교 서비스에 남성보다 더 많은 시간을 썼다. 남성 교수와 비교할 때, 여성 교수는 학생들에게 주당 평균 3시간을, 대학 행정 업무에 주당 5시간 가까이를 더 썼다. 결국 여성 교수는 매주 8시간 정도의 시간을 승진에 도움이 될 연구에 투자하지 못하게 된다. 실제로 여성 부교수는 일하는 시간의 4분의 1만을 연구에 투자한다. 반대로 남성 부교수는 일하는 시간의 37%를 연구에 투자한다. 이런 작은 불평등이 결국 큰 차이를 만들어낸다. 학부 지도교수직을 맡는 여성 교수는 평균적으로 박사학위를 받고 정교수가 되기까지 걸리는 시간보다 3년 정도 더 걸린다(여기에 3분의 1이 넘는 여성 부교수가 학부 지도 역할을 맡고 있다는 점도 기억하자).

미스라와 런퀴스트는 여성 부교수들이 자발적으로 부담스러운 행정 보직을 맡지 않았음을 분명히 한다. 연구에 참여한 많은 여성 부교수가 자신이 하는 일에 불만을 표했다. 하지만 어찌 됐든 이들은 그 일을 맡아서 하게 된다. 매사추세츠대학교의 한 부교수는 "학과에서는 조교수와 같은 젊은 교수는 대학 행정 업무로부터 보호하려고 하고, 정교수는 요청받았을 때 거절하기 쉬운 위치에 있고, 그래서 부교수가 불균형적으로 행정 업무를 동료들보다 더 많이 맡아서 하게 된다"고 말했다. 어쩌면 남성 부교수는 부담스러운 대학 행정 업무를 요청받았을 때 거절을 더 잘하는 편일 수도 있다. 아니면, 대학의 보직 분배 자체가 자기 충족적 예언을 반영하는지도 모른다. 대학의 고위직*들은 정년을 받은 여성 부교수가 어차피 승진하지 못할 것이라고 생각하기 때문에, 승진에 방해가 되는 보직을 그들에게 넘기는 것일 수도 있다. 반면 남성 부교수는 행정 업무 부담에서 벗어나서 정교수가 된다.

하지만 이 결과가 한 대학 기관에서의 자료만을 바탕으로 했다는 점을 기억하자. 매사추세츠대학교가 다른 대학과 특별히 다를지도 모른다. 그럼에도, 미스라와 런퀴스트의 연구는 왜 여성 연구자가 부교수 지위에 머무는지에 대해 지금까지 나온 주장 중 가장 설득력 있는 근거를 제공한다.

최종 승진: 대학 총장

대부분의 교수들에게는 정교수가 대학에서 가장 높은 지위를 뜻한다. 교수들 중 일부는 더 높은 곳에 오르는데, 바로 대학 고위직이다. 우리는 송수관 모델이라는 간단한 설명으로 대학 내 여성 고위직이 적을 것으로 예상한다. 여성 박사학위자는 남성 박사학위자보다 대학에 머물 확률이 낮고, 그래서 더 소수의 여성 교수가 정년을 받고, 그보다 더 적은 수의 이들이 정교수가 된다. 그리고 정교수는 고위직에 오르는 필수 조건이다. 그러나 대학 총장직의 여성 비율은 정교수 직급의 여성 비율에 비례한다. 이 결과는 미국교육위원회American Council on Education에서 2007년

---

* 한국에서는 대학 본부의 의사 결정에 참여하는 학장과 처장으로 이루어진 학처장단을 의미할 것이다.

발표한 〈미국 대학 총장The American College President〉 보고서에서 확인했다. 이 보고서에는 총 2,148개 대학 총장이 포함되었다(안타깝게도, 학과장 등 더 낮은 행정 보직에 관한 정보는 구할 수 없었다).[10]

최근 몇 년간 유명한 여성 총장이 여럿 탄생했다. 셜리 M. 틸먼과 드루 길핀 파우스트Drew Gilpin Faust는 각각 프린스턴대학교와 하버드대학교의 첫 여성 총장이었다. 주디스 로딘Judith Rodin은 펜실베이니아대학교 첫 여성 총장으로 수년간 활동했다. 그녀의 후임은 또 다른 여성 총장 에이미 거트먼Amy Guttman이었다. 또 다른 여성 연구자, 루스 시먼스Ruth Simmons는 10여 년간 브라운대학교를 이끌었다. 아이비리그에서만 독특하게 볼 수 있는 현상은 아니다. 2006년, 미국 대학 총장의 23%가 여성이었다. 이전에 비해 훨씬 많은 여성이 총장직을 수행하고 있다. 1986년에는 대학 총장의 10%만이 여성이었다. 〈미국 대학 총장〉 보고서에 의하면, 문제는 여성 총장 증가율이 점점 둔화되고 있다는 점이다. "1998년 처음 데이터를 모으기 시작한 이래, 새로운 여성 총장 비율이 늘어나지 않고 있다."*[11]

---

* 국내에서는 2019년 12월 충남대학교에서 국립대 중 최초로 이진숙 교수가 여성 총장으로 선출되었다. (임기: 2020.02.28.~2024.02.27.) 2019년 한국여성정책연구원이 발표한 바에 따르면, 38개 국립대 교수의 여성 비율은 14.7%이다. 또한, 국립대 중요한 의사 결정에 참여하는 주요 보직자(처장, 실장, 학장 및 대학원장) 비율은 9.8%에 그쳤다. 출처: "첫 여성총장 앞둔 국립대 유리천장 여전히 두껍다". 뉴스핌 2019년 12월 8일 기사. 박성정. (2019). 국립대학 양성평등 조치계획 및 추진실적 평가. 한국여성정책연구원 수탁과제.

〈미국 대학 총장〉 보고서는 대학 총장의 결혼과 자녀에 대한 우리의 연구 결과와 비슷한 자료를 제공한다. 여성 대학 총장의 63%가 결혼을 했는데, 이는 남성 대학 총장의 89%가 결혼한 것과 비교된다. 여성 총장의 24%는 이혼했거나 결혼을 한 적이 없었다. 남성 총장의 경우는 7%에 불과했다. 여성 총장의 68%에게 자녀가 있는 반면, 자녀가 있는 남성 총장은 91%였다. 마지막으로, 3배나 많은 여성 대학 총장(15%, 남성은 5%)이 "가족을 위해 커리어를 바꿨다"고 이야기했다.

2006년 대학 총장의 평균연령은 60세로, 1986년의 평균 52세보다 높아졌다. 이는 대부분의 대학 총장, 특히 여성 총장은 더 이상 아이를 낳지 않는다는 뜻이다. 또한, 결혼을 하지 않았다면, 이들이 갑자기 결혼을 할 가능성도 거의 없다.[12] 대학 총장직이 여성 총장의 결혼을 막거나 출산을 가로막는 역할을 하지 않는다고 가정한다면, 결국 이들이 대학 총장이 될 가능성을 높인 요소는 이들이 미혼이거나 자녀가 없기 때문이다. 대학 사회의 가장 높은 지위로 오르는 데에는 시간과 노력이 필요하다. 여성 교수가 커리어의 정점에 이르기 위해 전력을 다하려면 아이가 없거나 배우자에 따라 커리어가 제한되지 않는 것이 유리하다. 또한 이전 장에서의 결과도 염두에 두어야 한다. 대학 총장으로 선택되는 여성 교수 후보 집단에는 이미 결혼한 여성과 자녀가 있는 여성이 적은 비율로 포함되어 있다.

〈미국 대학 총장〉 보고서의 결과는 복잡하면서도 동시에 어느 정도 희망적이다. 이전보다 더 많은 여성 교수가 총장이 된다는 것은 좋은 소식이다. 하지만 대학 피라미드의 꼭대기에서도 여성 교수가 과거 결혼과 자녀에서 기인한 불평등의 영향을 여전히 받고 있다. 이 결과는 학계에 있는 여성들(여성 교수들, 여성 총장들을 포괄하는), 특히 가족이 있는 여성 교수를 위해 기울어진 운동장을 바로잡으려면 더 오랜 시간이 걸릴 것을 암시한다.

임금

미국에서는 남성과 여성의 임금격차가 성차별 연구의 기준이 된다. 2009년까지 전일제 여성 노동자는 남성 노동자가 1달러를 벌 때 77센트를 벌었고, 이 수치는 지난 몇 년간 크게 바뀌지 않았다.[13] 이렇게 불평등한 임금격차가 지속적으로 발생하는 궁극적인 원인을 찾지는 못했지만, 대부분은 이 격차를 직업, 산업, 경력의 차이로 본다.[14] 최근에는, 여러 논문에서 자녀를 갖는 것이 미치는 경제적인 결과를 강조하기도 한다. 자녀가 한 명씩 늘어날 때마다 기혼 유자녀 노동자가 임금상 불이익을 당한다는 연구 결과가 다수 있다.*[15]

　대학도 마찬가지로, 남성과 여성의 임금격차가 오랫동안 있어 왔다.[16] 왜 그럴까? 임금격차는 대부분의 여성이 속하는 (전공)분야에서 비롯된다. 연구중심대학의 경우, 여성이 대부분인 (예

---

* 한국의 임금격차는 2018년 기준 32.5%로 나타나며, 이는 한국 남성 임금의 중간값을 100이라고 두었을 때 여성의 임금이 67.5에 불과함을 의미한다. 출처: OECD Employment Outlook 2018(2021년 7월 조회 기준).

술이나 사회복지) 학과의 교수진은 남성이 대부분인 학과(예를 들어 공대나 치대)에 비해 임금을 적게 받는다.[17] 여기에 여성 교수는 학부대학baccalaureate이나 2년제 대학에 채용되었을 확률이 더 높다. 모두 대학원 대학graduate university보다 임금이 적은 곳이다. 2년제 지역사회대학에서는 남성 교수가 1달러를 벌 때 여성 교수는 96센트를 벌지만, 연구중심대학에서는 남성 교수가 1달러를 벌 때 여성 교수는 78센트만을 번다.[18] 이미 보았듯이, 남성 교수는 여성 교수보다 더 높은 지위까지 오를 가능성도 높다. 정년을 보장받은 교수는 조교수보다 임금이 높고, 정년트랙 교수진도 비전임 교원보다 임금이 높다. 이 작은 차이가 누적되어 결국 큰 차이를 만든다.*

결혼과 자녀는 임금에 어떤 영향을 미칠까? SDR 자료에서 이 문제의 답을 확인할 수 있다.[19] 우리는 미셸 버딕, 폴라 잉글

---

* 교수 간 지위에 따른 임금 차이는 한국이 더 심각하다. 2020년 기준 전국 181개 4년제 대학 중 68.5%에 달하는 124개 대학의 정교수 평균 연봉이 1억 원이 넘었고, 부교수 평균 연봉은 7762만 원, 조교수 평균 연봉은 5353만 원이었다. 전문대학의 경우, 정교수 대비 조교수의 연봉 차이가 두드러졌다. 2020년 기준 전국 124개 전문대학 중에는 정교수 평균 연봉이 1억 원을 넘는 곳이 40개였다. 반면 조교수 평균 연봉이 4000만 원대에 그치는 곳이 66개로 절반을 넘었다. 비전임 교원의 경우 평균 연봉이 더욱 심각한 수준이었는데, 비전임 교원 중 46%로 가장 많은 비중을 차지하는 시간강사는 평균 연봉이 916만 원이었다. 초빙 교원의 경우 평균 연봉이 2818만 원, 겸임 교원은 평균 연봉이 845만 원 수준에 그쳤다. 출처: "'연봉 동결' 속 의과대·연구중심대학 상위". 교수신문 2020년 12월 15일 기사. 국회 보건복지위원회 강병원 의원실 자료(더불어민주당).

랜드Paula England, 제인 왈드포겔Jane Waldfogel과 그 팀이 세운 연구 전략을 따라서 자녀 한 명에 의해 발생하는 임금 불이익을 계산했다.[20] 결과는 명료했다. 응답자들 간의 다양한 차이를 조정한 결과, 자녀 한 명은 여성 교수의 임금을 1%씩 줄였다. 자녀는 남성 교수의 임금에 어떤 영향도 미치지 않았다.

이는 교수직 지위나 대학 유형(예를 들어 2년제 전문대학 대 연구중심대학)에 비하면 여성 교수에게 경제적으로 큰 불이익이 되지는 않는다. 그럼에도, 자녀가 여성의 커리어에는 부정적인 영향을 미치는 데 반해, 남성에게는 부정적인 영향이 전혀 없는 또 다른 이유를 보여준다. 교수로서의 지위, 대학 유형 간 차이, 그리고 경력을 모두 비슷하게 맞추더라도, 자녀에 의해 여성 교수의 임금이 남성 교수보다 적을 것이다. 나아가, 임금에 미치는 불이익은 시간이 지나면서 점점 늘어난다. 여성은 남성 교수에 비해 낮은 임금으로 대학교수직을 시작한다.[21] 임금 상승률은 대개 교원의 현 임금에 대한 비율로 계산된다. 그러므로 자녀가 있는 경우에는, 임금이 시간이 지날수록 적은 비율로 누적 증가한다. 앞서 본 것처럼 여성 교수는 승진할 가능성도 낮고, 그렇기 때문에 승진으로 인한 임금 상승을 경험할 가능성도 낮다. 장기적으로 볼 때, 여성 교수의 임금은 남성 교수의 임금에 비해 많이 뒤처지게 될 것이다. 이 관점을 '고등교육연보' 게시글에서도 볼 수 있다.

캠퍼스에서 진행된 주요 성차별 조사에 참여하면서(임금 성평등에 관해 여러 업체와 정부의 자문으로 일했던 교수가 진행한 조사였다), 나는 여성 교수가 시간이 흐르면서 얼마나 많은 돈을 잃게 될지 생각해봤다. 15년 이상, 특히 비슷한 기간에 대학에서 일했고 비슷한 논문 실적을 가진 남성 교수와 비교했을 때 말이다. 나는 누적적으로 해마다 잃는 돈에 관해 이야기하고 있는 것이다. 더 적은 임금으로 임용되고, 더 천천히 승진하고, 능률에 따른 임금 증가merit raise도 적고, 같은 비율로 (해마다, 혹은 승진에 따라) 임금이 증가한다 해도 시작 임금이 적으니 증가분도 적을 수밖에 없다. 이런 경우, 해마다 2만 달러씩 추가로 번다 해도 지난 15년 혹은 그 이상 임용과 정교수로의 승진 사이에 잃어버린 금액을 돌려받는 데까지 한참 걸릴 것이다.[22]

이 게시글이 이야기하는 것처럼, 여성 교수는 남성 교수의 임금을 절대 따라잡을 수 없다.[23] 우리는 1985년에서 1995년 사이 SDR 자료를 바탕으로 당시 남녀 교수의 은퇴 시 평균임금을 계산해봤다.[24] 1995년 달러 가치 기준으로, 남성 교수의 은퇴 시 평균임금은 7만 9688달러였으나 여성 교수의 은퇴 시 평균임금은 6만 1847달러로, 약 22% 적었다.* 이런 차이는 앞서 예측한 것처럼, 평생에 걸쳐 임금을 적게 받고, 그로 인해 누적되는 임금 증가분도 적기 때문이다. 최근에도 이 상황은 나아지지 않았다.[25]

왜 여성 연구자만 자녀에 따른 대가를 치를까? 우리를 비롯해 여러 다른 연구자들이 제안한 것처럼, 자녀는 여성의 학문적 생산성을 떨어뜨린다.[26] 캘리포니아대학교의 한 사회과학자는 그녀의 양육 의무가 결과적으로 임금에 영향을 미칠까 걱정했다. "초보 부모로서, 나는 논문을 비롯해 남들에게 보여지는 학문 생산성을 유지하는 데 점점 불안함을 느끼고 있다. 엄마가 됨으로써 내 학문적 생산성이 줄어들었고, 그로 인한 연구 능력의 변화가 나의 임금과 정년 심사에 부정적인 영향을 미칠까 걱정된다." 자녀가 있다는 것은 업무로부터 떨어져 있는 시간이 종종 있어야 함을 의미할 때도 많다. 2장에서 보았던 것처럼, 정년트랙 교수직을 구하는 박사 엄마는 자녀를 키우기 위해 임용 도전을 잠시 미뤄두었을 수도 있다. 그리고 정년트랙 여성 교원도 출산을 위해서는 잠시 자리를 비워야 한다. 그렇게 되면, 아무리 잘해도, 임금을 높이는 조건을 맞출 수 있는 연구를 못 하게 된다. 논문을 더 많이 내는 연구자가 임금을 더 많이 받기 때문에 자녀를 둔 여성 교수는 임금을 많이 받기가 어려워진다(물론 이는 논

* 한국 환율 기준으로 2021년 10월 기준, 미국 남성 교수의 은퇴 시 평균임금은 9537만 원 상당, 여성 교수는 7397만 원 상당이다. 한국은 사실상 교수 임금의 호봉제가 존재하기 때문에 연차가 쌓인 퇴직 교원의 경우, 동일 학과 내 가장 높은 연봉을 받다가 퇴직한다. 2020년 기준 국내 정년트랙 정교수의 평균 연봉이 1억 138만 원인 점을 고려하면 미국 대학의 퇴직 교원 연봉을 훨씬 웃돈다. 다만, 한국은 교수 연봉의 성별 격차를 알 수 있는 전수조사 자료가 아직 없다.

문을 더 많이 내는 연구자가 임금이 더 높은 연구중심대학에서 일하기 때문에 나오는 결과일 수도 있다).[27] 여기에 경력단절 기간이 전반적으로 여성 노동자의 임금을 낮춘다는 연구 결과도 있다.[*28]

대학에서 임금을 급격하게 올리는 가장 흔한 방법은 승진이다. 하지만, 이는 조교수나 부교수보다 정교수 간의 임금 차이가 큰 이유를 설명해주지 못한다.[29] 결국, 정교수 단계에서 임금을 올리는 가장 좋은 방법은 다른 대학으로부터 이직 제안을 받는 것이다. 하지만, 이 책에서 앞서 언급한 것처럼, 육아 때문에 유자녀 여성 연구자는 대학 임용 면접이나 면접 기회를 만들 수 있는 학회에 참석하는 것이 어렵다. 배우자의 일자리도 여성 교수가 더 매력적인 기회를 좇는 것을 막을 수 있다. 이런 이유들로, 여성 교수는 남성 교수보다 다른 대학의 이직 제안을 적극적으로 잡으

* 국내에서도 경력단절로 인한 상대적으로 짧은, 여성의 근속 기간이 성별 임금격차를 확대시키고 있다는 연구 결과가 꾸준히 나오고 있다. 김주영(2009)의 연구에서는 고학력 여성의 고용 증가는 성별 임금격차를 어느 정도 줄이지만, 경력단절은 이 효과를 상쇄한다고 보고하고 있다. (출처 1) 2021년 대한민국 여성가족부는 '2020년 성별임금격차' 조사 결과를 통해 남성 1인당 평균임금은 7980만 원, 여성은 5110만 원으로 임금격차가 35.9%에 이른다고 밝혔다. 이 결과와 함께 여성가족부는 남녀 임금격차의 주된 요인으로 '근속 연수'를 꼽았는데, 여성의 경력단절은 곧 근속 연수의 차이를 가져오기 때문이다. (출처 2) 출처 1: 김주영. (2009). 성별 임금격차와 여성의 경력단절. 월간 노동리뷰, 2009년 7월호. 한국노동연구원. 35-51. 출처 2: "OECD 최악의 남녀 임금격차, 경력단절 대책 시급하다". 한겨레신문 2021년 9월 1일 사설.

려 할 가능성이 낮다.* 캘리포니아대학교의 자녀를 둔 기혼 여성 교수의 53%가 현 거주지 밖의 새로운 일자리를 찾는 것이 가족에 관한 고민 때문에 가로막혔다고 했다. 남성 교수는 24%만이 그렇다고 대답했다.[30] 캘리포니아대학교의 한 여성 연구자도 비슷한 경험을 했다. "나는 외부 제안을 현실적으로 받아들일 수 없었고, 이 점이 분명 임금에 영향을 미쳤다고 생각한다. 나는 7급 Step VII 교원이지만, 내 총임금은 외부 제안을 받아들인 이들보다 한참 적다." 게다가 만일 배우자와 자녀가 대학원 직후 여성 박사학위자가 대학 교원 임용에 도전하는 것을 어렵게 했다면, 생활이 안정된 후에는 그 도전을 더욱 어렵게 만들 것이다.

지난 여러 장에서 본 것처럼, 자녀가 있는 교수는 자녀가 없는 동료보다 육아에 더 많은 시간을 투자한다. 그리고 교수 엄마가 아빠보다 더 많은 시간을 육아에 쏟는다. 나아가, 교수 엄마는 50세 후반에도 육아에 많은 시간을 투자한다([그래프 5-1], 234쪽). 이는 여성 교수의 자녀-임금 페널티 논의에 두 가지 함의를 더한다. 하나는 커리어의 절정에 오른 정교수도 가족과 떨어져 연구를 하거나 더 높은 임금을 받을 수 있는 일자리 제안을 수락하기 어렵다는 점이다. 둘째는 자녀로 인한 경제적인 비용이 여성 교수

---

* 한국은 정년트랙 교수 임용 이후 이직률이 높지 않지만, 미국 대학의 교수 이직률은 그보다는 높다. 2009년 미국 국가교육통계(National Center for Education Statistics, NCES)의 자료에 따르면, 전체 연구중심대학 교원의 2~10%가 이직을 하고, 이직률은 여성이 남성보다 높았다. 출처: Rachel Ann Benz, NDSU FACULTY TURNOVER STUDY, A master dissertation of the North Dakota State University에서 재인용.

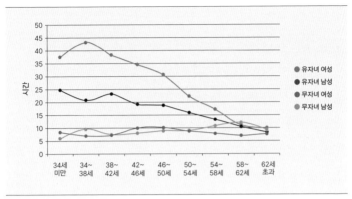

[그래프 5-1] 성별, 가족 구성, 연령에 따른 주당 평균 돌봄노동 시간

출처: 캘리포니아대학교 Faculty Work and Family Survey, 2002-2003; Mary Ann Mason, Marc Goulden, and Nicholas H. Wolfinger, "Babies Matter: Pushing the Gender Equity Revolution Forward," in The Balancing Act: Gendered Perspectives in Faculty Roles and Work Lives, ed. S. J. Bracken et al., 9-30 (Sterling, VA: Stylus, 2006), 그림 1.7.
N=4,060.

커리어의 후반까지도 영향을 미친다는 점이다.

결혼은 남성 교수와 여성 교수 모두에게 임금에 이득이 되지만, 그로 인한 보상이 동일하지는 않다. 결혼은 남성 교수의 임금을 3% 높이지만, 여성의 경우 1%만 높인다.[31] 왜 남성 교수는 결혼으로 인한 금전상의 이득을 여성보다 3배나 더 받을까? 가장 그럴듯한 이유는 '돈을 버는 것이 남성의 주요 의무이기' 때문이다.[32] 남성 교수의 56%가 전업 배우자를 둔 데 반해, 여성 교수의 89%는 맞벌이 부부다.[33] 많은 부부 사이에서 남성은 주요한 그리고 아마도 더 높은 연봉의 근로 소득자로 받아들여진다(물론 요즘 부부는 부양 책임을 더 많이 공유한다는 점을 인정해야 한다).[34] 그래서 부부는 책임을 나눈다. 남성은 전문적으로 성공하여 돈을 많이 버는 것을 최우선 목표로 삼고, 여성은 유급 노동을 하면서 동시에 요리, 청소, 사교 모임, 가족과의 연락(친척들과 연락하는 것) 등의 일을 맡으며, 경우에 따라 아이를 키우기 위해서 일을 줄이기도 한다.[35]

은퇴

은퇴만큼 대학 커리어에서 잘 알려지지 않은 부분은 없다. 많은 연구자들이 조기 은퇴 프로그램, 정년 퇴임 제도의 폐기, 개별 교수의 은퇴 의향, 은퇴한 교원의 특성, 연금 선호도, 단계적인 은퇴와 다른 보상 프로그램 등을 연구했지만, 은퇴에 영향을 미치는 개인적인 요소에 대해서는 잘 다루지 않았다.[36] 이런 무관심은 의외인데, 교수의 은퇴는 동료 교수와 대학 모두의 관심사이기 때문이다. 미국 교수의 평균연령은 50세이고, 이들 대부분은 은퇴를 고려하고 있다. 55세 이상 교수의 절반 가까이가 3년 안에 은퇴할 의향이 어느 정도 있다고 말한다.[37] 대학 행정직원들 또한 교수의 은퇴에 관심을 갖는다. 원로 교수는 임금이 높고, 이들이 은퇴해 조교수나 겸임교수로 대체되면 대학 입장에서는 지출을 덜 수 있기 때문이다.[38] 마지막으로, 정년 제도로 인해 교수의 은퇴는 다른 직업과는 다른 경향을 띤다는 점도 짚어야 한다. 한 교수는 뉴욕타임스 게시판에 이런 글을 남겼다. "교수직의 매력 중 하나는 언제 은퇴할지를 본인이 정할 수 있다는 점이다. 이 점과 정년 보장 제도 때문에 나는 다른 부분을 희생하고 이 직업을 선택했다. 나는 '집에 가져갈 임금'을 직업 독립성 및 고용 안정성과 맞바꾸었다. 이 두 가지를 교수들에게서 빼앗아 간다면, 그 단점을 상쇄할 수 있을 만큼 '임금'이 올라야 한다."[39] 이 게시글에 언급된 것처럼, 정년이 보장된 교수는 절대로 일자리에서 쫓겨나지 않기 때문에 교수의 은퇴는 매우 독특하다.*

실제로 대부분의 교수는 일찍 은퇴하지 않는다. SDR 자료는 박사학위 소지자를 76세까지 추적하기 때문에 교수의 은퇴를 연구할 수 있는 훌륭한 자료가 된다. [그래프 5-2]에서 제안하는 것처럼, 연구 자료가 시작되는 시점인 55세에서는 어떤 응답자도 몇 년 이내에 그만두지 않는다.[40] 65세에 이르러서도, 응답자의 28%만이 은퇴한다. 은퇴율은 점차 증가하지만, 70대 초반까지는 그 비율이 빠르게 늘지 않고 천천히 증가한다.

2004년 국립 고등교육 교원 연구National Study of Postsecondary Faculty에 따르면, 교수의 89%가 자신의 직업에 만족감을 느낀다고 보고했다.[41] 이 수치는 성별이나 지위에 따라 크게 바뀌지 않았으며, 아마도 많은 교수가 다른 미국인들에 비해 늦게 은퇴하는 이유를 설명해준다.[42] 한 교수는 "어디서 일하는가에 따라 다를 수도 있지만, 대학에서 일하는 것은 장점이 많다. 동료들과의 일상적인 대화, 탕비실에서의 가벼운 농담, 어딘가에 소속되어 있다는 느낌, 그리고 규칙적인 일이 주는 활기 등을 은퇴하면 잃게

* 미국의 정년 보장과 한국의 정년 보장은 함의가 다르다. 한국의 경우 교수의 정년은 만 65세로 정해져 있고, 이후에는 명예교수 혹은 석좌교수의 자리를 받고 현직에서 물러난다. 하지만 미국과 유럽에서는 종신계약(contract for life) 개념에 가깝기 때문에, 건강이 허락하는 한 교수로 계속 재직할 수 있다.

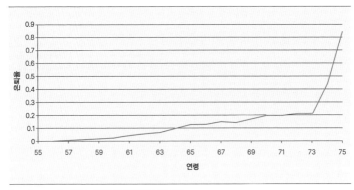

[그래프 5-2] 대학 교원의 연령에 따른 은퇴율

자료 출처: 박사학위 소지자 조사(Survey of Doctorate Recipients), 미국 국립과학재단(National Science Foundation), 1981-1995.
N=9,426

된다. 결국 은퇴 후 '썩을' 가능성이 있는데, 간섭이 아예 없는 완벽한 자유 시간으로 오히려 삶의 동기를 잃을 수 있기 때문이다. 나는 은퇴한 적이 없고, 그 근처에도 가지 않았지만, 내 연구 생산성이 가장 떨어지고 커리어상 가장 불행했던 시기는 시간을 무제한으로 쓸 수 있을 때였다"라고 말했다.[43] 이는 많은 연구자가 정년을 받고도 한참 뒤인 50, 60대에도 오랜 시간 일하는 현상을 설명할 수 있다. 238쪽의 [그래프 5-3]은 이공계열(사회과학 포함) 정년트랙 교원의 주당 근로시간을 그린 것이다. 박사학위 취득 후 50대 후반까지, 이공계열 교수진은 매주 50시간 정도 일한다. 이들은 70대에 이르러서야 평균 근로시간이 40시간으로 줄어든다. 이런 장시간 근로는 많은 연구자가 전문직 생활의 후반에도 은퇴에 대해서는 부정적인 감정을 갖고 있을 것이라고 생각하게 만드는 근거가 된다. 실제로, 뉴욕타임스 온라인 게시글에서 한 교수가 밝힌 것처럼, 어떤 이들은 은퇴를 필사적으로 반대한다. "우리는 모두 더 오래 건강하게 살게 되었으므로, 단순히 '은퇴 연령'에 이르렀다는 이유로 일터를 떠나고 싶지는 않다. 우리는 그저 강의를 계속하는 고물이 아니라, 쫓겨나기도 싫고, 여전히 생산적인 연구자다. 나는 올해 예순이 되었고, (정년을 못 받았지만) 여전히 강의를 하고 있다. 나는 내가 죽거나 불도저가 들어오거나 퇴거 명령서를 법정에서 가져오지 않는 한, 나를 이 자리에서 움직일 수 없을 것이라고 분명하게 이야기할 수 있다."[44]

그렇다면 어떤 요소가 연구자의 은퇴를 앞당기거나 미루게 하고, 여기서 성별은 어떤 역할을 할까? 지난 장에서 우리는 눈에

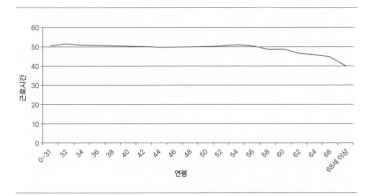

[그래프 5-3] 연령에 따른 이공계열, 사회과학계열 정년트랙 교원의 평균 주당 근로시간

자료 출처: 박사학위 소지자 조사(Survey of Doctorate Recipients), 미국 국립과학재단(National Science Foundation), 2003; Marc Goulden, Mary Ann Mason, Karie Frasch, and the Center for American Progress, "Staying Competitive: Patching America's Leaky Pipeline in the Sciences," Berkeley Center on Health, Economic, and Family Security, university of California, Berkeley, 2009, 그림 II.
N=9,275.

띄는 성별 간 차이를 보았으므로, 은퇴도 비슷할 것이라고 생각할 수 있다. 여성 교수는 남성 동료보다 아이를 적게 낳고, 반대로 피부양자를 둔 연구자는 일찍 은퇴할 가능성이 낮다.[45] 남성 교수들에 비해, 여성 교수들은 2군의 교수직에 머물러 있는 확률이 높고, 업무의 우선순위를 (연구보다는) 강의에 두고 있기 때문에 이들은 연구중심대학에서 (남성) 동료들보다 더 빨리 은퇴 압박을 받을 가능성이 있다.[46] 여기에 더해, 성별 차이에 의한 임금 차이도 은퇴 시점에 영향을 미칠 수 있는데, 임금이 적은 연구자가 은퇴 계획을 미리 세워둘 가능성이 더 높기 때문이다.[47] 마지막으로, 일-가정 문제가 대학 커리어 초중반에 영향을 미쳤던 것처럼, 후반에도 중요한 영향을 미칠 수 있다. 특히 사회학자 제임스 레이모James Raymo와 메건 스위니Megan Sweeney는 일-가정 갈등이 심하다고 생각하는 50대 노동자는 일찍 은퇴하는 것을 더 많이 선호한다고 했다.[48] 이 모든 예측은 여성 교수가 남성 교수보다 일찍 은퇴하는 이유를 설명할 수 있다.*

우리는 SDR 자료에서 은퇴 연령에 이른 교수, 즉 56~75세 사이 교수의 은퇴 자료를 분석했다.[49] 놀랍게도, 성별은 교수의 은퇴에 아무런 영향을 주지 않았고, 남성 교수들이 동료 여성 교수들보다 더 일찍 은퇴하거나 더 늦게 은퇴하지도 않았다. 결혼과 자녀 모두 은퇴할 가능성에 영향을 줬는데, 남성과 여성에게

---

* 한국 대학의 교수 정년은 일괄적으로 65세이고, 남성과 여성 중 조기 은퇴 비율은 유의미한 차이가 없다. 하지만 미국 대학은 1983년에 65세였던 교수 정년이 70세로 연장되고, 3년 후인 1986년에 종신제(for life)가 도입되어 개인별, 학교별로 대학교수 은퇴 시기가 천차만별로 나타나게 되었다.

똑같은 영향을 미쳤다. 미혼인 교수와 비교했을 때, 결혼한 교수가 더 빨리 은퇴할 가능성은 79% 더 높았다. 이에 관한 가장 가능성 있는 설명은 결혼한 교수가 배우자와 시간을 보내기 위해 더 빨리 은퇴를 한다는 것이지만, 확실하지는 않다. 왜냐하면, 별거하거나 이혼한 교수도 미혼인 동료들보다 58% 정도 더 빨리 은퇴하기 때문이다. 한 가지 가능성은 이혼한 교수에게 동거하는 파트너가 있는 경우다.[50] 일반적으로, 비혼 동거는 이전에 결혼했던 이들 사이에서 흔하다.[51] 하지만 우리는 별거하거나 이혼한 교원의 은퇴율이 한 번도 결혼하지 않은 교원과 비슷할 것이라고 추정했었다.

한편, 자녀는 은퇴 가능성을 줄인다. 은퇴할 나이에도 어린 자녀를 둔 6%의 교수는 같은 나이의 자녀가 없는 동료에 비해 은퇴할 가능성이 43% 낮다. 여기에 더해, 성인 자녀가 집을 떠난 교수 부모도 자녀가 없는 교수보다 은퇴할 가능성이 43% 낮다. 그 원인 분석은 간단한데, 자녀는 비용이 들고, 그래서 교수 부모는 이들을 부양하기 위해 최대한 오래 일자리를 유지해야 하기 때문이다(아니면 아이를 키우는 동안 모으지 못한 돈을 저축한다). 하지만, 여전히 집에 어린 자녀가 있는 일부 은퇴 연령 교원이 다른 은퇴 연령 교원에 비해 돈을 가장 많이 필요로 하고, 이것이 이들의 은퇴율이 이미 자녀가 집을 떠나 독립한 교원보다 낮은 이유다. 은퇴 연령에 가까워져 어린 자녀를 둔 교수는 대부분 남성이다. 179쪽의 [그래프 4-1]을 돌이켜보면, 캘리포니아대학교에서 조사한 결과, 남성이 자녀를 볼 가능성은 조교수로 취직한 이후 20년 이상까지도 지속된다. 마지막으로, 교수 부모의 낮은 은퇴율은 이들이 손주들과 시간을 보내기 위해 빨리 은퇴한다는 인식과는 반대된다.

은퇴는 성별이 영향을 미치지 않는 유일한 대학 내 커리어 사건인 것처럼 보인다.[52] 이는 예상 외였다. 여성 박사학위자는 정년트랙 교수직을 구하기 어렵고, 정년을 보장받기도 어렵고, 그리고 승진할 가능성도 낮고, 임금도 적게 받는다. 물론 은퇴는 교수 스스로가 온전히 통제할 수 있는 유일한 직업적인 사건일 가능성도 높다. 은퇴할 시점이 되면 맞벌이로 인한 제한도 크게 문제가 되지 않는다. 임용이나 승진 위원회도 개입되어 있지 않다. 더 이상 어린아이를 볼 필요도 없다. 비록 가족 관계에 차이는 있지만, 남성과 여성이 동등하게 영향을 받는다. 이는 고등교육 현장에서 매우 드문 예다.

결론

교수는 대개 긴 커리어를 거친다. 학생이 아닌 연구자로서 대학에 발을 들이는 순간은 연구자 인생에 가장 중요한 순간이자 여성 연구자들이 가장 많이 소외되는 순간이지만, 수십 년에 걸친 커리어의 시작에 불과하기도 하다. 대학 내 성평등에 관한 연구가 커리어 초기인 대학원과 박사후연구원, 그리고 조교수 시절에 초점을 두는 데는 그럴 만한 이유가 있다. 하지만, 그 시기 이후의 교수진에게도 많은 어려움이 있다.*

　중견 교수 시기는 가족에 관한 고민보다 전문가로서 발전하는 것에 대해 더 많이 고민하기 시작하는 시기다. 결혼할 계획이 있던 교수는 이 시기가 되면 이미 결혼을 했다. 정년을 보장받았고, 이미 몇 년간 일을 해와서 맞벌이를 하면서 생기는 갈등은 박사학위를 막 받고 첫 일자리를 찾는 이들에 비해 적다. 아이들은 어느 정도 자랐고, 그래서 초보 엄마들이 정년을 보장받기 위해 노력하면서 영유아를 돌볼 때만큼 어렵지 않다.

　그럼에도 여성 교수는 여러 측면에서 남성 교수보다 뒤처질 수밖에 없다. 여성 교수는 정교수로 승진할 가능성이 낮고, 그 이유는 가족 구성으로 설명될 수 없다. 대신, 최근의 연구 결과

　＊ 최근 국내에서도 대학교수 입직 이후의 경력 개발에 관한 연구가 이루어지고 있다. 하지만 대학교수가 된 이후의 경력 개발은 주로 교수의 강의와 연구 능력 개발과 관련된 교육학적 접근과 함께(송혜덕, 장선영, 김연경, 2013; 민혜리, 이지은, 2013), 여성 교원이 경험하는 성차별, 일-가정 양립의 어려움과 관련한 연구가 존재한다. 다음의 논문들은 2000년대 국공립대 여성 교수 채용 목표제가 도입되기 전까지 이루어진 대학 내 여성 교원의 지위와 진입과 관련한 연구이다. 구자순. (2007). 여성 교수의 지위와 현황을 통해 본 대학사회의 성 정치. **교육정치학연구**, 14(2). 7-28. 임애정. (2006). 여성 비정규 교수의 꿈과 현실: '男과 다른 현실' 속에서 '남 다른 꿈'을 꾸며. **젠더와 사회**, 17. 199-230. 김정숙, 김경근. (2003). "교수노동시장에서의 여성 박사들의 경험과 현상타개 전략". **한국교육사회학회** 13 (13): 109-132. 이러한 연구들을 통해서 교수 입직 이후 경력 개발의 어려움, 특히 여성 교수의 경력 개발의 어려움이 조금씩 드러나고 있는 것이 사실이다. 하지만 가장 근본적인 원인은 전체 교수 사회에서 교수로서의 경력 개발을 이어나갈 수 있는 정년트랙 전임 교원의 비율이 절대적으로 낮은 것에 있다.

에 따르면 여성 교수가 부교수직에 머무는 것은 남성 동료보다 대학 행정 업무를 더 많이 하기 때문이다. 여성, 특히 기혼 여성과 유자녀 여성은 남성 교수보다 대학 총장이 될 확률이 낮다. 여성 교수는 남성 동료보다 임금이 적고, 이 불평등은 자녀에 의해 악화된다. 자녀가 한 명 늘 때마다 여성의 임금은 지속적으로 줄어들지만, 남성 교수의 임금에는 영향을 미치지 않는다.

한 가지 희망적인 소식은 중견 교수에게 결혼이 미치는 긍정적인 영향이다. 결혼은 남성과 여성 모두가 정교수로 승진할 확률을 높인다. 남녀 모두 결혼한 경우 임금을 더 많이 받는데, 남성이 여성보다는 결혼으로부터 오는 경제적 이득을 더 많이 본다. 이 결과는 결혼이 대학 커리어의 여러 시기에 미치는 영향을 연구한 우리의 결과와도 일치한다. 결혼은 모든 커리어의 남성과 여성에게 이득이고, 이는 중견 교수 시기를 거치는 학자들에게도 마찬가지다.

대학에서의 은퇴는 이 책이 다루는, 대학 내에서 일어나는 여러 커리어 사건 중 유일하게 성별의 영향을 받지 않는 사건이다. 여성과 남성 교수 모두 비슷하게 대부분의 미국인보다 늦게 은퇴한다. 가족에 관한 고민은 모든 은퇴 연령 교수에게 예측 가능한 방식으로 영향을 준다. 결혼한 교수는 아마도 배우자와 시간을 보내기 위해 더 빨리 은퇴한다. 반면 교수 부모는 늦게 은퇴하는데, 아마도 자녀를 키우는 데 드는 비용을 충당하기 위해서일 것이다.

6장   더 나은 모델을 향해

2008년 8월, 에즈라 맥스 브릴리언트Ezra Max Brilliant가 태어났다. 그날부로 나는 내가 아주 오랫동안 정말 잘 안다고 생각한 집에 사실은 방이 하나 더 있고, 그 안에는 옷장이 있으며, 그 옷장 안에는 구두 상자가 있어, 그 구두 상자 안에 에즈라가 태어나기 전에 알던 그 집을 통째로 넣을 수 있다는 것을 깨달았다. 에즈라는 세상의 기쁨이고, 이 책을 끝내고 난 뒤 아이와 더욱 즐겁게 보낼 시간을 고대한다. 아이가 태어난 첫해 내 커리어를 잃지 않고 아이와 즐거운 시간을 보낼 수 있었던 데에는 UC 교원 가족친화정책을 수립한 이들의 역할이 크다. 이들은 에즈라를 포함해 일하는 부모의 아이들이 마땅히 혜택을 받아야 할 혁신적인 정책을 만들었고, 나는 이를 평생토록 감사할 것이다.

이 헌사는 UC 버클리의 조교수 마크 브릴리언트Mark Brilliant 의 2010년 책《미국의 색이 바뀌다: 1941~1978년 인종 다양성 이 캘리포니아의 시민권 변화에 미친 영향The Color of America Has Changed: How Racial Diversity Shaped Civil Rights Reform in California, 1941~1978》[1]에 등장한다. 이렇게 대학 정책에 관해 공식적으로 대대적인 헌사를 하는 경우는 매우 드물 것 같다. 하지만 최근까 지도, 교수 아빠들이 (물론 대부분 엄마들이) 대학의 가족친화정책 을 사용하는 경우도 마찬가지로 드물었다. 많은 대학에는 가족 친화정책 자체가 존재하지 않았다. 이 헌사 하나로 고등교육에 서의 가족친화정책 캠페인이 성공했다고 선언할 것은 아니지만, 적어도 진보를 의미한다고 생각한다.

대학에는 이런 정책이 필요하다. 대학의 융통성 없는 커리어 구 조는 교수, 특히 여성 교수의 부양 의무와 자주 부딪친다. 대학 원과 박사후연구원 시기의 출산과 육아 문제가 가장 심각하지만, 이에 대한 학계의 관심은 적었다. 이 시기는 많은 여성, 그리고 일 부 남성이 대학의 업무 환경을 살피면서 일과 가정을 성공적으로 함께할 수 없다는 점을 깨닫고 대학에서의 커리어를 포기하는 시 점이다. 다른 이들은 동료 연구자와 결혼 후 파트너의 커리어를 위해 양보한다. 그리고 또 어떤 이들은 대학원 과정 중에 아이를 낳고 무기한 커리어를 연기한다. 이 중요한 시기가 대학의 인재 송수관이 가장 많이 새는 지점이다. 아이러니하게도 학문후속세 대가 겪는 이 시기는 일-가정 양립을 돕도록 만들어진 최근의 여러 가족친화정책 캠페인들이 놓치는 기간이기도 하다.

이 시기를 버틴 연구자들은 정년 보장 결정에 이르러 또 다른 압박을 마주하게 된다. 이 시기는 가정에서의 의무가 가장 큰 때이다. 많은 여성 박사학위자, 그리고 일부 남성 박사학위자가 결혼과 자녀 돌봄을 포기하고 커리어에 집중한다. 정년 보장 후에는, 가정에서의 의무가 커리어 개발에 상대적으로 부담을 덜 준다. 그럼에도, 교수 엄마들은 남성 동료의 임금을 따라잡지 못하거나, 고위직으로의 승진 경쟁에서 패배한다. 은퇴 결정에서만 남성과 여성 교수가 비슷한 양상을 보인다. 이때조차, 자녀를 둔 교수가 더 오래 일한다.

대학의 커리어 구조는, 이전 교수 세대들과는 인생의 우선순위와 의무가 다른 젊은 남녀 학자들의 인구학적 특성과 잘 맞지 않는다. 그러므로 새로운 대학은 가족을 위한 유연성을 제공할 수 있는 공간이 되어야 하며, 이러한 변화 없이는 가장 우수한 인재들을 놓치고 말 것이다. 대학을 바꾸는 것은 당위성을 떠나 경제적으로도 옳은 해법이다. 뛰어난 인재를 양성하기 위해 대학과 연방정부는 대학원, 박사후연구원, 그리고 정년트랙 초반에 이르기까지 엄청난 비용을 투자해서 이들이 새로운 지식을 창조하고 혁신을 이끌도록 한다. 하지만 이 긴 훈련 기간 끝에 유망한 인재들이 대학을 떠나기로 결정한다면, 그동안의 막대한 투자는 빛을 보지 못한다.

대학의 구조적인 문제에 대한 인식이 커져가고, 그 결과 일-가정 양립이 부수적인 것이 아니라 핵심이 되는 업무 환경을 만들기 위한 새로운 정책들이 많이 생겼다는 점은 고무적이다. 이 정책들은 대학에서만 만들어지지 않는다. 오바마 정부는 국립과학재단의 지원을 받는 모든 연구진을 대상으로 새로운 가족친화정책을 확장하려는 시도를 했다.*²

마지막 장에서는 현존하는 가족친화정책들을 돌아보고 이에 대한 새로운 방향을 제시한다. 고등교육기관 내 성평등을 이루기 위해서는 모든 구성원의 지속적인 노력과 책임감이 필요하다. 여기에는 정년 제도 개혁, 아빠의 참여 권장, 대학원생과 박사후연구원을 위한 지원 제안, 연방정부 연구비 지급 기관의 가족친화정책 수용 권장, 그리고 대학 내 문화를 바꾸는 정책 수립 등이 있다. 그중에서도 문화적인 변화가 제일 중요하다. 새로운 정책만으로는 가족친화적인 환경을 만들 수 없다.

이들 중 일부 정책, 특히 대학원생과 박사후연구원을 위한 정책은 학부중심대학이나 전문대학보다는 연구중심대학에 더 적합

* 국립과학재단은 연방정부의 기초 분야 과학기술 연구를 지원하기 위해 설립된 재단으로, 최근 미국의 과학기술문화 사업까지 지원 범위를 넓혀가고 있다. 한국의 한국연구재단(National Research Foundation, NRF)이 전 학문 분야를 아우르는 국가 대표 연구 관리 전문 기관인 것과는 달리, 미국에는 국립보건원(NIH), 국립항공우주국(NASA)과 같이 비슷한 위상의 다른 과학기술 국가 기구가 존재한다. 때문에 오바마 정부의 이러한 가족친화정책 적용 대상의 확대는 분명 괄목할 만하나, 국가 재정 지원을 받는 기초과학 분야 연구 중 일부 과제에 참여하는 연구진을 대상으로 함을 의미한다. 출처: 이은경. (2001). 미국의 과학기술문화사업: NSF와 AAAS를 중심으로. 과학기술정책 통권 147호.

한 것처럼 보일지도 모른다. 하지만 모든 고등교육기관에서 끊임없이 새로운 교원을 임용해야 하고, 커리어와 가족 간의 균형에 대해 새로운 임용 지원자가 원하는 바를 더 잘 이해하는 것이 대학이 원하는 인재를 임용하고 유지하는 데 도움이 된다. 그리고 모든 고등교육기관의 교원이 가족친화적인 근무 환경을 원하고 있다.

첫걸음

여러 대학에서 교수 엄마와 아빠 모두에게 더 공정하고 평등한 일터를 만들기 위한 걸음을 내디뎠다. 가족친화정책은 대학 교원을 위해 처음 만들어졌지만, 대학원생이나 박사후연구원에게로 점차 확장되고 있다. 이런 정책은 고등교육기관의 연구자들 사이에서는 대체로 잘 알려져 있다. 다음은 가장 널리 보급된 순서로 정리한 개선 목록이다.[3]

○ 6주 유급 출산휴가
○ 산모와 자녀를 위한 건강보험
○ 교수 엄마를 위한 정년 심사 및 승진 유예(대부분 1년)
○ 출산 후 교수 엄마의 업무 변경(한 학기 강의 부담 완화)
○ 교수 자녀 대학 등록금 면제
○ 입양 비용 부담
○ 수유실

- 교수 아빠를 위한 정년 심사 및 승진 유예
- 이중 고용dual hire : 배우자 고용
- 양육비 보조
- 교수 아빠를 위한 유급 육아휴직
- 교수 아빠를 위한 업무 변경
- 학회에 참석하는 교수 엄마를 위한 보육 보조금
- 긴급보육제도
- 정년 전후 상관없는 시간제 정년트랙 교수직

하지만 개선안 도입은 더디게 진행되고 있고, 대학마다 차이가 있다. 연구중심대학에서 일반적으로 더 많은 정책들을 제공하지만, 그마저도 불규칙하다. 가장 흔한 정책인 6주 유급 출산휴가를 조건 없이(연차 및 휴가 발생과 상관없이) 교수에게 제공하는 대학은 전체 미국대학협회 소속 대학의 58% 정도다. 이 중 16%만 조건 없는 육아휴직을 최소 1주 이상 부모 모두에게 제공했다.[4] 일부 대학에서는 앞서 언급한 모든 정책들이 마련되어 있지만, 대부분의 대학에서는 일부만 존재한다.

이 정책들의 효과성은 아직 알려져 있지 않고, 대학의 가족친화정책의 효과에 대해 평가할 연구가 향후 지원되어야 한다. 여기에 더해 가장 많은 참여를 이끌어낼 수 있는 방법을 대학들이 공유하고, 연방정부와도 힘을 모을 필요가 있다.[5] 오늘날까지도 이런 연구가 적다. 하지만, 최근 한 연구에서는 가족친화정책이 많은 대학의 교수가 자신이 속한 대학을 아이들에게 친화적인 곳이라고 여긴다는 결과가 있다. 이는 위와 같은 정책이 작지만 긍정적인 차이를 만들어내는 초기 결과라 할 수 있다.[6]

하지만 가족친화정책을 사용할 수 있는 것만으로는 부족하다. 그래서 어떤 대학은 자동 도입opt out 제도를 실시한다. 반대로 다른 대학에서는 교수가 직접 요청을 해야 하고 모두에게 보장되어 있지도 않다.[7] 가족친화정책이 새로운 형태의 가족을 수용하지 않는 경우도 있다. 가족에 관한 정의에 동거가 포함되지 않는다면, 동성애자 교원은 파트너를 보살피거나 육아 의무를 위해 해당 가족친화정책을 사용할 수 없게 된다. 캘리포니아대학교와 하버드대학교는 동거 파트너를 정책에 포함하여 교원이라면 누구나 자녀나 파트너를 돌보기 위해 휴가를 낼 수 있게 했다.

보다 자주 접할 수 있는 개선안은 성차별을 줄이는 데 목적이 있다. 하버드대학교 내 여성 지위 향상을 위한 위원회Standing Committee for the Status of Women의 보고서에 따르면 많은 대학이 성차별을 줄이기 위한 정책을 다수 마련하고 있다. 여기에는 보다 객관적이고 투명한 평가 및 승진 조건 수립, 보직 교수·승진 위원회 내 여성 비율 확대, 멘토링과 공동 연구 환경 권장, 강의·연구·행정 업무의 공평한 분배, 그리고 성차별 사례에 대한 경각심 강화 등이 있다.[8] 하지만 성차별은 곳곳에 존재하고, 여기에는 엄마와 엄마됨에 관한 편견도 포함된다.[9]

육아 딜레마

대학원생과 박사후연구원을 포함해 거의 모든 교수 부모들이 가장 바라는 개선점 한 가지는 질이 좋으면서도 지불할 여력이 되는 보육제도다. 이런 포괄적인 문제에 대한 간단한 해결책은 없다. 실제로 캠퍼스 내 육아 문제를 해결했다고 주장한 대학은 한 곳도 없었다. 정년 심사 유예처럼, 모든 대학에 적용할 수 있는 공통적인 법칙이 없는 것이다. 어떤 대학은 캠퍼스 안에 사립 보육 시설을 갖추기도 하지만, 대부분은 그렇지 않다. 캠퍼스 내 보육 시설을 세울 땅이나 후원자를 가진 대학은 극소수다. 다른 대학은 캠퍼스 밖의 보육 시설에 보조 지원을 하면서, 아동 발달 및 교육 관련 학생들이 그곳에서 현장 실습을 하도록 한다. 전반적으로 볼 때, 성공적인 보육 프로그램은 대학의 지원으로 토지를 빌리거나, 새로운 건물을 짓거나 기존의 건물을 고치거나, 혹은 보육 시설 직원의 임금을 보조하는 방식이 대부분이다. 이런 대학의 투자는 캠퍼스에서 일하는 부모가 더 적은 비용으로 보육을 할 수 있게 해준다. 이는 특히 캠퍼스 밖의 보육 시설 비용을 감당하기 어려운 대학원생에게 실질적인 도움이 된다. 실제로 일부 대학에서는 대학원생, 박사후연구원, 그리고 일부 조교수급 교원에게 보육 지원을 더 많이 하는 차등제를 적용하고 있다.

학회에 참석하는 동안 보육 보조금을 지원하는 것도 교수, 대학원생, 그리고 박사후연구원에게 도움이 된다. 학회에 참석하지 못하는 부모, 주로 엄마들은 미래를 위한 인맥을 만들거나 업적을 인정받을 기회를 잃는다. 학회에 참석하지 못하는 것은 교수 엄마와 일부 교수 아빠 사이에서 가장 큰 고민이기도 하다. 보육 보조금은 해당 교수가 아이를 학회에 데려가거나, 그 기간 동안 베이비시터를 고용하는 데 드는 비용을 지불할 수 있게 한다. 나아가 대학원생과 박사후연구원에게도 비슷한 지원이 이뤄져야 한다.

긴급보육제도는 비교적 최근에 생겼다. 대형 강의를 해야 하거나 국립보건원에서 연구실을 방문했는데, 아이가 아주 아프지는 않지만 미열이 있어서 어린이집에 보낼 수 없다면, 그 교수는 어떻게 해야 할까? 캘리포니아대학교 교수를 대상으로 2002~2003년에 진행한 설문조사에서는 교수 엄마의 89%, 그리고 교수 아빠의 69%가 긴급보육제도가 도움이 될 것이라고 봤다. 한 여성 교수는 "내게 가장 우선순위는 아이가 (가벼운 감기나 어린이집 휴일 등으로) 며칠간 어린이집에 못 갈 때 사용할 수 있는 긴급보육제도다. 이 제도라면 아이를 돌보면서 일을 할 때 겪는 극심한 스트레스 상황을 거의 모두 해결할 수 있다. 예비보육제도의 부재는 현재의 보육제도가 가진 가장 큰 결함으로, 이 틈을 캘리포니아대학교에서 채울 수 있다. 꼭 필요한 시간에만 (부모 모두 회의에 참석하거나 강의를 해야 할 때) 짧게 사용될 것이기 때문에 사용비가 높게 책정되어도 이용률이 높을 것이다. 나는 이런 제도를 (캠퍼스에) 도입하기 위해서 어떤 노력도 마다하지 않을 것이다"라고 했다.

많은 도시에는 숙련된 베이비시터를 파견할 수 있는 전문 업체가 있고, 이 업체와 계약하면 교원의 집으로 베이비시터를 보낼 수 있게 된다. 대학에서 대학 내 모든 교원을 위해 한 업체와 계약을 하면, 교원 전체가 적정한 금액으로 이 서비스를 이용할 수 있다. 2년간의 성공적인 시범 운영 끝에 UC 버클리는 '예비보육제도Back-Up Care Advantage Program'를 시행한다고 발표했다. 이 제도는 교원에게 일시적인 보육 혹은 출장 보육을 긴급하게 사용할 수 있게 해준다. 이 제도는 돌봄이 필요한 아이와 어른 모두에게 제공되는 서비스로, 모든 교원이 매년 40시간까지 이용할 수 있다.[10] 비슷한 제도가 프린스턴대학교, 버지니아대학교 등에서도 시작되었다.

아직은 사용 빈도를 보고하기에는 이르고, 사용할 수 있는 긴급보육제도가 있다는 것을 아는 교원이 얻게 될 심리적인 안정감은 더더욱 측정하기도 어렵다. 일단 초기 반응은 긍정적이다. 사회과학계열의 비정년트랙 교원은 "중이염에 자주 걸리는 딸아이가 미열이 있어 위험하지는 않아도 어린이집에 보낼 수 없을 때에도, 150명의 학생들을 여전히 강의실에서 만날 수 있다는 점은 크게 안심이 된다"고 보고했다.

캠퍼스 근처에 믿을 수 있고 또 비용을 감당할 수 있는 보육 서비스를 제공하는 것은, 대학이 일-가정 양립을 권장하기 위해 제시할 수 있는 가장 중요한 정책이다. 이를 위해 후원자나 다른 재원을 통해 자원을 마련하려는 노력이 필요할 수도 있다. 비용이 덜 들면서도, 대부분의 대학에서 확실히 시행할 수 있는 것은, 학회 출장 시 필요한 보육 보조금과 긴급보육제도다. 캘리포니아대학교에서는 한 걸음 더 나아가 교원에게 좋은 보육 서비스를 제공하기 위해 비용이 도리어 덜 드는 방법을 택했다. 해당 교원에게 이미 선별된 지역 내 돌보미caregiver 명부에 접속할 수 있도록 비용을 지원한 것이다.[11] 이 덕분에 조건에 맞는 베이비시터, 상주 도우미, 그리고 요양보호사를 찾는 것이 훨씬 쉬워졌다.

맞벌이 부부와 투바디 문제

박사학위를 받는 여성이 늘어나면서, 임용 지원자가 맞벌이 부부인 경우도 많아졌다. 그렇게 되자, 대학이 가장 우수한 지원자를 채용하는 데 큰 어려움이 생겼다. 바로 새로 임용된 지원자의 배우자에게 일자리를 찾아주는 것이다. 여러 학과장과 학장들이 종종 채용에 있어 가장 곤란하다고 언급해온 문제다. 특히 문제가 심각해지는 경우는 두 배우자 모두 연구자일 때다. 그리고 이 경우에도 남성 연구자보다는 여성 연구자가 영향을 더 많이 받는다. 여성 연구자가 연구자와 결혼한 경우는 18%인 반면, 남성 연구자는 13%에 해당한다.[12] 2장에서 제안했던 것처럼, 배우자의 취업은 대학 교원 임용에 도전 중인 연구자에게 중요한 고려 요소다. 배우자가 만족스러운 자리를 찾지 못하면 남성 박사학위자보다는 여성이 대학을 떠날 가능성이 더 높고, 남성보다는 여성이 새로운 직업을 위해 이동할 동기를 잃었다.[13]

스탠퍼드대학교의 연구자 부부에 관한 연구에 의하면, 이중 고용은 전국적으로 1970년대 3%에서 2000년대 13%로 늘어났다.[14] 조사한 교원의 10%가 이중 고용된 경우였다. 또 17% 정도는 개별적으로 두 배우자 모두 고용되었다. 이들은 서로 다른 채용 공고에 각자 지원했거나, 고용된 이후에 만난 경우이다. 또 다른 연구자 부부의 9%는, 한 명만 고용이 되고 다른 이는 대학의 일자리를 갖지 않았다. 대부분의 이중 고용은 1차 고용 후 2차 고용이 이어지는 형태로, 따라오는 배우자를 고용한다. 따라오는 배우자의 74%가 여성 연구자였다. 9,000명의 교수 응답자 중 37%가 두 번째 고용된 배우자가 먼저 고용된 배우자보다 존중을 덜 받았다고 한다. 연구자로서의 생산성은 먼저 고용된 배우자와 거의 똑같았음에도 불구하고 말이다.[15]

연구자 부부의 임용은 모든 대학에서 맞닥뜨리게 되는 중요한 문제지만, 이들을 위해 공식적으로 발표된 확실한 규정을 만든 대학은 극히 일부다. 개별 학과에서는 대부분 그런 상황이 발생할 때마다 더 많은 자리와 자원을 얻기 위해 대학 본부 측과 지난한 밀실 협상을 진행한다. 그래서 대학 임용 면접을 위해 방문하는 지원자는 대부분 대학이 어떤 제안을 할지 모르고, 물어보는 것도 두려워한다. 로드아일랜드대학교만은 예외다. 이곳의 이중 고용 규정은 명확하게 (그리고 공개적으로) 홈페이지에 명시되어 있다.[16] 발표된 정책은 연구자 부부에 대한 대학 측의 입장을 확실히 하기 위함이다. 이중 고용에 관심 있는 지원자는, 대학 측으로부터 잠정적인 임용 제안을 받은 후에 배우자나 파트너를 위해 대학 내 고용에 관한 도움을 요청할 수 있다고 조언한다. 최초 고용을 결정한 학과장은 두 번째 임용 지원자가 속할 학과에 연락하고, 두 번째 지원자가 일자리를 구하는 데 필요한 사항의 면제waiver 등을 요청할 수 있다. 이 규정의 가장 중요한 단계는 따라오는 배우자 역시 임용되는 학과에서 정식 면접에 임해야 한다는 점이다. 또 다른 배우자 고용 형태는 임시직, 방문교수직 등이 있다. 같은 분야에 있는 배우자 혹은 파트너 간의 공동 임용 또한 가능한 방식으로 제안될 수 있다.

우수한 지원자를 임용하는 주된 방법은, 이중 고용 정책을 제대로 설계하고 공개적으로 홍보하는 것, 그리고 해당 지역으로의 이주를 대학 측에서 지원하는 것이다. 이 정책들은 낭비가 아닌 좋은 투자다. 게다가 이런 정책은 교수 배우자를 둔 이들만이 아니라 일하는 남편이나 아내를 둔 모든 교수에게도 긍정적인 영향을 줄 것이다.

이공계열이 해결해야 할 과제

"우리가 전 세계를 선도하고 혁신을 이끌어낼 생각이라면, 모두를 위해 나라의 문을 열어두어야 한다." 전 영부인 미셸 오바마는 2011년 9월에 열린 기자회견에서 이렇게 이야기했다. "우리 모두 발 벗고 나서서 여성과 소녀들이 과학, 기술, 공학, 그리고 수학 분야의 커리어를 탐색할 수 있도록 장애물을 제거해야 한다."[17] 이 발표와 함께, 국립과학재단은 가족친화정책과 맥락을 같이하는 새로운 제도를 공개했다. 국립과학재단은 과거에는 지정된 일터의 유연성을 늘리려는 노력을 했지만, 새로운 제도를 통해서는 처음으로 관련된 모든 기관의 박사후연구원과 초기 단계 교원들에게 적용되어 이들이 보다 쉽게 피부양자를 돌보며 계속 일할 수 있는 정책을 내놓았다. 이 새로운 정책에는 다음과 같은 규정이 포함되었다.

○ 출산/입양을 위한 연구비 집행 연기: 연구비 수혜자는 출산 및 입양 자녀 돌봄을 이유로 연구비 사용을 1년까지 연기할 수 있다.

○ 육아휴직을 위한 연구비 집행 중단: 육아휴직을 위해 연구비 사용을 일시 중단하고 싶은 연구비 수혜자는 추가 비용 없이 연구비 사용 기간을 연장할 수 있다.

○ 연구원research technician 고용을 위한 보조금 지원: 책임연구원Principal Investigator, PI은 연구원과 책임연구원이 가족 돌봄휴가를 쓰는 동안 실험실을 유지할 수 있는 연구원 고용을 위해 임금 지급을 요청할 수 있다.

○ 사용 가능한 가족친화정책을 적극적으로 공개: 국립과학재단은 자격을 갖춘 연구비 신청자에게 해당 가족친화정책 원안과 수정안을 적극적으로 안내하여, 자격을 갖춘 신청자가 이 기회를 활용할 수 있게 한다.

- ○ 패널 심사 위원에게 가족친화적인 심사 환경 보장: 동료의 연구 지원서를 심사하는 과학, 기술, 공학, 수학 분야의 연구자들에게 지역 간 이동을 요하는 심사보다 화상회의를 통한 심사 기회를 더 많이 부여함으로써 유연성을 높이고 피부양자의 돌봄에 따르는 부담을 완화한다.
- ○ 연구와 평가 지원: 국립과학재단은 여성이 이공계열 인재 송수관에 머물 수 있도록 하는 정책의 효율성에 관한 연구 지원서 투고를 꾸준히 권장한다.
- ○ 파트너십 확장: 국립과학재단은 관련된 학술 기관을 대상으로 정년 심사 유예와 이중 고용 기회를 권장한다.[18]

강력한 정책은 없지만, 이공계열 분야가 연방정부에서 제공하는 연구비에 크게 의존한다는 점을 감안할 때, 해당 정책들은 가족친화정책이 여성 연구자를 고용하고 유지하는 데 핵심적이라는 사실을 공개적으로 인정하고 있다. 다른 연방정부 연구비 지급 기관도 국립과학재단의 기조를 따를 가능성이 높다. 이는 또한 현재의 과학 연구 구조가 여성에게 특히 불리하고, 나아가 연방정부기관이 이 불리한 구조를 혁신하는 데 중대한 역할을 할 것임을 공표하는 것이다. 연구 문화는 연방정부 연구비 지급 기관에 의해 형성되므로 연구비 지급 기관으로부터 영향을 받을 수밖에 없다. 연방정부의 연구비 없이는 대학에서 과학자의 커리어를 유지하는 것이 매우 어렵다. 치열한 경쟁을 뚫어야 연구비를 얻을 수 있기에 가족 때문이든, 어떤 이유로든 연구비 신청을 멈추는 것은 연구와 커리어에 불리하게 작용한다.

2002년, 25~45세에 해당되는 이공계열 정년트랙 연구자 중 거의 절반(48%)이 직전 해(2001년)에 연방정부의 연구비 및 계약을 일부 혹은 완전히 지원받았다. 그 연구비 대부분이 국립보건원이나 국립과학재단으로부터 지급되었다.[19] 연방정부의 연구비는 정년트랙 교수가 승진하거나 정년을 보장받는 데 핵심적인 역할을 한다. 무엇보다 이공계열 정년트랙 교원들에게는 연방정부의 연구비나 계약은 승진과 밀접하게 연관되어 있는데, 특히 카네기 연구 1급 기관, 혹은 연구중심대학에서 그렇다.[20] 3장에서 언급한 것처럼, 연방정부의 연구비나 계약 지원을 받은 과학자들은 정년을 보장받을 가능성이 18% 더 높다. 연구중심대학에서는 이 수치가 65%까지 올라간다.[21]

가족 구조를 바탕으로 연방정부 연구비 수혜 가능성을 예측할 수도 있다. 어린 자녀를 둔 정년트랙 여성 교원은 똑같이 결혼을 하고 어린 자녀를 둔 남성 정년트랙 교원에 비해 연방정부 연구비나 계약 지원을 받을 가능성이 21% 낮다. 정년트랙 교원 엄마는 자녀가 없는 기혼 정년트랙 여성 교수보다 해당 지원을 받을 가능성이 26% 낮고, 미혼인 여성보다는 19% 낮다.[22]

책임연구원은 연구비를 받은 연구원이 가족돌봄휴가를 내거나 업무 변경을 필요로 할 때 특히 곤란한 상황에 처한다고 밝혔다. 책임연구원은 휴가를 내는 직원을 도와주고 싶지만 그 결과 자신들의 연구가 뒤처지게 될 것도 잘 알고 있다. 가족돌봄휴가에 대한 보상을 연구비에서 제공받지 못하기 때문에, 이에 대한 보상을 전혀 받을 수 없는 상황에 대해 책임연구원들은 극도의 불만을 표했다. UC 버클리 책임연구원의 32%는 연구원에게 가족돌봄휴가를 제공하는 것이 그들의 업무에 악영향을 미친다고 보았다.[23]

새로운 제도와 함께 국립과학재단은 다른 연방 기관보다 앞서 가족친화정책을 권장하고 있다. 264쪽의 [그래프 6-1]에서 보는 것처럼, 국립보건원 그리고 아직 미미하지만 미국 에너지부 Department of Energy도 가족친화정책을 수립하기 위한 노력을 시작했다. 여기에는 부양을 목적으로 하는 경우 추가 비용 없이 연구비 사용 기간 연장(추가 기금 없이 과제 완료에 1년이 더해지는 조건), 가족친화정책을 위한 경제적 지원, 성평등 워크샵, 이공계열 여성을 지원하는 정책 및 성명 공식화, 펠로십이나 연구비 선정 과제에 대해 시간제 고용 허가, 그리고 육아 및 돌봄을 위한 펠로십 기간 연장이 등이 포함된다.[24]

하지만 연구중심대학과 연방정부 연구비 지급 기관의 공조 부족으로 대학과 기관의 가족친화정책 간 일관성이 떨어져 상황이 악화되고 있다. 가족친화적인 환경을 조성함으로써 이공계 여성 교원 수를 늘리려면, 대학과 연방정부기관이 상호 보완적인 정책을 공유하는 시도를 계속해야 한다. 연구비 지급 기관과 연구기관(대학)이 일관성 있는 가족친화정책을 만들 수 있는 시작점

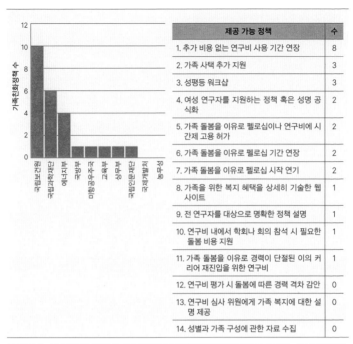

제공 가능 정책	수
1. 추가 비용 없는 연구비 사용 기간 연장	8
2. 가족 사택 추가 지원	3
3. 성평등 워크샵	3
4. 여성 연구자를 지원하는 정책 혹은 성명 공식화	2
5. 가족 돌봄을 이유로 펠로십이나 연구비에 시간제 고용 허가	2
6. 가족 돌봄을 이유로 펠로십 기간 연장	2
7. 가족 돌봄을 이유로 펠로십 시작 연기	2
8. 가족을 위한 복지 혜택을 상세히 기술한 웹사이트	1
9. 전 연구자를 대상으로 명확한 정책 설명	1
10. 연구비 내에서 학회나 회의 참석 시 필요한 돌봄 비용 지원	1
11. 가족 돌봄을 이유로 경력이 단절된 이의 커리어 재진입을 위한 연구비	1
12. 연구비 평가 시 돌봄에 따른 경력 격차 감안	0
13. 연구비 심사 위원에게 가족 복지에 대한 설명 제공	0
14. 성별과 가족 구성에 관한 자료 수집	0

[그래프 6-1] 연방정부기관으로부터 연구비나 계약을 따낸 연구자에게 제공되는 가족친화정책

출처: Marc Goulden, Mary Ann Mason, Karie Frasch, and the Center for American Progress, "Staying Competitive: Patching America's Leaky Pipeline in the Sciences," Berkeley Center on Health, Economic, and Family Security, University of California, Berkeley, 2009, 그림 13.

으로 다음의 원칙들을 제안한다.

대학원생부터 책임연구원까지(연구자가 해당하는 단계에 상관없이) 모든 연구자를 대상으로 일-가정 생애주기를 고려한 가족친화정책을 설명하고, 최소한의 정책 목록을 정확히 안내한다. 국립과학재단이 그랬던 것처럼, 더 많은 연방정부 연구비 지급 기관에서 가족친화정책을 정확히 전달하고자 노력해야 한다. 동시에, 대학은 교원만이 아니라 대학 내 모든 구성원이 필요로 하는 최소한의 가족친화정책 목록을 반영하고 적용해야 한다. 대학원생과 박사후연구원이 학계에 남는 것이 미국 과학의 미래에 가장 큰 영향을 미칠 수 있는데도, 이들은 대학 구성원 중에서도 가족친화정책의 혜택을 가장 적게 받고 있다. 연방 연구비 지급 기관은 지금보다 경제적인 지원을 더 많이 함으로써 연구자가 가족친화정책을 사용할 때 발생되는 비용을 연구비에서 상쇄시킬 수 있다.[25]

육아휴직과 같이 가족 때문에 발생하는 연구 생산성 감소를 연방정부 기금이나 대학 기금을 통해 보상하라.

연구 계획을 설계하는 것부터 실행, 운영, 관리하기까지 일차적인 책임을 지는 교수(책임연구원)에게 경제적인 지원이 추가되지 않으면, 가족친화정책을 사용함으로써 생길 수밖에 없는 부하 연구원의 부재를 이들이 계속 감당해야 하는 부담을 떠안게 된다. 이는 교수(책임연구원)에게 불공평한 일이고, 일부는 언젠가 가족을 꾸릴지도 모르는 연구원을 고용하지 않음으로써 이득을 보게 될 수도 있다. 그리고 이는 결국 여성에 대한 암묵적인 차별이 된다. 결과적으로, 연방정부 연구비 지급 기관의 지원을 받는 연구자가 가족을 이유로 휴가를 내면, 그로 파생되는 비용을 상쇄해줄 추가적인 연구비 지원이 필요하다.

정년 제도 혁신

3장에서는 정년 제도를 없애기보다는 혁신해야 한다고 주장했다. 이 책에서 다룬 여러 가족친화정책은 정년트랙 교원을 위한 일정을 유연하게 만드는 데 초점을 두었다. 정년 심사 유예 정책을 부모 모두 사용할 수 있게 하면 출산 이후 정년 심사 기간이 1년 (혹은 그 이상) 추가되는 효과를 낸다. 유급 출산휴가 및 육아휴직 또한 경제적, 심리적인 완충제 역할을 한다.

더 강력한 정책은 교수가 가족 상황에 따라 일시적으로 시간제 교수직을 수행할 수 있게 하는 것이다. 책의 앞부분에서 발표한 것처럼, 남녀노소 가리지 않고 캘리포니아대학교의 교원 대부분이 일시적인 시간제 교수직에 찬성했다. 60%가 넘는 여성 교수, 그리고 남성 교수의 3분의 1이 전일제 고용으로의 복귀가 보장된, 유연한 시간제 정년트랙 교수직에 관심을 보였다. 여성 교수의 경우에는 어린아이를 키우는 의무와 일의 균형을 유지할 수 있는 방법으로 이 정책을 선호했다. 그리고 남성 교수와 여성 교수 모두 노인 돌봄(부모나 배우자의 부모)의 측면에서, 그리고 은퇴를 준비하는 측면에서 유연한 시간제 정년트랙을 지지했다. 이렇게 시간제 정년트랙 정책에 관한 적극적인 수요와, 기업에서 시간제 고용이 증가하는 것과는 달리, 학계에서 이런 형태의 고용은 매우 드물다. 3장에서 언급한 것처럼, 전체 미국 정년트랙 교원의 2%만 반일제 근무를 하고 있다. 그리고 조사된 대학의 6% 정도만 반일제 근무 교원을 정년트랙으로 임용한다.[26]

1년이 넘는 열띤 논쟁 끝에, 캘리포니아대학교에서는 2006년, 전일제로 복귀할 수 있는 시간제 정년트랙 교수직을 도입했다. 아직 성공을 예단하기에는 이르지만, 대학을 좀 더 유연한 일터로 만들고자 노력하고 있다.

미래의 교수: 대학원과 박사후연구원

1장에서 언급한 것처럼, 대학에서의 커리어에 관해 가장 중요한 결정이 내려지는 시기는 대학원생, 혹은 박사후연구원 기간이다. 대학원생과 박사후연구원 다수가 연구중심대학을 가족에 적대적인 공간으로 인식한다. 남성보다는 여성이 일-가정 양립 문제를 이유로 기존에 꿈꿨던 연구중심대학의 교수라는 목표를 포기한다. 여성 연구자에게는 롤모델도 적고, 자녀를 둔 여성이 유독 스트레스를 더 많이 받는 것도 본다. 우리의 연구 결과는 학위 기간 중에 아이를 낳은 여성 대학원생은 대학에서의 연구를 포기할 가능성이 높음을 시사한다. 그리고 박사후연구원 기간을 마치기 전에 출산하는 여성은, 연구가 중심이 되는 커리어를 포기할 가능성이 박사후연구원 남성에 비해 2배 높다.

연구 조교나 강의 조교 업무를 수행하는 대학원생, 그리고 박사후연구원은 그 정의에 따르면 일시적인 비정규직이다. 두 그룹 모두 일정 기간 이상 해당 일자리를 유지하는 것이 제한되는데, 대학원생이나 박사후연구원이 착취당하지 않고, 커리어를 이끌고 나갈 수 있게 하기 위해서다(예를 들어, 캘리포니아대학교에서는 박사후연구원의 총 재직 기간을 5년으로 제한한다). 또한 이 일을 하면서 개인 학술 연구에 관한 훈련을 이어가는 데 필요한 최소한의 임금을 제공받는 동시에 연구를 직접 하는 경험도 쌓을 수 있다. 하지만 대학원생과 박사후연구원은 대부분 직원이 아닌 견습생으로 여겨지고, 그래서 일반적인 교직원을 대상으로 하는 정책, 특히 유급 육아휴직과 같은 정책을 사용할 수 없다.

이렇게 견습생과 직원의 구분이 불분명하고, 이들의 일자리가 정의상 일시적이라는 이유로, 조교직을 맡은 대학원생과 박사후연구원들에게도 가족친화정책이 필요하다는 점이 간과되어왔다. 만일 대학 정책이 가족과 병가 법FMLA의 자격 요건을 따르게 되면, 조교직을 맡은 대학원생 그리고 박사후연구원 다수는 일시적인 직업 특성상 자격 요건을 갖추지 못하게 될 수 있다. 1년에 적어도 1,250시간을 일해야 한다는 가족과 병가 법 조건에 해당될 대학원생은 거의 없다. 새로 임용된 박사후연구원도 재직 기간이 12개월 이상 되어야 한다는 가족과 병가 법 요건을 충족하지 못한다. 가족과 병가 법은 임시직과 시간제 직원을 배제하도록 설계되어, 교원이 아닌 연구자를 위한 가족친화정책 설계에는 부적합한 모델이다(가족과 병가 법은 사실 교원에게도 적합하지 않다. 막 출산한 부모가 학기 중간에 어떻게 12주나 쉴 수 있겠는가?).

1장에서 논의된 것처럼, 대학원생과 박사후연구원을 위한 가족친화정책을 만들고 권장해야 하는 이유는 연방법 준수를 위해서다. 1972년 민권법의 교육 개정안Education Amendments 타이틀나인은 "미국 연방정부의 재정 지원을 받는 교육 활동에 있어 미국 내 그 누구도 성별로 인해 배제되거나 혜택을 받지 못하거나 차별받아서는 안 된다"[27]라고 명시한다. 타이틀나인은 학계의 성평등 추구에 여러 의미를 갖는다. 2003년, 오리건주 상원의원 론 와이든Ron Wyden은 타이틀나인을 이공계열 교원의 성별 간 격차 문제에 적용해야 한다고 제안했다.[28] 뿐만 아니라 타이틀나인은 모성 차별도 다룬다. 모든 주요 연방정부 연구비 지급 기관은 똑같은 타이틀나인 규정을 두었으며, 여기에는 대학의 직원이 사용하는 육아휴직 등도 포함된다.[29] 거의 모든 대학이 연방정부의 연구비를 받기 때문에 타이틀나인을 따라야 한다. 연방 연구비 지급 기관은 대학 직원에 관한 휴가 정책을 마련하고 있지 않는 대학이라 하더라도, 연방법에 의해 임신을 일시노동불능 상태로 보고 고용이 보장된 무급의 '적정한 기간의' 휴가를 산모에게 지급해야 한다고 명시한다.[30]

대학은 또한 연방정부의 연구비를 받는 모든 대학원생과 박사후연구원에 대해 타이틀나인을 적용할 의무가 있다. 제대로만 적용된다면, 타이틀나인 준수는 대학 내 가족친화정책이 놓치는 빈틈을 채우게 될 수 있다. 특히 연방정부로부터 연구비를 받는 대학원생이나 박사후연구원 중에 출산과 육아를 앞둔 이들을 지원할 수 있다. 가족과 병가 법의 적용을 받지 못하는 대학원생이나 박사후연구원과 같은 임시직 직원도 고용이 보장된 무급 휴가를 주장할 수 있다. 일부 대학이 아무런 정책도 갖추지 않았다면 이 대학은 타이틀나인의 규정을 어기고 있을 가능성이 높다.

대학원생에게 가장 바람직한 새로운 모델은 대학원생부터 교수직에 이르기까지 커리어 전반에 걸친 가족친화정책과 가족을 우선하는 대학 문화가 동반되는 것이다. 이러한 모델은 연구자가 되려는 이들이 일-가정 양립이 가능한 삶도 기대할 수 있게 한다. 1장에서 관찰한 것처럼, 일부 대학이 대학원생과 박사후연구원을 위해 마련한 가족친화정책은 이미 교수들에게 제공되는 프로그램과 거의 비슷하다. 여기에는 유급 육아휴직, 긴급 육아 및 가정 방문도 가능한 적당한 비용의 보육 프로그램, 수유실 등이 있다. 여기에 학위 심사 기한 연장과 가족 사택 제공, 육아지원센터, 그리고 일-가정 양립을 도모하고 전문적인 조언을 구할 수 있는 멘토링 시스템 정립 등의 정책이 추가될 수 있다.

이 모든 정책을 제공하는 대학은 현재 없고, 대부분 대학이 많아야 이 중 한두 개의 정책, 즉 가족 사택과 육아지원센터를 제공한다. 미국대학협회에 속한 대학의 13%만이 조건 없는 6주 유급 휴가를 박사 과정 대학원생에게 제공하고, 5%만이 피부양자 자녀를 위한 건강보험을 제공한다.[31] 그리고 미국대학협회 소속 대학의 23%만이 박사후연구원에게 조건 없는 6주의 유급 출산휴가를 제공하고, 8%만이 조건 없는 육아휴직을 1주 제공한다.[32] 하지만, 대학원생과 박사후연구원들 스스로가 이 차별에 주목하게 될 것이라는 점, 그리고 여러 국립대 소속 대학원생 조교들이 노조를 설립했다는 점은 희망적이다. 대학 본부는 대학원 노조를 인정하기보다는 스스로 정책을 수립해나갈 가능성이 높지만, 그럼에도 대학원 노조의 존재는 출산휴가와 보육 시설 제공을 추진하는 데 도움이 될 것이다.

미국 외 다른 여러 나라들이 늘어나는 대학 여성 노동자 비율에 관심을 갖기 시작했고, 탄탄한 가족친화정책을 박사후연구원에게 제공하기 위해 진보적인 입장을 취하고 있다. 캐나다의 경우, 연방정부에서 제공하는 지원책들이 탄탄할 뿐 아니라 기관에 따라 4, 6개월의 유급 육아휴직을 박사후연구원과 학생들에게 (이들이 정부 고용보험의 혜택을 받을 수 없는 경우) 제공하고 있다.[33] 유럽연합의 경우, 유럽분자생물학회European Molecular Biology Organization, EMBO에서 제공하는 2년 전일제 펠로십을 3년 시간제 펠로십으로 연장할 수 있다. 해당 학회는 3개월 출산휴가도 제공한다.[34] 중국에서는 고용보험법Employment Insurance Act에 따라 (고용 1년 이후부터) 6개월간의 육아휴직에 대해 임금의 60%를 보전해주는 개정안이 발표되었다. 부모 모두 휴가를 쓸 수 있어, 가족당 한 자녀에게 총 12개월의 휴가를 사용할 수 있다.[35]

남성과 여성의 학계 재진입

아이를 키우고 난 후 박사 과정을 마치는 여성이나, 맞벌이하는 배우자를 위해 커리어를 양보했던 남성, 이들이 공정한 경쟁을 통해 대학에서 일자리를 구하는 방법은 없을까? 갓 졸업한 30대 박사나 박사후연구원이라는 기존의 모델에 맞지 않는다는 이유로 이들의 경력과 능력은 자주 간과된다. 미국에는 재진입(일정 시간 이후 경제활동인구에 재편입되는 것)에 대해 좋은 사례가 일부 있다.[36] 일부 연방정부기관이나 재단에서는 과학자에게 학계 재진입이 가능한 박사후연구원직을 제안하는데, 이런 제안은 대부분 '트렌디한' 분야인 의생명과학 연구로의 진입을 권장한다.

세 아이 중 첫아이가 태어나면서 박사후연구원직을 떠났던 생물학자 에바Eva는 본인이 처한 딜레마를 이렇게 표현했다. "결정을 내리고 난 후에 너무나도 두려웠다. 이 분야의 새로운 기술들을 어떻게 다 따라잡지? 따라잡을 수 있긴 할까? 대학 교원 임용에 도전하고 있지만, 이 분야에 계속 남아 있던 이들과 어떻게 경쟁할 수 있을지 모르겠다. 내 이력서에는 2003년 이후로 추가할 내용이 하나도 없다. 아이들이 학교에 들어갈 때까지 아이들에게만 헌신했다. 나는 이공계든, 다른 어떤 분야든 여성의 잠재력을 최고로 이끌어내려면 더 많은 지원을 해야 한다고 생각하며, 일터로 돌아오는 전업주부 여성들에게 더 많은 자원이 제공되기를 바란다."[37]

유럽의 여러 나라에서는 학계 재진입에 더 많은 투자를 했는데, 이는 아마 이공계의 성비 차이가 미국보다 훨씬 더 크기 때문일 것이다. 유럽연합 집행위원회European Commission의 2006년 〈여성 수치She Figures〉 보고서에 따르면, 유럽 이공계 박사학위의 43%를 여성이 받지만, 대학 중견급 이상 교수 직책은 15%만 여성이 차지한다.[38] 유럽의 박사후연구원 펠로십 대다수는 보육과 가사

보조를 포함하고, 어떤 펠로십은 가족을 이유로 커리어를 중단했던 지원자에 집중하기도 한다. 예를 들어, 영국의 웰컴 트러스트Wellcome Trust 재단은 남녀 상관없이 가족을 위해 2년 이상 커리어가 중단되었던 이들의 복귀를 지원하기 위해 2년에서 4년짜리 펠로십을 지원한다.[39]

재진입 펠로십은 채용 연령 제한이라는 문제를 직접적으로 다루지는 않는다. 미국에서 채용 연령 제한(40세 이상의 노동자)은 금지되어 있지만, 지원자의 연령이 직접적으로 채용을 거부하는 이유가 된 적은 거의 없기 때문에 강제하기 어렵다.[40] 예를 들어, 지원자가 면접에서 떨어진다 해도, 여기에 연령에 따른 차별이 있었다고 배심원을 설득할 수 없을 것이다. 한 가지 해법은 고용위원회에 행정적인 압력을 가해 나이가 많은 지원자의 이력서를 심사하는 경우, 전문적인 경력에서 가족 상황 때문에 만들어진 공백을 제외하는 것이다. 위원회 위원들 또한 연령에 의한 차별이 금지되어 있음을 인지하고, 연령을 채용 기준으로 둠으로써 경험 있는 인재를 잃을 가능성이 있음을 유념해야 한다.

자격을 인정받은 고령의 근로자를 고용하는 것은 안정적인 전략이기도 하다. 나이가 있는 근로자는 젊은 근로자만큼 경쟁력 있으며, 여기에 경험이 더 많을 가능성도 높다. 이들이 필요로 하는 추가적인 훈련을 적절히 제공하면, 이들은 20~30년간 대학 커뮤니티의 자산이 될 수 있다. 이들을 놓치는 것은, 재능의 낭비일 뿐 아니라, 대학과 국가 입장에서는 막대한 손실이다. 이공계열 박사학위는 연방정부의 입장에서는 대규모 투자를 의미하는데, 대학원생에게 지급되는 임금과 박사후연구원 펠로십이 대표적이다.[41] 대부분의 대학원생은 대학, 연방정부, 그리고 재단, 혹은 기관으로부터 (때로는 중복) 지원을 받는다. 이렇게 훈련에 엄청난 투자를 받았을 뿐 아니라, 경험까지 보유한 인재를 잃는 것은 국가적 차원에서 매우 잘못된 전략이라 할 수 있다.

아빠를 위한 자리

우리가 대학의 엄마들에 대해 설명한 것이 남편이나 반려자를 향한 비난이 되어서는 안 될 것이다. 4장에서 설명한 것처럼, 이들도 육아와 가사에 많은 시간을 투자한다. 정년 제도를 개혁하는 밑거름은 아빠를 참여시키는 것이다. 하지만 여러 사회적, 제도적 장벽이 대학의 남성이 가정에서 더 많은 역할을 하는 것을 막고 있다. 대학은 엄마가 육아를 전담하고, 남자는 생계부양자일 것이라 여기는 고정관념에서 벗어나지 못하고 있다. 미국의 주요 연구중심대학에서 교수의 성별에 따라 휴가 정책 사용 정도가 극적으로 차이가 난다는 것이 그 근거가 된다. 미국대학협회 소속 학교를 대상으로 한 조사에 따르면, 교수 엄마를 위한 조건 없는 6주 유급 휴가는 58%가 보장되었지만, 조건 없는 1주 유급 육아휴직은 16%에게만 제공되었다.[42]

새로 아빠가 된 이들에게도 정년 심사를 유예해줘야 할지, 이들도 강의 및 행정 업무를 변경해주어야 할지에 대해 오랜 기간 동료 연구자들 사이에 논쟁이 있었다. 이에 대한 반박은 항상 똑같았다. 이들이 이 시간을 육아에 사용하기보다는 책을 한 권 더 내거나 논문을 더 많이 쓰는 데 이용할 것이라는 의견이다. 하지만 아빠들은 육아를 전담한다고 하더라도 부모로서 쓸 수 있는 휴가를 쓰지 않는다. 정년 심사에 지원하는 엄마들처럼, 교수 아빠들도 정년을 받는 데 추가 시간이 필요한, 즉 정년 심사 평가를 받기에 부족한 인물로 여겨지는 것, 혹은 대학에 덜 헌신적인 인물로 비춰지는 것에 두려움을 느낀다. 그러므로 위 반박에 대한 재반박은 아빠들을 유연한 근무 환경에 참여하게 하지 않는 한, 문화가 바뀌지는 않을 것이라는 점이다. 그리고 이는 우리가 캘리포니아대학교에서 배운 중요한 교훈 중 하나였다.[43]

문화는 바뀔 수 있다

이 장의 초반에 소개했던 아빠이자 조교수 마크 브릴리언트가 새로 태어난 아들 에즈라와 의미 있는 시간을 보낼 수 있었던 데에는, 소속 대학의 선진적인 가족친화정책을 이용해서 정년 심사를 유예하고 육아휴직을 사용해 한 학기 동안 강의 부담을 덜 수 있었던 점이 부분적인 역할을 했다.

사실, 이런 정책은 캘리포니아대학교에 1988년부터 있었는데, 미래를 내다봤던 전임 캘리포니아대학교 총장 데이비드 가드너 David Gardner가 미국 대학으로서는 당시 가장 급진적인 가족돌봄 휴가 정책을 도입했다. 15여 년이 지난 후, 우리가 캘리포니아대학교 시스템에 속해 있는 정년트랙 교원 4,400명을 조사했을 때, 지원 대상 교원 부모 중 가족친화정책을 사용한 빈도는 무척이나 낮았다. 예를 들어, 지원 대상 여성 조교수의 절반 정도만이 강의 및 행정 업무 변경(Active Service-Modified Duties, 강의 부담을 줄이는 것으로 흔히 ASMD로 불림) 정책을 사용하고, 교원 부모의 3분의 1 이하만이 정년 심사 유예 정책을 선택했다. 캘리포니아대학교에 속한 남성 교원의 가족친화정책 사용 빈도는 이보다 낮아서, 많아야 10명 중 1명만이 그 정책을 사용했다.

왜 교원들은 가족친화정책을 사용하지 않았을까? 한 가지 이유는 우리가 조사를 실시했던 2002년과 2003년 당시에는 해당 정책이 잘 알려져 있지 않았기 때문이다. 캘리포니아대학교 교수 부모의 절반 정도만이 당시 있던 가족친화정책 중에서 가장 중요한 강의 부담 완화 정책teaching-relief policy에 대해 알고 있었다. 사실, 지원 가능한 교원의 4분의 1 정도만 주요 정책 전반에 대해 알고 있었다. 조사에 응답한 한 교수 엄마는 "충격을 받았다… (설문 중에) 나와 내 배우자(역시 교원인)가 강의 부담 완화를 적용받을 수 있고, 내 배우자 또한 6주의 유급 휴가를 받을 수도 있다는 내용이 있었다. 나는 이 둘 중 어떤 정책에 대해서도 들어본 적이 없었고, 그래서 조금 화가 났다"고 밝혔다. 가족친화정책을 모른다고 응답한 교원들 중에는 정책을 도입할 책임이 있는 학과장들도 속해 있었다. 그 당시 개별 교원이 요청하는 가족친화정책을 처리하는 것은 학과장의 몫이었으나, 각 학과장이 개별 교원에게 가족친화정책 사용을 안내할 필요는 없었다. 사실, 일부 학과장은 오히려 교원들이 ASMD나 캘리포니아대학교의 가족친화정책을 사용하지 못하게 막았다. 교수 엄마들과 대부분 교수 아빠들이 가족친화정책을 쓰지 않는 두 번째 이유는 출산 때문에 일을 중단하게 되면 교수직에 전념하지 않는 것으로 여겨질까 우려하기 때문이었다. "정년을 보장받기 전에는, 육아휴직 등을 전혀 고려하지 않았을 것이다. 육아휴직이 훗날 큰 결점이 되리라고 생각했다." 캘리포니아대학교의 한 교수 엄마의 이야기다. 어떤 교수 아빠들은 여성을 위해 추가적으로 만들어진 정책을 사용하는 것이 꺼림칙하다고 이야기했다. 주 양육자인 경우에도, 남성 교원들은 '모성' 휴가를 택했단 이유로 낙인찍힐 것을 걱정했다. 대학의 한 교수 아빠에 의하면 "강의 부담 완화를 요구하는 것을 둘러싼 어떤 '문화'가 있어서 남성 교원은 이를 사용할 수 있다고 생각하기 어려운 것 같다"고 했다.

이는 문화를 바꾸는 데 악순환이 된다. 교수 아빠들은 부모를 위한 휴가가 부끄러운 일이라고 생각하며, 남성이 생계부양자라는 윤리에 반한다고 생각해서 휴가를 쓰는 데 주저한다. 교수 엄마들은 그들이 (혹은 그들의 연구가) 남성 교수나 다른 여성 교수보다 존중받지 못할지도 모른다는 두려움에, 주로 여성만 사용할 것으로 여겨지는 정책을 쓰는 걸 꺼린다. 수세기 동안 닫힌 커리어 모델을 유지해온 문화를 바꾸는 것은 어렵다. 여기서 닫힌 커리어 모델이란 대학원생부터 박사후연구원, 그리고 기한이 정해진 조교수 시기, 그리고 대개 40세 전후에 정년을 보장받는 모델을 가리킨다. 여기에는 속도를 조절하거나 휴식을 취할 여유가 거의 없다. 이 책이 보여주는 것처럼, 대학의 남성 커리어 모델은 여성을 근본적으로 불리한 위치에 놓았다. 남성도 아내나 파트너, 그리고 자녀와 함께할 시간을 빼앗기는 고통을 경험한다.

하지만, 매사추세츠 공과대학교MIT 이공계 여성 교원들의 최근 사례는 희망을 가질 만한 이유를 제공한다. 여성 교원 197명 중 정년을 보장받은 15명의 여성 교원은 남녀 교원이 받는 임금과 자원 간에 큰 차이가 있다는 것을 발견하여 정리했다.[44] 심지어 이들이 제공받은 실험실 면적도 남성 교수의 것보다 훨씬 작았다. MIT의 여성 교원들은 대학의 의사 결정 과정에서 자신들이 주변부로 밀려나 있다고 생각했다. 이들이 2002년에 발표한 보고서는 설득력 있는 사실들을 다루었고, 이는 대학에 심각한 도전이 되었으며, 실제로 그 후 많은 문제가 해결되었다. 년 새로운 보고서에서는 여성 교원들이 "MIT에 관한 매우 긍정적인 관점"을 가지고 있다고 언급되었다.[45] 2011년 보고서에는 여러 긍정적인 변화가 보고되었다. 자연과학대학과 공과대학의 여성 교원 수가 거의 2배 늘었다. 여성 교원들이 대학 고위 행정직을 다수 수행하고 있으며, 이 중에는 특히 대학 총장이 포함되었다. 가족친화적인 문화를 만드는 것과 관련해 자연과학대학의 한 여성 교원은 "아이를 가진 여성들이 경험하는 생물학적인 부담이 분명히 있고, MIT의 가족친화정책은 이 점을 완화하는 데 분명 긍정적인 것으로 여겨진다. 하지만 임신과 육아에 관한 혜택과 이슈만을 강조하는 점, 나아가 육아 이슈가 중성적인 '가족'의 이슈보다는 '여성'의 이슈라는 인식이 깔려 있는 것 같아 불편하다"[46]고 보고했다. 그리고 보고서에서 공과대학의 여성 교원을 언급하는 부분에서는 지난 10년간 도입된 가족친화정책을 긍정적으로 평가하면서도 "보육 서비스의 이용 가능성과 비용은 조교수급 여성 교원에게는 여전히 우려로 남는다"고 정리했다.[47]

문화가 쉽게 바뀌지는 않지만, UC 버클리에서도 발전의 신호가 보인다. 2006년, 몇 가지 새로운 가족친화정책이 소개되었고, 기존 정책은 확장되었다. 이 복합적인 정책 목록에는 출산휴가, 엄마와 아빠를 위한 강의 부담 완화, 부모를 위한 정년 심사 유예, 무급 육아휴직, 가족의 필요에 따른 부교수 및 그 이상의 인사 평가 연기, 그리고 가족의 필요에 의한 시간제 정년트랙 교수직이 있다. 이후, 긴급보육제도가 추가되었다. 새로운 정책 변화는 부양 의무를 가진 초보 부모에게 얼마든지 가족친화정책을 사용할 자격을 부여하며, 따로 요청해야 할 특별한 혜택이 아니라는 점을 분명하게 전한다. 추가적으로, 육아휴직을 떠난 교수를 대체할 강의 지원을 위해 중앙 본부의 기금이 배정되었다.

여기서 가장 중요한 점은 모든 교원이 자신이 신청할 수 있는 가족친화정책에 대해 잘 알고 있어야 한다는 점이다. 우리는 교원의 신규 임용과 유지 과정에서 가족친화정책을 강조하는 캠페인을 시작했다. 새로 임용된 교원을 맞이할 책자를 제작했고, 새로운 교원을 위한 오리엔테이션에서는 부모 정책과 보육을 포함한 각종 지원 제도에 관해 자세한 내용을 안내했다. 여기에 학과장을 참여시키기 위한 특별 오리엔테이션을 열었고, 학과장들이 가족친화정책 사용을 학과 교원에게 권장할 수 있도록 이들의 의무를 설명한 안내서 역시 포함했다. 이 안내서는 대학의 고위 보직 교수들이 확인할 수 있도록 온라인에 공개되어 있다.[48]

4년 후, 새로운 가족친화정책은 상식이 되었고, 널리 지지되었을 뿐 아니라, 자주 이용되고 있다.[49] 가족친화정책은 학과장에게 개별적으로 부탁해서 얻어내야 하는 특전이 아니라 모든 남성과 여성 교수가 당연히 사용할 수 있는 제도가 되었다. 마크 브릴리언트처럼, 새로 아빠가 된 이들의 59%가 ASMD를 통해 강의 부담을 덜었고, 이는 2003년의 수치인 6%와 비교된다. 강의 부담 완화를 택한 교수 엄마는 86%에 달한다. 한 교수 엄마는 "UC 버클리의 ASMD 정책을 사용할 수 있어 감사하고 행운이라 생각한다"고 말했다. 나아가, 여성 교원의 비율도 24%에서 29%로, 큰 변화는 아니지만 옳은 방향으로 움직이고 있다.

마지막으로, UC 버클리에서는 그 어느 때보다 고무적인 베이비붐을 경험하고 있다. 새로운 가족친화정책이 시행되기 전인 2003년과 2009년 사이에, 1명 이상의 자녀를 두었다고 밝힌 여성 조교수의 비율은 27%에서 64%로 2배 이상 늘었고, 남성의 경우에는 39%에서 59%로 늘었다. 어쩌면, "세상이 변하고 있으니the times, they are a-changin"?

대학을 위한 참고 목록

지금 당장이라도 대학이 수용할 수 있는 여러 가족친화정책이 있고, 대부분은 비용이 그리 많이 들지 않는다. 결론적으로, 이 정책들은 대학을 가족들이 함께할 수 있는 공간으로 만든다. 이 정책들은 성평등을 달성하고, 기존 교원만이 아니라 훈련 중인 연구자(대학원생이나 박사후연구원)들을 더 성공적으로 채용하고, 이들이 교수직을 유지하도록 이끌 수 있다. 다음의 목록이 완벽하진 않지만, 연구자, 교수 위원회, 행정직원, 그리고 교원의 아내, 남편, 파트너, 그리고 부모들이 가장 중요하다고 여긴 프로그램들이 요약되어 있다.

교수를 위한 가족친화정책에는 정년 심사 유예, 유급 육아휴직, 긴급보육제도, 그리고 시간제 정년트랙 교수직이 있다. 다른 정책들은 이 장의 앞부분에 설명되어 있다. 대부분은 여러 대학에서 이미 시행되고 있다. 다수의 정책이 결혼, 출산, 그리고 육아가 동반되는 커리어 초기에 집중한다. 교수 채용에 매우 중요한 것은 아마도 보육제도와 이중 고용 정책일 것이다. 뿐만 아니라 교원이 교수직을 유지하고 평생에 걸쳐 연구 생산성을 유지하기 위해서는 광범위한 정책 제안이 필요하다. 이 정책들은 특별 요청에 의한 것이 아니라, 반드시 자동으로 부여되는 것이어야 하고, 대학의 홈페이지나 인사팀 사무실 등 교내 주요 장소에 공개적으로 게시되어야 한다. 무엇보다, 해당 대학은 이 정책들이 실제로 사용되도록 노력해야 한다. 문화를 바꾸는 데 꼭 필요한 것은, 제도 집행에 책임이 있는 대학의 고위 행정직들이 자신의 역할을 잘 인지하고, 대학에서는 이들을 대상으로 지속적인 교육을 제공하는 것이다.

대학원생과 박사후연구원을 위한 가족친화정책, 즉 일-가정 양립에 좌절하는 젊은 학자들을 위해서는 유급 육아휴직, 긴급 보육제도와 가정 방문이 가능한 적당한 비용의 보육 서비스, 수유실(대부분 교원과는 달리 대학원생이나 박사후연구원은 대개 개인 사무실이 없다), 피부양자를 위한 건강보험, 가족 사택, 육아지원센터, 일-가정 양립과 관련해 전문적인 조언을 얻을 수 있는 멘토링 시스템 등을 제공할 수 있다. 또한 대학원생을 위해 출산 후 박사학위 심사 기한을 연장하는 정책도 꼭 필요하다.

이공계열은 특히 더 많은 관심을 요한다. 가족 구성은 이공계열 연구자 엄마들에게 특히나 큰 부담이기 때문에, 정년트랙 교수직을 구하기 전에 대학 커리어를 포기하거나, 정년트랙 교수직을 얻어도 정년을 보장받는 데 실패하는 경우가 많다. 많은 이공계 연구가 연방정부의 지원을 받고 있으므로, 국립과학재단과 국립보건원을 비롯한 여러 연구비 지급 기관에서 공조를 통해 최소한의 가족친화정책을 똑같이 제공하려는 노력이 중요하다. 이를 위해 대학과 연구비 지급 기관 간의 긴밀한 협조가 필요함은 두말할 나위가 없다.

박사학위자와 교수 모두 가족을 위해 몇 년의 시간을 보냈다 하더라도 경력단절 후 복귀할 기회를 얻는 것은 매우 중요하다. 잘 훈련된 인재를 잃는 것은 모두에게 안타까운 일이다. 일부 분야, 특히 이공계열의 경우에는 재진입 훈련 펠로십이 복귀를 도울 수 있다.

마지막으로, 대학 생활을 전체적으로 보자면, 대학이라는 일터가 커리어 전반에 걸쳐 더욱 유연해져야 한다. 시간제 정년트랙 교수직을 제공하여 교원이 필요할 때 가족과 함께할 수 있게 하는 것, 여기에 언제든 전일제 교수직으로의 복귀를 보장하는 것은 젊은 조교수나 노인을 돌봐야 하는 중견 교원이 대학에 남을 수 있도록 도울 것이다. 정년의 미래, 그리고 우리가 알고 있는 대학의 미래는, 연구의 성공에는 특화되었지만, 가장 우수하며 유망한 젊은 인재를 잡는 데는 부족한 시스템을 근본적으로 재고하는 데 달려 있다.

감사의 글

10년 넘게 진행된 '아이는 얼마나 중요한가' 연구과제는 수많은 동료들의 헌신으로 가능했다.

캐리 프라시는 UC 버클리 캠퍼스에서 진행한 대학원생과 과학자들의 일과 삶에 관한 연구에 참여했다. 그녀는 우리가 정책 제안을 수립하는 데도 도움을 주었다. 그녀의 조언이 아니었다면 이 책은 지금과 같지 않았을 것이다. 캐럴 호프먼Carol Hoffman, 샤론 페이지-메드리치Sharon Page-Medrich, 안젤리카 스테이시, 그리고 셸던 제덱Sheldon Zedeck을 포함한 UC 버클리 캠퍼스의 여러 동료들도 귀한 조언을 해주었다. 또한, 이공계 여성에 관한 연구에 힘을 실어준 UC 버클리 로스쿨의 건강, 경제, 가족 안전 센터Berkeley Law Center for Health, Economics and Family Security와 그곳의 소장 앤 올리리Ann O'Leary에게도 감사함을 전한다.

UC 가족친화계획이 시작되던 당시 UC 총장실의 실라 오로 크Sheila O'Rourke와 엘런 스윗케스Ellen Switkes는 이 계획을 도입 하고 유지하는 데 필요한 지원을 해주었다. 그들에게 특별히 감 사함을 전한다. 우리 연구를 지원하고 널리 알려주었을 뿐 아니 라, 연구 결과를 통해 제안한 정책이 도입될 수 있도록 도와준 UC 버클리 캠퍼스 총장 로버트 버달Robert Berdahl과 로버트 비 르게노Robert Birgeneau에게도 감사의 마음을 전한다. UC 대학원 학장 위원회UC Council of Graduate Deans는 대학원생과 박사후연 구원을 대상으로 한 설문조사 허가를 받는 데 중요한 역할을 해 주었고, 새롭게 제정된 가족친화정책을 지지해주었다.

우리는 유타대학교 소속 캐리 바잉턴Carrie Byington, 캐슬린 디 그레Kathleen Digre, 조앤 야페Joanne Yaffe, 캐슬린 직Cathleen Zick, 그리고 유타 인구학 네트워크Utah Demographic Network와의 논의 를 통해 많은 도움을 받았다. 소냐 앤더슨Sonja Anderson, 재키 그 리피스Jackie Griffith, 빈 에마 량Bin Emma Liang, 그리고 알타 윌 리엄스Alta Williams는 연구에 관한 전문적인 조언을 해주는 한 편, 신디 브라운Cindy Brown, 메릴린 콕스Marilyn Cox, 샌드라 얼 Sandra Earl과 샌디 스타크Sandy Stark는 가능한 행정 지원을 해주 었다.

미국 국립과학재단의 모리야 그린Maurya Green, 켈리 강Kelly Kang, 니르말라 카난쿠티Nirmala Kannankutty, 에이드리언 맥

퀸Adrian McQueen, 그리고 키스 윌킨슨Keith Wilkinson으로부터 박사학위 소지자 조사에 관한 도움을 받았다. 그러나 국립과학재단 자료를 사용했다고 해서, 이 책에 포함된 연구 방법이나 결론을 국립과학재단이 지지함을 의미하지는 않는다.

지난 8년간 코리 카포자Korey Capozza가 이 책의 편집자로 활동해주었다. 그녀는 늘 활기차고 즐겁게 일하며 부정확한 우리의 표현을 독자들이 읽을 수 있게끔 만들어주었다. 그녀의 도움이 아니었다면, 우리 작업은 이만큼 결실을 맺지 못했을 것이다. 우리는 그녀에게 정말 큰 마음의 빚을 졌다.

앤디 로스Andy Roth는 친절하게도 전체 원고를 읽어주었다. 그의 의견 덕분에 보다 분명하며 논리적으로 일관성 있는 책이 탄생했다. 리처드 잉거솔Richard Ingersoll, 제리 제이컵스Jerry Jacobs, 매슈 맥키버Matthew McKeever, 필 모건Phil Morgan, 베니타 로스Benita Roth, 샤론 새슬러Sharon Sassler, 그리고 앤 메리 우드Ann Marie Wood를 포함한 다른 동료들도 귀한 조언을 해주었다.

학교 밖의 전폭적인 연구비 지원도 본 연구를 가능하게 했다. 여러 해에 걸쳐 연구비를 지원해준 대학연구기관협회와 알프레드 P. 슬론 재단에 감사함을 전한다. 슬론 재단의 후원자로 특히 캐슬린 크리스텐슨의 공로에 감사를 표하고 싶다.

럿거스대학교의 편집자 피터 미쿨라스Peter Mickulas와 시리즈 에디터 캐런 핸슨Karen Hansen 두 사람이 이 연구과제에 쏟아준 열정에 감사함을 전하고 싶다. 이들의 도움 없이는 이 책이 나올 수 없었을 것이다. 빈틈없이 퇴고를 해준 로메인 페린Romain Perin에게도 감사하다.

저자 중 한 명인 니컬러스 H. 울핑거는 특히 두 명의 은사께 빚을 졌다. 빌 메이슨Bill Mason은 그에게 양적 데이터에 대해 신중하면서도 창의적으로 생각할 것을 가르쳐주었으며, 연구 인생 전체에 길잡이가 될 교훈도 알려주었다. 폴 스나이더먼Paul Sniderman은 직업에 대한 현명한 조언을 끊임없이 건네주었고, 그의 조언은 학계라는 울퉁불퉁한 모래톱을 탐색하는 데 꼭 필요했다. 마지막으로, 아주 오래전에, 학계에 대해 전혀 다른 조언을 해주었던 에릭 매그너슨Eric Magnuson에게도 감사함을 전한다.

부록: 자료 분석

이 책은 크게 두 가지 자료원을 기반으로 하였다. 첫 번째는 미국 전역을 대상으로 하는 박사학위 소지자 조사Survey of Doctorate Recipients, SDR 자료, 두 번째는 캘리포니아대학교에서 이루어진 일련의 설문조사 자료다.

박사학위 소지자 조사

50년이 넘는 기간 동안, 미국의 새로운 박사학위 취득자에게 질문지가 배포되었고, 이것이 박사학위 취득자 조사Survey of the Earned Doctorates, SED가 되었다.[1] 1973년부터는 SED에 응답한 박사학위자의 10% 이내를 선정하여 이들이 76세가 될 때까지, 혹은 미국 밖으로 이동할 때까지 2년에 한 번씩 인터뷰를 진행하였다. 기존 박사학위자와 신규 박사학위자, 이들을 대상으로 반복된 인터뷰가 합쳐져 SDR이 되었다.[2] 그 결과, 대학 커리어에 관해 새로운 자료가 지속적으로 유입되는 대규모 자료가 만들어졌다. 전체적인 응답률도 좋았다. 예를 들어, 1991년에는 응답자의 87%가 조사를 완료했다.[3] 여기에 응답자 편향을 조정하기 위해 조사에 따라 가중치를 적용했다. 가중치의 효과와 t-비율t-ratios에 따른 샘플 디자인을 감안하기 위해, 이 책에서 우리는 강건 표준오차robust standard error를 기반으로 한 유의성 검정 significance test 결과를 보고한다.[4]

SDR 자료가 고등교육기관 교원에 관한 연구를 할 때 종종 이용되는 다른 자료에 비해 광범위하다는 사실을 명시할 필요가 있겠다. 그동안은 실험과학자에 초점을 둔 연구가 진행되어 왔다.[5] 또, 많은 연구가 주요 연구중심대학의 교원에 집중되었다. SDR은 박사학위자 전부를 대상으로 한 대규모 대표 표본 large representative sample을 대상으로 하여 지금까지 진행된 연구가 가진 한계를 극복한다. 여기에 더해 SDR은 박사학위자가 대상이고, 교원이 대상이 아니기 때문에, 정년트랙 교수가 되지 않은 박사학위자에 관해서도 알 수 있다. 정년트랙 교수가 되지 않은 박사학위자들은 2장과 4장에 보고된 분석 결과의 유의미한 대조군이 된다.

1981년 전까지 SDR 자료에서는 응답자의 자녀에 관한 정보가 수집되지 않아, 이 시기는 분석에 사용되지 않았다.[6] 따라서, 대부분의 분석은 1981년부터 시작되는 SDR 자료를 기반으로 했다. 일부 분석은 종속 변인 코딩 문제dependent variable coding issue로 1983년 자료부터 사용했다. 샘플의 조성에 따라 조사의 종료 시점은 다음의 두 해 중 한 해가 선택되었다. 인문학 박사 학위자를 포함하는 SDR 자료는 예산 삭감의 여파로 1995년까지의 조사 자료만 사용되었다. 따라서 모든 분야를 바탕으로 하는 분석 결과는 1995년까지의 자료를 이용하였고, 이공계열(사회과학 포함)을 대상으로 하는 분석 결과는 2003년까지의 자료를 이용하였다.

SDR의 가장 큰 장점은 샘플 크기가 크다는 점이다. 2003년 조사 시점에 이르러서는 16만 명이 넘는 박사학위자가 조사에 참여했다.[7] 우리가 다변량 분석을 위해 사용한 가장 작은 SDR 샘플도 5,500명이 넘고, 가장 큰 샘플은 3만 명이 넘는다. 모든 SDR 분석의 샘플 크기는 [표 A-1]에 있다. 결측 자료missing data는 상당수의 결측 자료가 응답자들 간에 유의미한 차이를 대표할 경우(즉, 결측 자료에 대한 더미 변수dummy variable로도 충분히 예상할 수 있는 경우)가 아니라면 일률적listwise으로 삭제되었다. 박사학위자의 인종, 학위 취득까지 걸린 기간, 학위 수여 기관의 질, 고용 기관의 종류(이는 모두 범주 변인에 해당한다)와 같은 변인에 대해서는 결측 자료에 대한 더미 변수를 추가로 입력했으며, 연속 변수에 대해서는 결측 자료 더미를 추가한 평균 결측치 대치법mean imputation을 사용했다. 다중 결측치 대치법multiple imputation과 같이 보다 정교한 결측 자료 분석 방법을 사용하여

	조사 연도	N	총인원
정년트랙 교원 임용(전 분야)	1981–1995	30,568	95,070
정년트랙 교원 임용(이공계열)	1981–2003	34,851	143,815
박사학위 후 첫 일자리(전 분야)	1983–1995	16,049	–
경력단절 후 정년트랙 교원 임용(전 분야)	1983–1995	6,501	21,435
정년 보장 심사 통과(전 분야)	1981–1995	10,845	37,565
정년 보장 심사 통과(이공계열)	1981–2003	11,229	47,435
박사학위 취득 당시 혼인율(전 분야)	1981–1995	30,874	–
커리어 전반에 걸친 혼인율(전 분야)	1981–1995	6,366	12,700
박사학위 취득 당시 이혼율(전 분야)	1981–1995	30,874	–
커리어 전반에 걸친 이혼율(전 분야)	1981–1995	16,770	39,507
박사학위 취득 당시 가정 내 자녀(전 분야)	1981–1995	27,870	–
커리어 전반에 걸친 가정 내 자녀(전 분야)	1981–1995	11,161	22,325
정교수 승진율(전 분야)	1981–1995	5,766	43,216
여성 박사학위자 임금(전 분야)	1981–1995	7,717	27,113
남성 박사학위자 임금(전 분야)	1981–1995	13,202	55,609
은퇴(전 분야)	1981–1995	6,356	30,383

[표 A-1] 박사학위 소지자 조사에 따른 조사 연도와 분석 샘플 크기

도 회귀 계수regression coefficient나 표준오차 예측 결과는 개선되지 않았다.[8]

마지막으로, 박사학위자의 성별, 결혼, 이혼, 그리고 자녀에 관해 보고된 모든 SDR 결과는 따로 명시되지 않는 한 통계적으로 유의미하다.

캘리포니아대학교 설문조사

우리는 캘리포니아대학교 9개 캠퍼스에서(10번째인 UC 머시드 캠퍼스는 2005년에 개교하여 설문조사에 포함되지 않았다) 진행된 3개의 서로 다른 설문조사 자료도 사용했다. 네 번째 설문조사는 UC 버클리에서만 진행되었다. 캘리포니아대학교 캠퍼스 전체에서 진행된 세 차례 조사는 캘리포니아대학교 총장의 승인하에 메리 앤 메이슨의 도움으로 진행되었고, 네 번째는 마크 굴든, 안젤리카 스테이시, 그리고 셸던 제덱이 조사를 맡았다. 캘리포니아대학교의 일-가정 이슈를 다루고자 마크 굴든과 다른 이들이 조사 문항을 설계했다. 인터넷에 등록된 설문조사를 통해 양적 자료와 질적 자료를 모두 얻었다.

첫 조사는 2002년과 2003년에 걸쳐 진행되었고 캘리포니아대학교의 정년트랙 교원을 대상으로 했다.[9] 응답률은 51%였으며 총 4,460개의 답변을 받았다. 두 번째 조사는 2006년과 2007년에 캘리포니아대학교의 박사 과정 학생을 대상으로 진행되었다.[10] 응답률은 43%, 총 8,373개의 답변을 받았다. 세 번째 조사는 2009년, 캘리포니아대학교의 박사후연구원을 대상으로 진행되었다.[11] 응답률은 43%, 총 2,390개의 답변을 받았다. UC 버클리에 국한된 네 번째 조사는 시간강사contingent instructors, 연구원 academic researchers, 그리고 그 외 대학 직원academic staff을 대상으로 했다.[12] 조사는 2009년에 이루어졌고 총 645개의 답변을 받았으며, 응답률은 37%였다. 위의 응답률 모두 무작위로 전화를 걸어서 진행하는 설문조사보다 훨씬 높다.[13] 4개의 설문조사는 모두 14장 정도로 길었으며, 완성하는 데 15~20분 정도 소요되었다. 이 캘리포니아대학교 설문조사는 질적인 자료와 기술 통계descriptive statistics용으로 사용되었다.

기타 양적 자료

우리는 그 외에도 (1) 미국 내 연구비 대부분을 집행하는 13개 연방정부기관과 (2) 미국대학협회 소속 61개 학교에서 별도로 진행된 가족친화정책에 관한 설문조사 자료도 수집했다.[14] 특히 미국대학협회에 속한 학교는 미국(59개교)과 캐나다(2개교)의 국공립 및 사립 상위 연구중심대학교였다. 미국대학협회에 소속된 미국의 59개교에서 해마다 미국 총박사학위 취득자의 절반이 넘게 배출된다.[15]

4장에는 2000년 5퍼센트 인구총조사 공용 마이크로데이터 샘플Public Use Microdata Sample, PUMS을 바탕으로 한 분석 결과를 보고했다.[16] PUMS 자료는 참여자에 관한 정보가 적은 편이지만, 남성과 여성 의사, 변호사, 그리고 교수의 출산율을 비교할 수 있는 대규모 자료를 제공했다. 분석은 25세 이상(전문직 훈련을 끝마친 이들의 평균 최소 연령) 44세 미만(이보다 나이가 많은 부모는 적었다)의 개인을 대상으로 진행되었다. 자녀 존재를 파악할 수 있는 20년이라는 기간에 관한 자료를 이 보고를 통해 취득했다. 이 경우에는 결측 자료가 없었다.

기타 질적 자료

이 책에서 비공식적인 질적 인터뷰와 관심 집단을 대상으로 하는 자료도 여럿 발표했다. 인터뷰 중 일부는 원래 메리 앤 메이슨과 이브 메이슨 에크먼의 2007년 책《전문직 어머니들》을 위해 진행되었다.[17]

책의 여러 장에 걸쳐 주로 고등교육연보와 고등교육인사이드 Inside Higher Education에서 관리하는 인터넷 게시판이나 블로그 등을 통해 구한 질적 자료도 보고했다. 이 웹사이트에서는 고등교육에 관한 남녀의 경험에 관한 귀중한 이야기를 들을 수 있었으며, 캘리포니아대학교 설문조사로 얻은 질적 자료와 비교를 통해 균형을 맞출 수 있었다. 웹사이트의 자료는 개방되어 있다. 설문조사에 대한 답변이 아니라, 경험을 자발적으로 공유한 것이다. 하지만, 경험을 말하고 싶어 하는 연구자만 참여한 것이므로, 이런 자가 선택self-selection이 사람들의 이야기에 영향을 미칠 수 있다. 누적 효과도 있을 수 있다. 많은 사람들이 게시판에 글을 남기므로 작성자가 보다 공격적인 답변을 해야겠다고 느낄지도 몰랐다. 그러므로 우리는 이 질적 자료를 근거 자료가 아니라, SDR 자료와 다른 자료원을 근거로 한 주장을 실증하기 위한 용도로 제시한다.

2장 분석

정년트랙 일자리를 구할 가능성을 분석하는 방법으로 우리는 불연속 시간 사건 분석discrete-time event history analysis법을 이용했고, 역로그-로그 회귀분석complementary log-log regression으로 추정했다.[18] 역로그-로그 방식은 불연속 데이터가 연속적인 데이터와 비슷해지는 경우, 로짓logit이나 프로빗probit보다 나은 추정 법칙이다.[19] 사건이 일어나는 데 걸리는 시간time-to-event이 햇수로 측정되기 때문에, 연속적인 시간 모델로는 추정이 어렵다. 1981년부터 1995년 (혹은 2003년) 사이에 집계된 SDR 자료는 해마다 고용 상황 사건을 재구성하는 데 사용되었다. 응답자가 정년트랙 일자리를 얻지 못한 해마다 새로운 기록이 생성된다. 그리고 이들이 정년트랙 일자리를 구한 해에, 이 기록은 정년트랙을 받기까지 걸린 시간 사건time-to-event으로 기록된다. 정년트랙 일자리를 구하기 전 각 년도에 해당하는 더미 변수로 기저 위험 함수baseline hazard function를 구했다. 예비 조사를 통해 우리는 대학원을 졸업한 응답자 분석의 위험 함수 최대치는 7년, 그리고 정년트랙에 속하지 않는 응답자가 정년트랙 일자리를 구하기까지의 위험 함수 최대치는 6년으로 설정했다. 실제로 각각의 응답자에 대해 7년, 그리고 6년 이후 정년트랙 일자리를 구하는 경우는 매우 적었다.

우리가 설정한 주요 독립변수는 응답자의 성별, 가임 기간, 그리고 결혼 여부였다. 결혼 여부는 응답자가 이성애 결혼을 현재 했는지에 대해 단일 더미로 측정되었다(이 분석 자료는 매사추세츠와 같은 주에서 동성 결혼 합법화 이전에 구했다). 하지만 미혼인 응답자에게 동거 중인 파트너가 있는지는 확인할 수 없었다. 또한, SDR 자료에는 응답자의 배우자 또한 교수로 고용되었는지 언급되지 않았다. 한 가정의 자녀 수는 한 쌍의 더미 변수로 측정되었는데, 6세 미만 자녀의 존재와 6세에서 18세 사이 자녀의 존재 여부였다. SDR 자료에서는 자녀가 생물학적인 자녀인지, 입양된 자녀인지, 혹은 의붓 자녀인지 확인할 수 없다. 하지만 이는 큰 문제가 되지 않는데, 대부분이 친자녀인 것을 떠나, 가정에 자녀가 있는 것 자체가 응답자가 부모가 되려는 결정을 내렸음을 의미하기 때문이다. 우리는 예비 조사를 통해 자녀의 수를 측정하는 변수를 실험해봤지만, 이 변수로 인해 다른 결과가 도출되지는 않았다.[20] 결혼 여부와 자녀는 사건 분석에서 시가변적 공변인time-varying covariate으로 작용한다. 이 변수는 가족 구성이 남녀 연구자들에게 어떻게 다르게 영향을 미치는지 알기 위해 성별과 비교되었다. 우리는 모든 분야에 걸쳐 이루어진 분석에서 성별, 결혼 여부, 그리고 자녀의 존재, 이 세 가지 변인 사이에 통계적으로 유의미한 상관관계를 파악하지 못했다. 반대로, 이 공계열에서는 이 세 가지 변인의 상호작용이 보고되었다.

통제 변수는 두 가지, 즉 연구와 인구 특성으로 나뉘었다. 응답자의 가족 구성 특성behavior과 우리가 예상하는 결과 모두 이 두 가지 범주와 상관관계가 있을 수 있다. 연구 대조 변수로는 응답자가 속한 박사학위 과정의 국립연구위원회 순위[21], 박사학위(취득)까지 걸리는 기간, 박사학위 취득 후 경과한 시간, 박사학위 취득 연월 등이 있다. 첫 두 변수는 더미 변수로 고정되었고, 관찰된 연속 변수의 사분위수quartiles를 대표했다. 전공 분야 변인은 인문계열(일부 분석에서는 제외), 사회과학계열, 그리고 실험과학(생물학, 물리학, 공학, 그리고 수학 포함)에서의 학위 여부로 두 가지, 혹은 세 가지 변수를 두었다.[22] 박사 과정 재학 기간은 연속 변수로 측정되었다. 박사학위 취득 후 시간 또한 연속 변수이며 초기 고용 상황(아래 참조)을 예측하는 모델에만 사용되었고, 박사후연구원 펠로십, 풀브라이트 장학금, 그리고 다른 임시직을 박사학위 졸업 후에 함으로써 연장되는 경우를 설명하는 기반이 되었다. 이 변수는 사건 모델event history model에서 시간에 따라 변하는 변수였다. 이 변수는 재진입 분석에는 제외되었는데, 시간 사건과의 강한 연관성 때문이었다.

인구학적 대조 변수로는 응답자의 인종과 연령이 포함되었다. 인종은 응답자가 흑인, 백인, 라틴계, 아시안, 그리고 그 외에 해당하는 변수로 더미화dummy-coded되었다. 연령은 연속 변수로 사건 분석에서 시간에 따라 변하는 변수였다. 연령은 첫 직장 종류 분석에서 고용 상태와 동시에 측정되었다.

대학원 졸업 직후에 구하게 되는 첫 일자리 유형은 정년트랙 일자리, 시간강사, 대학의 비강의 전담직, 기업이나 정부 채용, 경력단절, 이렇게 다섯 가지 범주를 가진 명목 변수nominal variable로 측정되었고 다항 로지스틱 회귀분석multinomial logistic regression 기법으로 분석되었다.[23] 이 구분법을 이용하게 되면 박사후연구원 펠로십(포닥)이 분석에서 제외되는데, 앞의 범주 중 어디에도 잘 맞아떨어지지 않기 때문이다. 박사후연구원은 정의상 일시적인 일자리다. 시간강사와는 달리 이 일을 계속 이어 하면서 무기 계약직처럼 일할 수 없다. 그러므로 앞의 다섯 가지 일자리 유형에 속하지 않으며, 오히려 이 직업의 예비직으로 볼 수 있다. 무엇보다, 우리는 박사후연구원 펠로십을 응답자의 교육 과정의 최종 단계로 보지, 이들의 커리어의 첫 단계로 보지 않았다(실제로, 1장에서 제안했듯이, 많은 이들이 박사후연구원을 미화된 연구 보조로 생각했다).[24] 이에 대한 우리의 해결책은 응답자의 첫 SDR 면접에서 박사후연구원이라고 한 경우, 이들이 하게 되는 첫 번째 비非박사후연구원 직업으로 분류했다. 첫 SDR 면접이 응답자가 박사학위를 취득하고 2년 후에 진행되기 때문에, 1년 이내의 강사직이나 보조 연구원처럼 대학 임용 지원을 하는 동안 생계 유지를 위해 선택되는 일자리의 형태는 종속변수로 수집되지 않았다. 박사후연구원 펠로십을 지원받는 것은 독립 변인으로 포함되었다. 이는 우리 분석 결과에 영향을 주지 않았다. 박사후연구원 펠로십을 측정하는 것 외에, 이 분석에는 정년트랙 일자리를 구하는 데 사용한 분석에서 사용된 독립변수를 똑같이 이용했다.

2장에서는 대학으로의 재진입 분석 결과도 추가적으로 보고하는데, 시간강사, 대학의 비강의 전담직, 정부나 기업 채용, 혹은 경력단절 후 얼마간의 시간이 지난 후 정년트랙 일자리를 구할 가능성이다. 재진입 이전의 네 가지 상황의 혼합성(이질성)을 측정하는 데에는 (미)취업 유형을 측정하는 몇 가지 더미 변수를 이용했다. 샘플 크기의 한계로 인해 각 상황에 관한 분석이나, 서로 다른 학문 분야 간의 독립적인 모델 수립은 불가능했다.

재진입율 분석은 이 장의 다른 곳에서 이용된 사건 모델과 독립 변수에 의존한다. SDR 결과에서 차례로 일어나는 사건들을 정년트랙 일자리를 구하기까지의 과정으로 재구성하는 데 1983년에서 1995년 사이에 진행된 SDR 자료 결과를 사용했다. 박사학위 취득 후 비정년트랙 일자리로 지내는 해마다 데이터가 추가되었다. 응답자가 정년트랙 일자리를 구하는 경우는 실패failure로 측정되었다. 위험 함수는 정년트랙 일자리를 구하기 전 각각의 해에 대한 더미 변수로 측정되었다. 결혼이 변수로 포함된 통계 분석에서는 어떤 경우에서도 통계적으로 유의미한 결과를 관찰하지 못했다.

3장 분석

정년에 관한 분석은 2장에서 사용된 것과 비슷한 불연속 시간 사건 분석법이 이용되었다.[25] 하지만 여기서 정년이 결정되는at-risk 인구는 정년트랙 조교수뿐이었다. 정년을 받을 위험 함수는 최대 7년이 아니라 10년으로 지정되었다. 대조 변수는 응답자의 인종, 연령, 박사학위 취득 연도, 전공 분야, 그리고 임용 대학의 카네기 분류(Carnegie classification: 연구 1급 혹은 그 외)였다.[26] 연령과 카네기 분류는 시간에 따라 바뀌는 독립변수로 지정되었다.

3장에서는 샘플 선택이 여성의 낮은 정년 확률을 설명할 수 있는지 알아보기 위해 두 가지 회귀분석 모델 결과도 보고했다. 둘 다 다함수 모델이다. 각각은 대학의 일자리를 구하는 것과 정년을 구하는 것의 관계에 관해 서로 다른 전제를 세웠다. 먼저, 우리는 헤크먼Heckman의 두 단계 절차two-step procedure를 이용한 선택 모델을 예측했다.[27] 이 등식은 잔차항error term의 특성 때문에 역로그-로그 방식보다는 프로빗을 이용해서 예측하였다. 앞서 설명한 사건 구성 규칙에 따라, 우리는 응답자의 정년트랙 일자리 임용 여부를 종속변수로 하는 첫 단계 선택 등식을 계산했다. 증명을 위해 첫 단계 선택 등식에는 두 번째 단계 등식에 등장하지 않는 독립변수를 적어도 한 개 이상 포함해야 했다. 이 필요는 국립연구위원회에서 측정하는 응답자의 박사학위 과정 대학 순위와 박사학위 과정 기간을 포함시킴으로써 만족되었다. 이 변수는 이후 두 번째 단계의 등식의 종속변수가 되는 정년을 받을 가능성과 논리적, 직접적 관계가 없었다. 선택 등식의 결과는 이후 밀스 비율Mills ratio의 역수를 구하는 데 이용되었다. 그리고 여기에는 샘플 선택의 효과를 반영하기 위해서 두 번째 단계 등식의 회귀자가 포함되었다.

이 절차의 장점은 정년트랙 일자리를 구하는 것과 정년을 받는 것, 두 가지 모두 구할 사건을 예측할 확률을 제공한다는 것이다. 반대로 단점은 이 두 가지 등식이 서로 독립적으로 예측된다는 점이다. 왜냐하면 동시에 제거된 변수가 두 가지 고용과 정년의 가능성에 영향을 줄 수 있을 가능성이 있고, 그래서 두 등식에 걸쳐 상관관계가 있는 잔차항을 허용하는 모델이 더 선호되기 때문이다. 하지만 사건 구성event history framework 안에서 이와 같은 모델을 예측하는 것은 불가능하다.[28] 대안으로, 우리는 이변수 프로빗 선택 모델bivariate probit selection model을 예측했다.[29] 첫 단계 등식은 응답자가 박사학위 취득 3년 이내에 정년트랙 일자리를 구하는지를 확인한다. 일자리를 구하는 데 나타나는 위험을 시각적으로 살핌visual inspection 결과에 따르면, 대부분의 응답자는 박사학위 취득 후 3년 이내면 일자리를 구한 상태였다. 두 번째 단계 등식에서는 정년트랙 일자리를 가진 응답자 대상 분석을 통해, 정년을 7년 반 이후에 받는 것을 종속변수로 두었다. 이 한계는 경험적으로 확인되었다. 이 두 단계 선택 모델에 있어서는, 국립연구위원회에 따른 응답자 박사학위 과정 대학의 순위와 박사학위 과정 기간이 첫 단계 등식을 확인하는 데 사용되었다. 또 다른 독립변수로는 첫 단계 등식의 경우 박사학위 취득 시기가 이용되었고, 두 번째 단계 등식의 경우에는 정년트랙 일자리를 구하는 시기가 이용되었다. 이 분석의 샘플 크기(N=1,348)는 다른 장에 비해 작은데, 취업과 정년 모두를 포함하도록 위험집합risk set이 정의되어야 했기 때문이다.

이 두 모델 모두 여성이 낮은 비율로 정년을 받는 것이 샘플 선택에 의한 것이 아니라는 것을 보여줬다.

4장 분석

이 장은 SDR 자료를 바탕으로 두 가지 분석을 포함했다. 두 가지 분석 모두 똑같이 결혼, 이혼, 그리고 가정 내 6세 미만 자녀의 존재를 세 가지 종속변수로 한다. 두 가지 분석에는 모든 박사학위 소지자를 포함하며, 정년트랙 일자리에 속하지 않은 이들도 포함되었다.

첫 분석은 응답자가 처음 SDR을 완료할 당시의(즉, 박사학위 취득 직후 첫 조사) 결혼, 이혼, 그리고 자녀에 관한 세 개의 로지스틱 회귀 모델을 포함했다. 두 번째 분석에서는 2장에서 사용된 불연속 시간 사건 모델을 이용해서 박사학위 소지자의 생애에 걸쳐 세 가지 종속변수의 전망을 살폈다.

이 두 분석에서 주요한 독립변수는 커리어 유형의 측정이었다. 이를 위해 (1) 정년트랙 일자리, (2) 비정년트랙(시간강사, 혹은 시간제 일자리, 경력이 단절된 응답자), 그리고 (3) 대학 외의 전일제 고용 형태를 이용했다. 이 변수는 결혼, 이혼, 그리고 자녀 수에 따른 직업적인 차이를 살피기 위해 성별과 비교되었다. 4장의 모든 분석은 SDR 대조군을 기준으로 2장에서 소개된 것과 거의 비슷한 독립변수를 사용했다. 이를 위해 박사학위 전공 분야, 박사학위 과정 대학의 순위, 박사학위까지 걸리는 기간, 박사학위 취득 연도, 연령, 인종, 그리고 (사건 분석 모델의) 지속 기간의 의존성duration dependence이 이용되었다.

우리는 2000년 PUMS 인구총조사 자료를 이용해서 남성과 여성 교수와 의사나 변호사의 자녀 수 차이를 살폈다. 직업은 직업 코드와 학위 종류의 조합을 통해 확인되었다. 이 세 개 직업군에 대해서 개인은 주당 한 시간 이상 일하고, 다음 세 개의 직업 중 하나를 가져야 했다. (1) 고등교육 교원(즉, 교수), (2) 의사(외과 의사 포함), 혹은 (3) 변호사였다. 교수는 박사학위를, 의사와 변호사는 전문직 학위를 가져야 했다(이에 따라 법학 박사와 의학 박사는 각각 변호사와 의사로 여겨졌다).

이 분석의 종속변수는 출산 사건, 즉 가정 내에 0세 혹은 1세의 자녀의 존재로 정의되었다. 출산 사건은 첫 출산, 혹은 다둥이 출산일 수 있다. 가임력에 관한 자료가 있다면 좋았겠지만, PUMS 자료로는 구할 수 없었다.

우리는 출산 사건을 여러 가지 로지스틱 회귀 모델과 비교했다. 여성 의사, 변호사, 그리고 교수라는 더미 변수로 직업에 따른 자녀 수의 차이를 관찰했다. 모든 모델에서 연령, 인종, 그리고 주당 근무 시간 변인은 통제되었다. 이후 모델에서는 결혼/동거 상태, 연봉, 그리고 배우자 고용 등의 변수가 도입되었다. 이는 측정한 응답자나 배우자의 특성이 직업에 따른 자녀 수 차이를 측정할 수 있게 하는지 판별할 수 있게 해주었다.

5장 분석

5장에서는 (1) 정교수로 승진, (2) 연봉, 그리고 (3)은퇴에 관한 다변량 분석 결과를 보고했다.

우선, 우리는 정교수로의 승진에 대한 불연속 시간 사건 분석을 진행했다. 이는 2장과 3장의 분석과 거의 비슷하다. 여기서 분석 대상에 포함되는 샘플은 정년을 받은 부교수만 포함되었다. 위험함수의 최대치는 10년으로 정해졌는데, 매우 적은 수의 부교수만이 이 시간 이후에 승진하기 때문이다. 독립변수는 정년 보장 분석에 사용된 것과 같았다.

둘째로, 우리는 정년트랙 교원의 연봉을 물가상승률을 반영한 연봉을 갖고 고정 효과 모델fixed-effect models로 연구했다.[30] 고정 효과 회귀분석은 개인 간에 시간의 영향을 받지 않는 차이를 종단 자료를 이용해서 통제한다. 여러 연구에서 이 모델을 이용하여 여성의 연봉에 자녀가 미치는 누적 효과를 탐색했다.[31] 우리의 분석 디자인은 이들과 다른데, 주로 종속변수 때문이다. 다른 연구에서는 연봉을 관찰하나, 우리는 응답자의 기본 연봉base annual salary을 분석했다. 여기에 여름 연봉, 보너스 등은 제외되었다.

우리는 남성과 여성 교수에 대해 별도의 분석을 시행했는데, 고정 효과 모델에서 독립변수로 응답자 성별을 포함하는 것이 불가능하다는 이유 때문이었다. 주요 독립변수는 결혼 상황(기혼 대 미혼)을 측정하는 더미와 가정 내 어린 자녀 수를 의미하는 연속 변수였다. 통제 변인에는 박사학위 취득 후 기간을 재는 연속 변수, 응답자가 고용된 대학이 카네기 연구 1급 학교인지 여부(결측 자료에 대해서는 추가 더미), 교수 지위에 대한 더미(조교수,

부교수, 정교수), 조사 연도에 대한 더미 변수, 그리고 연령과 연령의 제곱이 있었다.[32] 모든 독립변수는 시간에 따라 바뀌었다. 우리는 젠더와 통제 변수 사이에 통계적으로 유의미한 상관관계를 관찰하지 못했다.

세 번째, 우리는 고등교육기관에 고용된 박사학위 소지자의 은퇴에 관해 불연속 시간 사건 분석을 진행했다. 이 분석은 56세에서 75세 사이의 SDR 응답자만을 포함했다. 55세 이전에 학계를 떠나는 것은 커리어 변화를 반영하는 것이지, 은퇴가 아니라고 보았다. 뿐만 아니라, 예비 조사에서도 학계를 일찍 떠나는 경우가 거의 없음을 확인했다. 우리 연구는 75세에 끝나는데, SDR 면접이 이 시점에 끝나기 때문이다. 또한, 이 연령에 이르면 교수였던 박사학위자의 8%만이 여전히 일하고 있었다.[33]

이전 분석처럼, 우리의 주요 독립변수는 성별, 결혼 상태, 그리고 자녀였다. 결혼 상태는 기혼, 별거/이혼, 미혼, 그리고 이유를 언급할 수 없는 미혼 등 네 가지 범주가 있었다. 자녀는 은퇴 가능 연령(55세 이상) 당시 가정 내 어린 자녀의 존재, 55세 전 어린 자녀의 존재, 그리고 자녀 없음, 세 가지 범주였다. 자녀와 결혼 상태는 시간에 따라 바뀌는 독립변수다. 이 두 변수 간의 상호작용과 응답자의 성별은 통계적으로 유의미하지 않았다.

SDR 자료가 함께 거주하는 어린 자녀에 관한 정보만을 제공하고, 그나마도 1981년 조사 이후에만 제공한다는 점을 언급해야 한다. 그러므로 어린 자녀가 1981년 이전에 집을 떠난 응답자는 무자녀인 것으로 잘못 분류되었다. 이는 은퇴를 연구하는 SDR 자료의 피할 수 없는 오점이다. 그럼에도 이외에 더 나은 데이터는 없었다. 위의 경우처럼 자녀 변수가 중도 누락censoring 된 자료를 통제하고자 우리는 자녀에 관한 정보를 갖고 있는 SDR 자료의 햇수를 시간에 따라 달라지는 연속 변수로 포함했다.

은퇴 사건 분석에는 다음의 통제 변수가 사용되었다. 전문적인 특성으로는 박사학위 전공 분야, 일자리 유형, 고용주 형태, 박사학위 취득 연도, 그리고 임금이 사용되었다. 박사학위 전공 분야는 생물학(대조 범주), 공학 혹은 컴퓨터과학, 수학 혹은 물리학, 심리학, 그리고 그 외 사회과학 등 응답자가 선택한 것에 따라 측정되는 더미 변수였다. 일자리 유형은 정년트랙 교수, 비정년트랙 교원, 그리고 대학 내 다른 직위가 변수였다. 응답자가 카네기 연구 1급 학교에 고용되었는지는 하나의 더미 변수로 측정되었다. 박사학위 취득 연도는 연속 변수였다. 마지막으로 물가상승률을 감안한 임금의 10분위수를 임금으로 반영했다. 임금, 고용주 형태, 그리고 일자리 유형은 모두 시간에 따라 달라지는 독립변수였다.

응답자가 은퇴할 가능성이 높았던 과거의 기간 또한 더미 변수로 두었다. 1982년 7월 전, 1982년 7월부터 1994년 7월, 그리고 1994년 7월부터 1999년 7월이다. 이 코드는 1995년 교원 정년 퇴임 제도 폐지를 반영한다. 응답자들이 은퇴 가능한 인구에 진입하는 연령은 연속적인 변수로 측정되었다. 지속 기간의

의존성은 19개 더미 변수로 모델링되었다. 각각은 응답자가 은
퇴할 가능성이 높은 해를 뜻했다.

그래프와 표 목록

그래프

1-1 미국 이공계열 박사학위 취득자 중 여성 비율, 1966~2006 (48쪽)

1-2 미국 국립보건원과 미국 국립과학재단에서 대학 커리어 단계에 따른 여성 선정 비율 (64쪽)

1-3 캘리포니아대학교 박사후연구원의 성별과 가족 형태에 따른 연구교수직에서의 커리어 목표 전환 비율 (72쪽)

2-1 여성 박사학위자가 정년 교수직이 아닌 다른 커리어 경로를 선택할 비율 (115쪽)

2-2 정년트랙 교원 임용을 잠시 포기했던 박사학위자의 임용 재진입률 (121쪽)

4-1 캘리포니아대학교 교원의 남녀 간 출산/육아 격차 (179쪽)

4-2 연령과 직종에 따른 여성의 출산 횟수 (183쪽)

4-3 교수의 성별과 자녀 유무에 따른 업무와 가사노동 강도 (190쪽)

4-4 박사학위 취득 12년 후 정년트랙 교원의 가족 형태 (208쪽)

5-1 성별, 가족 구성, 연령에 따른 주당 평균 돌봄노동 시간 (234쪽)

5-2 대학 교원의 연령에 따른 은퇴율 (237쪽)

5-3 연령에 따른 이공계열, 사회과학계열 정년트랙 교원의 평균 주당 근로시간 (238쪽)

6-1 연방정부기관으로부터 연구비나 계약을 따낸 연구자에게 제공되는 가족친화정책 (264쪽)

표

1-1 캘리포니아대학교 대학원생들이 아이를 낳지 않거나 아이를 가질 계획이 불분명한 이유 (53쪽)

4-1 캘리포니아대학교 부모 교원이 업무에서 느끼는 스트레스 강도 (190쪽)

A-1 박사학위 소지자 조사에 따른 조사 연도와 분석 샘플 크기 (291쪽)

미주

서문

1. 미국 국립교육통계센터(National Center for Education Statistics), Digest of Education Statistics: 2009 (U.S. Department of Education, Institute of Education Sciences, Washington, DC, 2009), table 275.

2. 필립슨의 최근 논문에도 이 영역의 일부가 다뤄지지만, 전국 단위의 자료나 가족 구성에 초점을 두지는 않았다.
   Maike Ingrid Philipsen and Timothy B. Bostic, Challenges of the Faculty Career for Women: Success and Sacrifice (San Francisco: Jossey-Bass, 2008).

3. 미국 국립과학재단 과학자원통계과(National Science Foundation, Division of Science Resources Statistics), Science and Engineering Degrees: 1966-2006 (Detailed Statistical Tables, NSF 08-321, 2008), table 2.
   미국 국립교육통계센터(National Center for Education Statistics), Digest of Education Statistics, table 275.

4. UC 버클리 캠퍼스의 경우, Faculty Personnel Records, 1979-2007, Berkeley, CA 참고; 다른 대학의 경우, 미국 국립과학재단 과학자원통계과(National Science Foundation, Division of Science Resources Statistics), Doctorate Recipients from U.S. Universities: Summary Report 2007-08 (Special Report NSF 10-309, 2009), table 20 참고; 과거 자료의 경우, Lori Thurgood et al., U.S. Doctorates in the 20th Century, National Science Foundation, Division of Science Resources Statistics (NSF 06-319), table 3-19 참고.

5. 1995년 이후 예산상의 이유로 SDR에서 인문계열은 제외되었다.

6. Mary Ann Mason and Marc Goulden, "Do Babies Matter? The Effect of Family Formation on the Lifelong Careers of Acdemic Men and Women," Academe, November-December, 2002; Nicholas H. Wolfinger et al., "Problems in the Pipeline: Gender, Marriage, and Fertility in the Ivory Tower," Journal of Higher Education 79 (2008):388-405도 참고할 것.

7. Mason and Goulden, "Do Babies Matter?; Nicholas H. Wolfinger et al. "Stay in the Game: Gender, Family Formation, and Alternative Trajectories in the Academic Life Course," Social Forces 87 (2009): 1591-1621.

8. Wolfinger et al., "Problems in the Pipeline."

9. Mary Ann Mason and Marc Goulden, "Do Babies Matter (Part II)? Closing

the Baby Gap," Academe 90 (2004):3-7; Mary Ann Mason and Marc Goulden, "Marriage and Baby Blues: Redefining Gender Equity in the Academy," Annals of the American Academy of Political and Social Science 596 (2004): 86-103.

10. Mary Ann Mason, The Equality Trap (1988; Somerset, NJ: Transaction, 2002).

11. Nicholas H. Wolfinger et al., "Alone in the Ivory Tower," Journal of Family Issues 31 (2010):1652-1670.

12. Karie Frasch et al., "Creating a Family Friendly Department: Chairs and Deans Toolkit," (report, University of California, Berkeley, 2007).

13. Mary Ann Mason et al., "Why Graduate Students Reject the Fast Track," Academe 95 (2009):11-16.

14. 세대 간 중복 기간에 대해서는 다음을 참고하였다.
Alice Rossi and Peter Rossi, Of Human Bonding Parent-Child Relations across the Life Course (New York: Aldine de Gruyter, 1990).

15. Marc Goulden et al., "Staying Competitive: Patching America's Leaky Pipeline in the Sciences" (Berkeley Center on Health, Economic, and Family Security, University of California, Berkeley, 2009).

16. Mary Ann Mason and Eve Mason Ekman, Mothers on the Fast Track: How a New Generation Can Balance Work and Family (New York: Oxford University Press, 2007).

1장 대학원 시기: 새로운 세대, 오래된 생각

1. Mary Ann Mason et al., "Why Graduate Students Reject the Fast Track," Academe 95 (2009).

2. 미국 국립과학재단 과학자원통계분과(National Science Foundation, Division of Science Resources Statistics), Science and Engineering Degrees: 1966-2006 (Detailed Statistical Tables, NSF 08-321, 2008), table 2.

3. 미국 국립교육통계센터(National Center for Education Statistics), Digest of Education Statistics: 2009 (U.S. Department of Education, Institute of Education Sciences, Wahsington, DC, 2009), table 275.
이 경향성에 대한 설명은 Paula England et al., "Why Are Some Academic Fields Tipping toward Female? The Sex Composition of U.S. Fields of Doctoral Degree Receipt, 1971-1998" (working paper WP-03-12, Institute for Policy Research, Northwestern University, 2003) 참고.

4. 미국 국립과학재단 과학자원통계분과(National Science Foundation, Division of Science Resources Statistics), Doctorate Recipients from U.S. Universities: Summary Report, 2007-08 (Special Report NSF 10-309, 2009), table 20.

5. 학사학위와 석사학위자의 경향에 대해서는 미국 인구총조사국의 다음 자료를 참고하였다.
   United States Census Bureau, Educational Attainment in the United States: 2008, table 2.

6. 미국 국립과학재단 과학자원통계분과(National Science Foundation, Division of Science Resources Statistics), Doctorate Recipients from U.S. Universities: Summary Report 2007-08 (Special Report NSF 10-309, 2009), table 20.
   과거 기록에 관해서는 Lori Thurgood et al., U.S. Doctorates in the 20th Century (미국 국립과학재단 National Science Foundation, Division of Science Resources Statistics, NSF 06-319, 2006), figure 3-19 참고.

7. 박사후연구원의 증가에 대해서는 Nathan E. Bell, ed., "Postdocs: What We Know and What We Would Like to Know" (proceedings of a workshop sponsored by the National Science Foundation and the Commission on Professionals in Science and Technology, December 4, 2002, Washington, DC) 참고.

8. 35세가 지나면, 임신율이 떨어지고 자녀에게 선천성 장애가 몇 배 이상 증가한다. 예를 들면 다음의 자료를 참고할 것.
   American College of Obstetricians and Gynecologists (ACOG), "Age-Related Fertility Decline," ACOG Committee Opinion, no. 413 (2008); California Birth Defects Monitoring Program, "Registry Data, 1997-2001," 2005.

9. Mason et al., "Graduate Students," 2009.

10. 퓨 자선 재단의 보고서도 많은 대학원생들이 시간이 흐르며 교수로서의 커리어를 포기한다고 언급했다.
    Chris M. Golde and Timothy M. Dore, "At Cross Purposes: What the Experience of Today's Doctoral Students Reveal about Doctoral Education," (Philadelphia: Pew Charitable Trust, 2001).
    또 다른 연구에서는 남성 대학원생들은 대학 연구 커리어를 더 선호한다고 주장하는 한편, 여성 대학원생은 강사 커리어에 더 관심을 보인다고 보고했다.
    Mary Frank Fox and Paula E. Stephan, "Careers of Young Scientists: Preferences, Prospects, and Realities by Gender and Field," Social Studies of Science 31(2001):109-122.

11. 별다른 언급이 있지 않는 한, 질적 자료는 캘리포니아대학교 설문조사에서 나왔다. 추가 정보는 부록을 확인할 것.

12. Mason et al., "Graduate Students," 2009.

13. 저자들이 진행한 인터뷰.

14. 시간제 학위를 제공하는 대학이나 다수의 석사 과정은 자녀를 둔 연령이 높은 성인의 관심을 끌 가능성이 더 높다.

15. Mason et al., "Graduate Students."

16. Elga Wasserman, The Door in the Dream: Conversations with Eminent Women in Science (Washington DC: Joseph Henry Press, 2000), 17.

17. "Oh the guilt," Academic Aspirations (blog), LabSpaces, 2010년 10월 25일.

18. Mary Ann Mason, Eve Mason Ekman, Mothers on the Fast Track: How a New Generation Can Balance Work and Family (New York: Oxford University Press, 2007), 9.

19. 성별 격차는 어쩌면 결혼이 남성의 삶에 주는 안정 효과를 의미할지도 모른다. 다음을 참고할 것.
Steven L. Nock, Marriage in Men's Lives (New York: Oxford University Press, 1998); Linda J. Waite and Maggie Gallagher, The Case for Marriage: Why Married People are Happier, Healthier, and Better Off Financially (New York: Doubleday, 2000).

20. 미국 농무성(U.S. Department of Agriculture), Expenditures on Children by Families, 2009.

21. 이 견해는 전반적인 성별 격차와 노동인구 참여율에 기반했다.
미국 인구총조사국(United States Census Bureau), Statistical Abstract of the United States: 2010, 130th ed. (Washington DC: U.S. Government Printing Office, 2010).

22. Sofia Katerina Refetoff Zahed, "Parsimony Is What We Are Taught, Not What We Live," in Motherhood, the Elephant in the Laboratory: Women Scientists Speak Out, ed. Emily Monosson, 187-193 (Ithaca, NY: Cornell University Press, 2008), 187.

23. Audrey Williams June, "Graduate Students' Pay and Benefits Vary Widely, Survey Shows," Chronicle of Higher Education, December 5, 2008.

24. 위와 동일.

25. Goulden et al., "Staying Competitive: Patching America's Leaky Pipeline in the Sciences" (Berkeley Center on Health, Economic, and Family Security,

University of California, Berkeley, 2009).

26. 예를 들어, John A. Goldsmith et al., The Chicago Guide to Your Academic Career: A Portable Mentor from Graduate School to Tenure (Chicago: University of Chicago Press, 2001) 44–53쪽 참고.

27. Lisa Ellen Wolf-Wendel and Kelly Ward, "Academic Life and Motherhood: Variations by Institutional Type," Higher Education 52 (2006): 487–521.

28. Mary Ann Mason and Marc Goulden, "Do Babies Matter (Part II)? Closing the Baby Gap," Academe, 90 (2004) 3–7. ; Mary Ann Mason and Marc Goulden, "Marriage and Baby Blues: Redefining Gender Equity in the Academy," Annals of the American Academy of Political and Social Science 596 (2004): 86–103.

29. Mason et al., "Graduate Students."

30. 이런 상황이 얼마나 자주 발생하는지는 알기 쉽지 않다. 한 연구에 의하면, 학과 지도교수가 남자 대학원생의 논문 출간을 도울 가능성이 30% 정도 높다. 그리고 이는 성평등에 관한 생각이 더 강할 사회과학자들을 대상으로 한 연구였다.
American Sociological Association, Department of Research and Development, "The Best Time to Have a Baby: Institutional Resources and Family Strategies Among Early Career Sociologists" (research brief, July 2004).

31. Mason and Ekman, Mothers on the Fast Track, 19.

32. 미국 국립연구위원회(National Research Council), Gender Differences at Critical Transitions in the Careers of Science, Engineering, and Mathematics Faculty (Washington, DC: National Academies Press, 2009).

33. Marc Goulden et al, "Staying Competitive"; 미국 국립과학재단(National Science Foundation), "FY 2008 Annual Performance Report," 2008.
미국 국립과학재단(National Science Foundation), "National Science Foundation Announces Graduate Research Fellows for 2008" (언론 보도, 2008년 4월 15일).
Ruth L. Kirschstein, "Women in Research" (National Institutes of Health, Washington, DC, 2008). ; Walter T. Schaffer, "Women in Biomedical Research" (National Institutes of Health, Washington, DC, 2008).

34. Mason et al., "Graduate Students"의 댓글.

35. Wasserman, The Door in the Dream, 26.

36. J. Scott Long 편집, Scarcity to Visibility: Gender Differences in the Careers of Doctoral Scientists and Engineers (Washington DC: National Academies

Press, 2001, 59)의 글로, National Research Council, Panel for the Study of Gender Differences in Career Outcomes of Science and Engineering Ph.D.s, Committee on Women in Science and Engineering 참고. 여기서 나타나는 성별 간 차이는 연령에 따른 가임력 차이일 수도 있다. Nicholas H. Wolfinger et al., "Alone in the Ivory Tower," Journal of Family Issues 31 (2010): 1652–1670.

37. Harry Etzokitz, "The 'Athena Paradox' Bridging the Gender Gap in Science," Journal of Technology Management & Innovation 2 (2007): 1–3.

38. Mason and Ekman, Mothers on the Fast Track, 14.

39. Claudia Henrion, Women in Mathematics: The Addition of Difference (Indianapolis: Indiana University Press, 1997), 26.

40. "Thoughts about Women In Science," The Prodigal Academic (blog), 2010년 6월 1일.

41. Mason and Ekman, Mothers on the Fast Track, 2007, 14.

42. 미국 국립과학재단 과학자원통계분과(National Science Foundation, Division of Science Resources Statistics), Science and Engineering Degrees, table 2. 인용된 통계 자료에는 사회과학계열 자료도 포함되어 있다.

43. Claudia Dreifus, "The Chilling of American Science," 뉴욕타임스, 2004년 7월 6일.

44. 미국 국립과학재단 과학자원통계분과(National Science Foundation, Division of Science Resources Statistics)), Science and Engineering Degrees, table 25.

45. 미국 국립과학재단 과학자원통계분과(National Science Foundation, Division of Science Resources Statistics), Graduate Students and Postdoctorates in Science and Engineering: Fall 2007 (Detailed Statistical Tables, NSF 10–307, 2010), table 10.

46. 미국 국립과학재단(National Science Foundation), "Survey of Graduate Students and Postdoctorates in Science and Engineering," webCASPAR, 2008. ; National Opinion Research Center, "Survey of Earned Doctorates," 미국 국립과학재단 National Science Foundation, webCASPAR, 2008.

47. Curtiss L. Cobb III and Jon Krosnick, "The Effects of Postdoctoral Appointments on Career Outcomes and Job Satisfaction" (paper presented at the Using Human Resource Data from Science Resources Statistics Workshop, National Science Foundation, Arlington, Virginia, October 12, 2007).

48. Gretchen Vogel, "A Day in the Life of a Topflight Lab," Science,

September 3, 1999, 1531-1532.

두 논문을 요약하면, 43%의 연구 논문의 주저자가 박사후연구원이었다. 하지만 해당 박사후연구원이 다음 일자리를 구할 수 있도록 지도교수가 주저자 위치를 자발적으로 포기했을 가능성도 염두에 두고 있다.

49. Geoff Davis, "Doctors without Orders," American Scientist 93, no.3, supplement (2005), table YL03.

50. Goulden et al., "Staying Competitive,"; Marc Goulden et al., "UC Postdoctoral Scholar Career and Life Survey," University of California, Berkeley, 2008.

51. Davis, "Doctors without Orders," table UL17C.

52. Robin Wilson, "The Law of Physics," Chronicle of Higher Education, November 11, 2005.

53. Mason and Ekman, Mothers on the Fast Track, 2007, 16.

54. Mary Ann Mason and Marc Goulden, "Do Babies Matter? The Effect of Family Formation on the Lifelong Careers of Academic Men and Women," Academe, November-December 2002.

저자들은 1999년 마레시 네라드(Maresi Nerad), 조 체르니(Jo Cerny), 그리고 린다 맥페론(Linda McPheron)이 UC 버클리와 로런스 버클리 국립연구소에서 박사후연구원을 대상으로 한 조사 결과를 보고했다.

55. Mason and Ekman, Mothers on the Fast Track, 2007, 21-22.

56. Mary Ann Mason, "Why So Few Doctoral-Student Parents?" Chronicle of Higher Education, October 21, 2009.

57. 타이틀나인에 따르면 "연구비 수혜자(recipient)는 학생의 임신, 출산, 혹은 유산과 그로부터의 회복을 이유로 어떤 경우에도 수업이나 교외 활동을 포함한 교육 프로그램에서 차별받거나 배제되어서는 안 된다". (United States Code Section 20).

58. 위와 동일.

59. Mason and Goulden, "Do Babies Matter"; Nicholas H. Wolfinger et al., "Problems in the Pipeline: Gender, Marriage, and Fertility in the Ivory Tower," Journal of Higher Education 79 (2008): 377-405.; Nicholas H. Wolfinger et al., "'Stay in the Game': Gender, Family Formation, and Alternative Trajectories in the Academic Life Course," Social Forces 87 (2009): 1591-1621.

60. Mason et al., "Graduate Students"; Sari M. van Anders, "Why the

Academic Pipeline Leaks: Fewer Men than Women Perceive Barriers to Becoming Professors," Sex Roles 51 (2004): 511-521.

61. Mary Ann Mason et al., "University of California (UC) Doctoral Student Career and Life Survey Findings, 2006-2007," University of California, Berkeley, 2007. 2011년 8월 30일 접속.

62. 위와 동일.

63. Mason and Ekman, Mothers on the Fast Track, XX.

2장 본게임에 뛰어들기

1. Thomas B. Hoffer et al., Doctorate Recipients from the United States Universities: Summary Report 2006 (Chicago: National Opinion Research Center, 2007),

2. 정년트랙 일자리를 구하는 상대적인 확률에 대해서는 다음을 참고했다.
Nicholas H. Wolfinger et al., "'Stay in the Game': Gender, Family Formation, and Alternative Trajectories in the Academic Life Course," Social Forces 87 (2009): 1591-1621.
커리어의 기대치에 대해서는 다음을 참고했다.
Mary Ann Mason et al., "Why Graduate Students Reject the Fast Track," Academe 95 (2009): 11-16.

3. Mary Ann Mason and Eve Mason Ekman, Mothers on the Fast Track: How a New Generation Can Balance Work and Family (New York: Oxford University Press, 2007), 21-22.

4. 저자들이 개별적으로 인터뷰한 이들의 이름은 가명으로 표기했다.

5. Lisa Wolf-Wendel et al., The Two-Body Problem: Dual-Career-Couple Hiring Practices in Higher Education (Baltimore, MD: Johns Hopkins University Press, 2003).

6. 일하는 여성에 대한 태도가 바뀌는 분위기는 Karin L. Brewster and Irene Padavic, "Change in Gender-Ideology, 1977-1996: The Contributions of Intracohort Change and Population Turnover," Journal of Marriage and the Family 62 (2000): 477-487 참고.
전업주부 여성과 남성의 대략적인 비율에 대해서는 다음을 참고했다.
미국 인구총조사국(United States Census Bureau), America's Families and Living Arrangements: 2006, 2007, table FG8.

7. 이 결과는 최초 구직에 대한 사건 분석 자료에서 도출되었다. 추가 사항에 대해

서는 부록과 다음을 참고할 것.

Nicholas H. Wolfinger et al., "Problems in the Pipeline: Gender, Marriage, and Fertility in the Ivory Tower," Journal of Higher Education 79 (2008):388-405.

8. 미국 국립교육통계센터(National Center for Education Statistics), "The Integrated Postsecondary Education Data System (IPEDS) Salaries, Tenure, and Fringe Benefits of Full-Time Instructional Faculty Survey"(NCES, Washington, DC, 2001).

이 결과는 아주 오래전부터 알려져 있었다. 선행 연구로는 그중에서도 다음을 참고할 것.

Michael R. Welch and Stephen Lewis, "A Mid-decade Assessment of Sex Biases in Placement of Sociology Ph.D.s: Evidence for Contextual Variation," American Sociologist 15 (1980): 120-127.

9. 최근 연구 결과는 신임 임용 교원의 등급에 따른 결혼 차이를 보여준다. 신임 남성 교원의 71%가 결혼을 했고, 여성 교원은 61%가 결혼을 했다.

Jack H. Schuster and Martin J. Finkelstein, The American Faculty: The Restructuring of Academic Work and Careers (Baltimore, MD: Johns Hopkins University Press, 2006), table A-3.10.

10. 인문계열 박사는 1995년 이후 예산 삭감으로 인해 SDR 자료에서 제외되었다. 이공계열 자료는 2003년까지 이어지나, 두 자료 모두 1981년에 시작되었다. 우리는 1981-1995 기간에 제한하여 이공계열 박사학위자를 분석했고, 그 결과 2003년까지 이어지는 자료와 비슷했다.

11. 모든 전공 분야를 대상으로 한 분석에서, 기혼 유자녀 여성이 받는 이중 페널티의 강도와 이런 효과들이 비슷하다는 점을 관찰할 수 있다. 이공계열 여성의 경우에는 결혼과 어린 자녀 유무가 동시에 일어나야 임용 시 불이익이 있다는 점이 차이이다.

12. Hoffer et al., Doctorate Recipients, tables A3-a, A3-b, A3-c. 해당 수치에서 인문계열 박사학위자는 제외되었다.

13. Geoff Davis, "Doctors without Orders," American Scientist 93, no.3, supplement (2005), table 4.

14. Jerry A. Jacobs, "The Faculty Time Divide," Sociological Forum 9 (2004): 3-27. ; Londa Schiebinger et al., Dual-Career Academic Couples: What Universities Need to Know (report, Michelle R. Clayman Institute for Gender Research, Stanford University, 2008). ; Nicholas H. Wolfinger et al., "Alone in

the Ivory Tower," Journal of Family Issues 31 (2010):1652-1670.

15. Jacobs, "Faculty Time Divide," 3.

   샘플 크기가 작고 대표성이 덜하긴 하지만, 보다 최근에 시빙어(Schiebinger) 등이 쓴 Dual-Career Academic Couples의 자료에 따르면, 여성 연구자의 40%, 그리고 남성 연구자의 34%가 연구하는 배우자를 두었다.

   Wolfinger et al., "Alone in the Ivory Tower"도 참고할 것.

16. 현대 미국 사회에서 여성 생계부양자의 증가에 대해서는 다음을 참고할 것.

   Maria Shriver and the Center for American Progress, The Shriver Report: A Woman's Nation Changes Everything, ed. Heather Boushey and Ann O'Leary (Center for American Progress), 19.

17. Emory Morrison et al., "The Differential Mobility hypothesis and gender Parity in Social science Academic Careers" (paper presented at the annual meeting of the American Sociological Association, Atlanta, August 2010).

18. Mary Ann Mason et al., "Babies Matter: Pushing the Gender Equity Revolution Forward," in The Balancing Act: Gendered Perspectives in Faculty Roles and Work Lives, ed. S. J. Bracken et al. (Sterling, VA: Stylus, 2006), 9-30.

19. 다음 자료에서 사례를 확인할 수 있다. John A. Goldsmith et al., The Chicago Guide to Your Academic Career: A Portable Mentor from Graduate School to Tenure (Chicago: University of Chicago Press, 2001), 80.

20. Emily Toth, Ms. Mentor's Impeccable Advice for Women in Academia (Philadelphia: University of Pennsylvania Press, 1997), 27.

21. 가족에 관해 법에 어긋나는 질문을 하는 사례에 대해서는 다음을 참고했다.

   Lauren A. Vicker and Harriette J. Royer, The Complete Academic Search Manual: A Systematic Approach to Successful and Inclusive Hiring (Sterling, VA: Stylus, 2006).

22. Wolf-Wendel et al., The Two-Body Problem, 2003.

23. Alessandra Rusconi, "Academic Dual-Career Couples in the U.S.: Review of the North American Social Research" (working paper, Die Junge Akademie, Berlin, Germany, 2002).

24. 부부가 모두 연구자인 경우, 여성이 겸임직을 맡을 가능성이 더 높다.

   Helen Astin and Jeffrey F. Milem, "The Status of Academic Couples in U.S. Institutions," Academic Couples: Problems and Promises, ed. Mary Ann Ferber and Jane W. Loeb (Urbana, Ill.: University of Illinois Press, 1997), 128-

155. Schiebinger et al., Dual-Career Academic Couples.

25. Morrison et al., "The Differential Mobility Hypothesis."

26. Stephen Kulis and Diane Sicotte, "Women Scientists in Academia: Geographically Constrained to Big Cities, College Clusters, or the Coasts?" Research in Higher Education 43 (2002): 1-30. ; Gerald Marwell, Rachel Rosenfeld, and Seymour Spilerman, "Geographic Constraints on Women's Careers in Academia," Science 205 (1979): 1225-1231 도 참고할 것.

27. 이 논쟁은 다음 자료에 등장한다. Goldsmith et al., Chicago Guide, 2001, 80.

28. Chronicle of Higher Education

29. Shelley J. Correll et al., "Getting a Job: Is There a Motherhood Penalty?" American Journal of Sociology, 112 (2007): 1297-1338.

30. Joan J. Williams. Unbending Gender: Why Family and Work Conflict and What to Do about It (Oxford: Oxford University Press, 2000).

31. 여기서 우리는 여성의 대학 임용 시장 경험에 대해 잘 알려지지 않은 양질의 정보를 고등교육연보(Chronicle of Higher Educations)의 온라인 포럼에서 다수 얻었다. 많은 기혼 유자녀 연구자들이 임용 시장에서 겪곤 하는 반감과, 임신과 육아가 대학 임용 구직에 미치는 고유한 어려움을 다루고 있다.

32. Chronicle of Higher Education

33. Chronicle of Higher Education

34. Chronicle of Higher Education

35. Chronicle of Higher Education

36. Chronicle of Higher Education

37. 한 연구중심대학 소속 부교수의 글, "학계는 아이들에게 적대적이다(Academia Is Hostile to Children)," Inside Higher Ed.

38. Chronicle of Higher Education

39. Mary Ann Mason and Marc Goulden, "Do Babies Matter (Part II)? Closing the Baby Gap," Academe 90 (2004):3.

40. 결혼이 남성에 미치는 이익에 대해서는 다음을 참고했다.
Steven L. Nock. Marriage in Men's Lives (New York: Oxford University Press, 1998).

41. Chronicle of Higher Education

42. 여기서 비정규직 교원은 시간강사, 겸임교수, 방문 조교수 등 정년트랙이 아닌 강의로 임용된 이들을 뜻하며, 이들 간에 임금, 고용 안정성, 고용 환경 등이 다

를 수 있음을 인정한다.

43. American Association of University Professors, "Trends in Faculty Status, 1975-2007," 2007.

44. American Association of University Professors, "Background Facts on Contingent Faculty," 2005.

45. John W. Curtis, "Faculty Salary and Faculty Distribution Fact Sheet 2003-04," American Association of University Professors, 2004.

46. Academe, "Inequities Persist for Women and Non-tenure-track Faculty," Academe, March-April (2005): 21-30.
    John W. Curtis, "Trends in Faculty Status, 1975-2003, (unpublished manuscript, American Association of University Professors, 2005).

47. Academe, "Inequities Persist," 21.

48. Diane Pearce, "The Feminization of Poverty: Women, Work, and Welfare," Urban and Social Change Review 11 (1978): 28-36.

49. Academe, "Inequities Persist," 21.

50. 전일제 고용과 주 수입원에 대해서는 다음을 참고했다.
    Academe, "Inequities Persist."
    근무 시간에 대해서는 다음을 참고했다.
    Jacobs, "The Faculty Time Divide."
    겸임교수의 전일제 고용 단계는 보고 자료가 적을 가능성이 높다. 어떤 교원은 한 학기에 강의를 네댓 개 맡아도 기관에 의해 "파트타임" 직원으로 분류될 수 있다. 이는 겸임교수들이 고등교육 기관 두 곳 이상에서 강의를 나누어 하기 때문이다.
    American Association of University Professors, "Policy Statement: Contingent Appointments and the Academic Profession," 2003.

51. Wendell V. Fountain, Academic Sharecroppers: Exploitation of Adjunct Faculty and the Higher Education System (Bloomington, IN: Authorhouse, 2005).

52. James Monks, "Public versus Private University Presidents Pay Levels and Structure" (working paper 58, Cornell Higher Education Research Institute, Ithaca, New York, 2004).

53. American Association of University Professors, "Background Facts" 2005.
    Ernst Benjamin, "How Over-reliance on Contingent Appointments Diminishes Faculty Involvement in Student Learning," Peer Review 5, no.

1 (2002): 4-10.
폴 움바흐(Paul D. Umbach)의 연구는 정년트랙 교원이 평균적으로 겸임교수보
다 높은 질의 강의를 전달함을 암시한다.
Paul D. Umbach, "How Effective Are They? Exploring the Impact of
Contingent Faculty on Undergraduate Education," Review of Higher
Education 30 (2007): 91-123.

54. American Association of University Professors, "Background Facts" 2005, 1.

55. Mason and Ekman, Mothers on the Fast Track, 87.

56. 시간제 정년트랙 일자리의 희소성에 대해서는 다음을 참고했다.
David W. Leslie and James T. Walke, Out of the Ordinary: The
Anomalous Academic; A Report of Research Supported by the Alfred P.
Sloan Foundation (Williamsburg, VA: College of William and Mary, 2001).

57. Chronicle of Higher Education

58. 이 결과는 1983년부터 1995년까지의 SDR 자료에 대한 다변량 분석 결과를 기
반으로 했다. 추가 정보는 부록이나 Wolfinger et al., "'Stay in the Game'"에
서 확인할 수 있다.

59. Shiela E. Widnall, "AAAS Presidential lecture: Voices from the Pipeline,"
Science 241 (1988): 1740-1745.
대학 교원 간의 성별 불평등에 관한 연구에 송수관 모델이 등장하는 예는 다음
이 있다.
Stephen Kulis et al., "More Than a Pipeline Problem: Labor Supply
Constraints and Gender Stratification across Academic Science Disciplines,"
Research in Higher Education 43 (2002): 657-690; J. Scott Long, From
Scarcity to Visibility: Gender Differences in the Careers of Doctoral
Scientists and Engineers (Washington, D.C.: National Academy Press, 2001);
Sari M. van Anders, "Why the Academic Pipeline Leaks: Fewer Men than
Women Perceive Barriers to Becoming Professors," Sex Roles 51 (2004):
511-521.

60. Wolfinger et al., "'Stay in the Game'"; Yu Xie and Kimberlee A. Shauman,
Women in Science: Career Processes and Outcomes (Cambridge, MA:
Harvard University Press, 2003).

61. Phyllis Moen, It's about Time: Couples and Careers (Ithaca, NY: Cornell
University Press, 2003), 325.

62. Schuster and Finkelstein, American Faculty, 221.

63. Jerry A. Jacobs, Revolving Doors: Sex Segregation and Women's Careers (Stanford, CA: Stanford University Press, 1989); Sylvia Ann Hewlett and Carolyn Buck Luce, "Off-Ramps and On-Ramps: Keeping Talented Women on the Road to Success," Harvard Business Review, March 2005, 1-11.

64. Wolfinger et al., "'Stay in the Game.'"

65. Chronicle of Higher Education

66. Chronicle of Higher Education

67. 용어에 대한 주: 우리는 박사학위 취득 후 정년트랙 교수직을 얻는 것을 "정년 트랙으로의 복귀"라고 표현한다. 이는 대학원 졸업 이후 정년트랙 조교수로의 전환이 일반적인 경로임을 반영하고, 이 경로가 정년으로 이어지는 전통적인 경 로를 구성한다.

68. 슈스터(Schuster)와 핑클스틴(Finkelstein)의 American Faculty에서는 여성보다 남성의 정년트랙 복귀가 더 잦다고 하지만, 이들의 발견은 다변량 사건 분석에 근거하지 않았다.

69. Xie and Shauman, Women in Science.

70. Wolfinger et al., "Problems in the Pipeline," 388.

71. 이 복잡한 주제에 대해서는 다음 장에 자세히 다룬다.

72. Mary Ann Mason and Marc Goulden, "Do Babies Matter? The Effect of Family Formation on the Lifelong Careers of Acdemic Men and Women," Academe, November-December, 2002, 21-27.
    고등교육 연구자 로라 퍼나(Laura Perna)는 기혼 유자녀 여성들이 비정규 교원 들 사이에서 과대 대표되지 않았다고 발견했다. 우리 결과와의 차이는 아마도 종속변수를 정의한 방식에 때문일 것이다. 우리는 모든 2군 교원직을 살핀 반 면, 퍼나는 겸임직만 고려했다. 또한, 퍼나의 연구 결과는 단일 사건을 기반으 로 하나, 우리의 결론은 종단(longitudinal) 자료를 기반으로 한다.
    Laura W. Perna, "The Relationship between Family Responsibilities and Employment Status among Colege and University Faculty," Journal of Higher Education 72 (2001): 584-611.

73. Perna, "Relationship." 우리의 연구 결과는 결혼이 대학원 졸업 직후 비정규직 교원이 될 가능성을 높이지 않음을 보였다. 비슷한 결과를 다음 자료에서 확인 할 수 있다.
    Emory Morrison et al., "Onto, up, off the Academic Faculty Ladder: The Gendered Effects of Family on Career Transitions for a Cohort of Social

science PhDs," Review of Higher Education 34 (2011): 525-553.
하지만 퍼나의 연구 결과는 기혼 여성이 비정규직 교원이 될 가능성이 유의미하게 높다고 본다. 우리는 기혼 여성이 박사학위 취득 후 몇 년이 지나 비정규 교원직을 선택한다고 결론지었다. 이 해석은 모리슨과 우리의 결과가 퍼나의 결과와 조화되는 것이다.

3장 정년이라는 금반지 잡기

1. 필라델피아 주의 아이리스(Iris), 뉴욕타임스 (포럼 게시글)
2. 세인트 폴의 데이비드(David), 뉴욕타임스 (포럼 게시글)
3. Tara Parker-Pope, "Genius, Madness, and Tenure," 뉴욕타임스, 2010년 2월 22일.
4. Elliot Marshall, "Shirley Tilghman: Princeton's Unconventional New Chief," Science Notes, Science, May 292 (2001): 1288-1289.
5. Committee on Science, Space, and Technology, U.S. House of Representatives, "Subcommittee Investigates Barriers to Women Seeking Science and Engineering Faculty Positions" (언론 보도, 2007년 10월 17일).
6. 정년 보장 심사 과정에 관한 해석상 설명은 다음에서 볼 수 있다.
   William G. Tierney and Estela Mara Bensimon, Promotion and Tenure: Community and Socialization in Academe (Albany: State University of New York Press, 1996).
7. 미국 과학진흥회(American Association for the Advancement of Science), "R&D Budget and Policy Program," in "Guide to R&D Funding Data-Historical Data."
8. 저자들이 진행한 인터뷰.
9. Michael J. Dooris and Marianne Guidos, "Tenure Achievement Rates at Research Univresities" (paper presented at the annual meeting of the Association for Institutional Research, Chicago, May 2006).
10. Nicholas H. Wolfinger et al., "Problems in the Pipeline: Gender, Marriage, and Fertility in the Ivory Tower," Journal of Higher Education 79 (2008):388-405.
11. 분석에 관한 상세한 설명은 부록과 다음을 확인할 것.
    Wolfinger et al., "Problems in the Pipeline," 2008.
12. 다음 연구에서도 비슷한 결과가 도출되었다.
    Emory Morrison et al., "Onto, up, off the Academic Faculty Ladder: The

Gendered Effects of Family on Career Transitions for a Cohort of Social science PhDs," Review of Higher Education 34 (2011): 525-553.

13. 이공계열의 자료는 2003년까지 연장되었지만, 인문계열 자료는 1995년까지만 분석되었다. 우리는 이 문제에 대해 이공계열에 한해 1995년까지의 자료만 가지고 추가 분석하는 방식으로 접근했다. 그 결과, 인문계열 자료를 추가하는 것이, 그 이후 8년간의 자료를 추가하는 것에 비해 이유가 될 수 있는지 판별할 수 있게 한다. 이 추가 분석 결과는 2003년까지의 자료를 대상으로 한 결과와 같았다. 이 결과는 결혼과 자녀가 여성 교원의 정년 보장에 미치는 영향이 시간에 흘러도 변하지 않았음을 의미한다. 분석에 관한 정보는 부록을 확인할 것.

14. Mary Ann Mason and Eve Mason Ekman, Mothers on the Fast Track: How a New Generation Can Balance Work and Family (New York: Oxford University Press, 2007), 37.

15. Marc Goulden et al., "Staying Competitive: Patching America's Leaky Pipeline in the Sciences" (Berkeley Center on Health, Economic, and Family Security, University of California, Berkeley, 2009).

16. 위와 동일, 19-20.

17. Steven Cohen, "The Danger of Cutting Federal Science Funding," Huffington Post, 2011년 2월 7일.

18. Goulden et al., "Staying Competitive."

19. Helen S. Astin and Diane Davis, "Research Productivity across the Life and Career Cycles: Facilitators and Barriers for Women," in Scholarly Writing and Publishing: Issues, Problems and Solutions, ed. M. F. Cox (Boulder, CO: Westview Press, 1985), 147-160; Jonathan R. Cole and Harriet Zuckerman, "Marriage, Motherhood, and Research Performance in Science," Scientific American 255 (1987): 119-125.

20. Linda J. Waite and Maggie Gallagher, The Case for Marriage: Why Married People are Happier, Healthier, and Better Off Financially (New York: Doubleday, 2000).

결혼이 직업의 성공에 기여하는 이득에 관해서는 샌더스 코런먼(Sanders Korenman)과 데이비드 뉴마크(David Newmark)의 유명한 연구에서도 확인할 수 있다. 결혼한 남성은 상사로부터 더 좋은 평가를 받으며, 이로 인해 승진할 가능성이 더 높다.

Sanders Korenman and David Neumark, "does Marriage Really Make Men More Productive?" Journal of Human Resources 26 (1991): 282-307.

21. Elisabeth Rose Gruner, "I Am Not a Head on a Stick: On Being a Teacher and a Doctor and a Mommy," in Mama, PhD: Women Write About Motherhood and Academic Life, ed. Elrena Evans and Caroline Grant (Piscataway, NJ: Rutgers University Press, 2008), 123-128, 127.

22. Donna K. Ginther, "Does Science Discriminate against Women? Evidence from Academia, 1973-97" (working paper 2001-2, Federal Reserve Bank of Atlanta, 2001); Donna K. Ginther and Kathy J. Hayes, "Gender Differences in Salary and Promotion for Faculty in the Humanities, 1977-95" (working paper 2001-7, Federal Reserve Bank of Atlanta, 2001); Donna K. Ginther and Shulamit Kahn, "Women in Economics: Moving up or Falling off the Academic Ladder?" Journal of Economic Perspectives 18 (2004): 193-214.

23. Neil Gross and Solon Simmons, "The Social and Political Views of American Professors," Harvard University, 2007, table 17.

24. Stephen J. Ceci and Wendy M. Williams, "Understanding Current Causes of Women's Underrepresentation in Science," Proceedings of the National Academy of Sciences of the United States, early ed., 2011, 1-2; Wendy M. Williams and Stephen J. Ceci, "When Scientists Choose Motherhood," American Scientist 100 (2012): 138-145.

25. Lawrence H. Summers, "Remarks at NBER [National Bureau of Economic Research] Conference on Diversifying the Science and Engineering Workforce," Office of the President, Harvard University, 2005.

26. Sara Rimer, "Rift Deepens as Professors at Harvard See Remarks," 뉴욕타임스, 2005년 2월 19일.

27. Robert Drago et al., "Bias against Care-Giving: Faculty Members Rarely Take Advantage of Family-Friendly Workplace; What Are We So Afraid Of?" Academe 91 (2005): 22-25; Joan Williams, Unbending Gender: Why Family and Work Conflict and What to Do about It (Oxford: Oxford University Press, 2000) Elga Wasserman, The Door in the Dream: Conversations with Eminent Women in Science (Washington DC: Joseph Henry Press, 2000), 17.
일반적으로 기혼 유자녀 여성이 일터에서 겪는 편견에 대해서는 다음을 참고했다. Shelley J. Correll et al., "Getting a Job: Is There a Motherhood Penalty?" American Journal of Sociology, 112 (2007): 1297-1338.

28. 미국대학여성협회의 법적옹호기금(American Association of University Women,

Legal Advocacy Fund).

29. 미국대학여성협회(American Association of University Women (AAUW)), Tenure
    Denied: Cases of Sex Discrimination in Academia, American Association of
    University Women Educational Foundation and the American Association
    of University Women Legal Advocacy Fund, 2004.

30. Mary Ann Mason, "Women, Tenure, and the Law," Chronicle of Higher
    Education, 2010년 3월 17일.
    "Boston U. Set Back on Tenure," 뉴욕타임스, 1989년 11월 8일.

31. AAUW, Tenure Denied, 2004.

32. Fisher v. Vassar College, 70 F.3d 1420; Mason, "Women, Tenure, and the
    Law."

33. Mason, "Women, Tenure, and the Law."

34. Ceci and Williams, "Understanding Current Causes."
    Gross and Simmons, "Social and Political Views."
    Williams and Ceci, "When Scientists Choose Motherhood," 2012.

35. Karie Frasch et al., University Family Accommodations Policies and
    Programs for Researchers Survey (Berkeley: University of California, 2008);
    Carol S. Hollenshead et al., "Work/Family Policies in Higher Education:
    Survey Data and Case Studies of Policy Implementation," New Directions
    for Higher Education, Summer 2005, 41-65; Gilia C. Smith and Jean A.
    Waltman, "Designing and Implementing Family Friendly Policies in Higher
    Education," Center for the Education of Women, University of Michigan,
    Ann Arbor, 2006.
    정년 보장 심사 유예에 관한 어려움을 논의한 자료는 다음을 참고할 것.
    Saranna Thornton, "Implementing Flexible Tenure Clock Policies," New
    Directions for Higher Education, Summer 2005, 81-90; Kelly Ward and
    Lisa Ellen Wolf-Wendel, "Work and Family Perspectives from Research
    University Faculty," New Directions for Higher Education, Summer 2005,
    67-80.

36. Cathy A. Trower, "Amending Higher Education's Constitution," Academe,
    September-October 2008, 16-19.

37. Maria Shriver and the Center for American Progress, The Shriver Report:
    A Woman's Nation Changes Everything, ed. Heather Boushey and Ann
    O'Leary (Center for American Progress, 2009), figure 2.

38. Goulden et al., "Staying Competitive."
   "엄마의"와 "부모의"("아빠의"가 아니라) 구분은 질문지에 사용된 용어를 반영한다.
39. Harvard University Office of the Senior Vice Provost for Faculty Development and Diversity, "Guidelines for Faculty Maternity and Parental Leave," 2006.
40. David W. Leslie and James T. Walke, Out of the Ordinary: The Anomalous Academic; A Report of Research Supported by the Alfred P. Sloan Foundation (Williamsburg, VA: College of William and Mary, 2001).
41. Robin Wilson, "Working Half Time on the Tenure Track," Chronicle of Higher Education, 2002년 1월 25일.
42. Mary Ann Mason, "Rethinking the Tenure Clock," Chronicle of Higher Education, 2009년 5월 28일.
43. Leslie and Walke, Out of the Ordinary, 2001.

4장 상아탑에서 홀로

1. 미국 인구총조사국이 출간하는 미국의 통계 요약, 현재와 과거 버전을 볼 것.
   United States Census Bureau, Statistical Abstract of the United States.
2. Daniel E. Hecker, "Earning of College Graduates: Women Compared with Men," Monthly Labor Review, March 1998, 62-71.
3. United States Census Bureau, Statistical Abstract of the United States
4. 자유주의 페미니즘의 목표에 대해서는 다음을 참고했다.
   National Organization for Women (http://www.now.org); Benita Roth, Separate Roads to Feminism: Black, Chicana, and White Feminist Movements in America's Second Wave (New York: Cambridge University Press, 2003); Resemarie Tong, Feminist Thought (Boulder, CO: Westview, Press, 1989).
5. Mary Ann Mason, The Equality Trap (1988; Somerset, NJ: Transaction, 2002). Gail Collins, When Everything Changed: The Amazing Journey of American Women from 1960 to the Present (New York: Little, Brown, 2009).
6. 다음 온라인 게시글에 대한 댓글.
   Scott Jaschik, "Does Academe Hinder Parenthood?" Inside Higher Ed, May 23, 2008. (게시글 입력 날짜)
7. 일반적인 미국인에 관한 자료는 다음을 참고했다.
   Arland Thornton and Linda Young-DeMarco, "Four Decades of Trends in

Attitudes toward Family Issues in the United States: The 1960s through the 1990s," Journal of Marriage and Family 63 (2001): 1009-1037.

대학 연구자에 관한 자료는 다음을 참고했다.

Mary Ann Mason and Marc Goulden, "Marriage and Baby Blues: Redefining Gender Equity in the Academy," Annals of the American Academy of Political and Social Science 596 (2004): 86-103.

8. Thornton and Young-DeMarco, "Four Decades," 1009.

9. Mary Ann Mason et al., "Why Graduate Students Reject the Fast Track," Academe 95 (2009): 11-16.

    Sari M. van Anders, "Why the Academic Pipeline Leaks: Fewer Men than Women Perceive Barriers to Becoming Professors," Sex Roles 51 (2004): 511-521.

10. 이에 관한 요약은 다음을 참고했다.

    Diane J. Macunovich, "Relative Income and Price of Time: Exploring Their Effects on U.S. Fertility and Female Labor Force Participation," Population and Development Review, Supplement: Fertility in the United States: New Patterns, New Theories 22 (1996): 223-257.

11. Michelle J. Budig, "Are Women's Employment and Fertility Histories Interdependent? An Examination of Causal Order Using Event History Analysis," Social Science Research 32 (2003): 376-401.

12. 분석에 대한 상세한 내용은 부록과 다음을 참고할 것. Mason and Goulden, "Marriage and Baby Blues," 2004.

13. Mary Ann Mason and Marc Goulden, "Do Babies Matter (Part II)? Closing the Baby Gap," Academe, 90 (2004) 3-7.

14. Chronicle of Higher Education

15. Chronicle of Higher Education

16. Emory Morrison et al., "The Differential Mobility hypothesis and gender Parity in Social science Academic Careers" (paper presented at the annual meeting of the American Sociological Association, Atlanta, August 2010).

    우리가 언급했듯이, 여성 교원은 남성 동료들과 비교했을 때 전일제로 고용된 배우자를 둘 확률이 높다.

    Jerry A. Jacobs, "The Faculty Time Divide," Sociological Forum 9 (2004): 3-27. ; Nicholas H. Wolfinger et al., "Alone in the Ivory Tower," Journal of Family Issues 31 (2010):1652-1670.

17. "다른 전일제 직업"은 대학에서 연구나 행정직의 전일제 일자리, 혹은 정부나 기업에 의한 고용을 포함한다. (SDR에 의하면 정부와 기업 일자리는 비강의 대학 연구직보다 8배 많다.)

18. 이전의 분석 결과는 박사학위 소지자가 일을 처음으로 시작한 시기를 기반으로 한다. 최근 분석은 커리어를 가로지르는 종단 자료를 기반으로 한다.

19. "비전임 교원"에는 비정규 교원직, 파트타임 고용이나 경력단절 박사학위자를 포함한다.

20. 다른 직업에 전일제로 고용된 여성 박사학위자는 결혼할 확률이 남성(32%)이나 2군 교수직 여성(35%)과 거의 같다. 커리어 초기에 결혼이 미치는 경향과 마찬가지로, 정년트랙 남성이 2군 교수직의 남성보다 결혼할 확률이 높다. 비임의로 추출된 샘플을 대상으로 한 연구에서는 대학 밖의 일자리를 가진 박사학위자의 성별에 따른 결혼 차이가 적게 나타난다.

    Elizabeth Rudd et al., "Finally Equal Footing for Women in Social Science Careers?" (CIRGE Spotlight on Doctoral Education 1, CIRGE, University of Washington, Seattle, 2008).

21. 미국 인구 내 일-가정 갈등과 이혼의 상관관계에 대해서는 다음을 참고했다.

    Andrew J. Cherlin, Marriage, Divorce, Remarriage, rev. ed. (Cambridge, MA: Harvard University Press, 1992); Hiromi Ono, "Husbands' and Wives' Resources and Marital Disruption," Journal of Marriage and the Family 60 (1998): 674-689; Jay D. Teachman et al., "Demography of the Family," in Handbook of Marriage and the Family, ed. M. Sussman et al. (New York: Plenum, 1999), 39-76; Betsey Stephenson and Justin Wolfers, "Marriage and Divorce: Changes and their Driving Forces," Journal of Economic Perspectives 21 (2007): 27-52.

22. 2000년 인구총조사 자료에 따르면 남성 교수의 3%, 그리고 여성 교수의 4%가 동거하지 않는 배우자를 두었다. 이에 비해 연구자가 아닌 경우에는 동거하지 않는 배우자를 둘 확률이 낮다.

    Wolfinger et al., "Alone in the Ivory Tower."

23. Chronicle of Higher Education

24. Jacobs, "Faculty Time Divide," table 3.

25. SDR 자료는 가정 내 자녀의 존재만을 조사한다. 이들 중 소수가 입양되었거나 친자녀가 아닐 수 있다. 이에 대한 상세한 안내는 부록이나 다음을 참고할 것. Mason and Goulden, "Marriage and Baby Blues," 2004.

26. 대학의 연구직이나 행정직으로 전일제 고용된 여성과 고등교육 이외의 분야에

고용된 여성 박사학위자는 비슷한 직업을 가진 남성에 비해 6세 미만의 자녀를 두었을 가능성이 60% 낮다. 2군 교수직에 있는 여성과 비교하면, 정년트랙 교수직이 아닌 직업에 종사하는 여성은 집에 어린 자녀가 있을 확률이 65% 낮다.

27. 추가 자료는 부록과 다음을 참고할 것. Wolfinger et al., "Alone in the Ivory Tower."

28. 캘리포니아대학교 설문조사 자료는 여성 교원의 출산율에 대해서 유사한 결과를 보여준다.
    Mason and Goulden, "Do Babies Matter (Part II)."

29. Wolfinger et al., "Alone in the Ivory Tower."

30. 각 직군의 임금은 다음을 참조했다. www.payscale.com

31. Wolfinger et al., "Alone in the Ivory Tower."

32. Victoria Stagg Elliott, "More Doctors Work Part Time, Flexible Schedules," American Medical News (American Medical Association), 2012년 3월 26일.

33. 이 수치는 박사학위 취득 후 12년이 지난 응답자를 대상으로 한 자료를 기반으로 한다. 이 시기는 대부분의 여성 박사학위자의 출산이 끝난 시기이다. 여기에는 비교적 젊은 시기에 자녀를 가진 소수의 연구자를 제외한다. Mason and Goulden, "Do Babies Matter (Part II)." 조사 대상이었던 캘리포니아대학교 교원의 남성의 32%, 그리고 여성의 30%가 자녀가 없었다. 캘리포니아대학교가 다른 대학에 비해 기혼 유자녀 여성 교원의 대우가 나을 수도 있다. 시간이 지나 학계가 보다 가족친화적으로 바뀌었을 수도 있다. SDR 자료는 1978년에서 1994년 사이에 모았고, 캘리포니아대학교 자료는 2002년에서 2003년 사이에 수집했기 때문이다.

34. Elaine Howard Ecklund and Anne E. Lincoln, "Scientists Want More Children," PLoS ONE 6 (2011): 1-4.

35. Ernst Benjamin, "Disparities in the Salaries and Appointments of Academic Women and Men: An Update of a 1988 Report of Committee W on the Status of Women in the Academic Profession" (American Association of University Professors, Washington, DC, 2003).

36. Jacobs, "Faculty Time Divide." Wolfinger et al., "Alone in the Ivory Tower."

37. Gary S. Becker, A Treatise on the Family (Cambridge, MA: Harvard University Press, 1991).

38. Arlie R Hochschild, The Second Shift, with Anne Machung (New York: Avon Books, 1989); Julie E. Press and Elanor Townsley, "Wives' and

Husbands' Housework Reporting: Gender, Class, and Social Desirability," Gender and Society 12 (1998): 188-218; Beth Anne Shelton and Daphne John, "The Division of Household Labor," Annual Review of Sociology 22 (1996): 299-322. ; Scott J. South and Glenna Spitze, "Housework in Marital and Nonmarital Households," American Sociological Review 59 (1994): 327-347.

39. 맞벌이 가정의 증가에 관해서는 다음을 참고했다.

미국 인구총조사국(United States Bureau of the Census), Statistical Abstract of the United States, 2010, table 583.

일-가정 갈등에 대한 연구 요약은 다음을 참고했다.

Tammy D. Allen et al., "Consequences Associated with Work-to-Family Conflict: A Review and Agenda for Future Research," Journal of Occupational Health Psychology 5 (2000): 278-308.

연구자의 일-가정 갈등에 관한 근거는 다음을 참고했다.

Carol L. Colbeck and Robert Drago, "Accept, Avoid, Resist: How Faculty Members Respond to Bias against Caregiving… and How Departments Can Help," Change: The Magazine of Higher Learning 37 (2005): 10-17; Debra R. Comer and Susan Stites-Does, "Antecedents and Consequences of Faculty Women's Academic-Parental Role Balancing," Journal of Family and Economic Issues 27 (2006): 495-512; Mary L. Gatta and Patricia A. Roos, "Balancing without a Net in Academia: Integrating Family and Work Lives," (unpublished manuscript, Rutgers University, Center for Women and Work, 2002); Jacobs, "Faculty Time Divide,"; Kelly Ward and Lisa Ellen Wolf-Wendel, "Academic Motherhood: Managing Complex Roles in Research Universities," Review of Higher Education, 27 (2004): 233-257.

다른 연구는 여성 연구자가 남성 동료보다 집안일을 더 많이 함을 보여줬다.

J. Jill Suitor et al., "Gender, Household Labor, and Scholarly Productivity among University Processors," Gender Issues 19 (2001): 50-67.

40. N=4,460. 전국 샘플을 기반으로 비슷한 예측이 Jacobs, "Faculty Time Divide" 에 나온다. 이보다는 적은 수치가 Wolfinger et al., "Alone in the Ivory Tower" 2010에 나온다. 이 차이는 고등교육 교원을 확인하는 데 사용한 인구 총조사 자료를 반영할 것이다.

41. 결혼과 연구 생산성에 관해서는 다음을 참고할 것.

Helen S. Astin and Diane Davis, "Research Productivity across the Life and Career Cycles: Facilitators and Barriers for Women," ed. M. F. Cox, Scholarly Writing and Publishing: Issues, Problems and Solutions (Boulder, CO: Westview Press, 1985), 147-160; Jonathan R. Cole and Harriet Zuckerman, "Marriage, Motherhood, and Research Performance in Science," Scientific American 255 (1987): 119-125.

42. 전국의 예상치도 비슷하다.

Jerry A. Jacobs and Sarah E. Winslow, "The Academic Life Course, Time Pressures, and Gender Inequality," Community, Work, and Family 7 (2004): 143-161, table 6.

43. 당연하게도, 일을 더 많이 하는 연구자가 생산성도 더 높다.

Jerry A. Jacobs and Sarah E. Winslow, "Overworked Faculty: Job Stresses and Family Demands," The Annals of the American Academy of Political and Social Science 596 (2004): 104-129.

44. 연구에 사용하는 시간에 대해서는 다음을 참고.

Joya Misra et al., "Gender, Work Time, and Care Responsibilities among Faculty," Sociological Forum 27 (2012): 300-323.

논문 투고에 사용하는 시간에 대해서는 다음을 참고.

Laura A. Hunter and Erin Leahey, "Parenting and Research Productivity: New Evidence and Methods," Social Studies of Science 40 (2010): 433-451, J. Scott Long, "The Origins of Sex Differences in Science," Social Forces 68 (1990): 1297-1316.

이와 상반되는 연구 결과는 다음을 참고.

Donna K. Ginther and Shulamit Kahn, "Women in Economics: Moving up or Falling off the Academic Ladder?" Journal of Economic Perspectives 18 (2004): 193-214.

45. 그중에서도 다음을 참고.

Jerry A. Jacobs, Revolving Doors: Sex Segregation and Women's Careers (Stanford, CA: Stanford University Press, 1989); Sylvia Ann Hewlett and Carolyn Buck Luce, "Off-Ramps and On-Ramps: Keeping Talented Women on the Road to Success," Harvard Business Review, March 2005, 1-11; Phyllis Moen, It's about Time: Couples and Careers (Ithaca, NY: Cornell University Press, 2003, 325).

46. Roger G. Smith, "Remembering Nils Wessell" (letter), Tufts Magazine, Summer 2007.

총장이라는 직업에 대한 이러한 묘사는 UC 버클리의 전임 총장 창-린 티엔 (Chang-Lin Tien)도 언급한 적 있다.

47. 미국 국립과학재단 과학자원통계분과(National Science Foundation, Division of Science Resources Statistics), Doctorate Recipients from U.S. Universities: Summary Report 2007-08 (Special Report NSF 10-309, 2009), table 20.

48. 한부모 여성 교원에 대한 수치는 Mason and Goulden, "Do Babies Matter (Part II)"에 언급되어 있다.

49. 이 사례는 MIT에서 등장했는데, 실적이 좋지 못한 여성 교원이 다른 여성 동료들의 분노를 사는 경우다.
Nancy Hopkins, "Special Edition: A Study on the Status of Women Faculty in Science at MIT," MIT Faculty Newsletter 11, no. 4 (1999).

50. Karie Frasch et al., "Creating a Family Friendly Department: Chairs and Deans Toolkit," (report, University of California, Berkeley, 2007).

51. Mason and Goulden, "Do Babies Matter(Part II)"와 미주 33의 샘플에 관한 조건을 확인할 것. 박사학위 취득을 비교적 최근에 한 조교수 간에는 성별 격차가 다소 줄어들었다.
Jacobs and Winslow, "Academic Life Course," table 5.

52. 이 책의 2장을 참고할 것.
Mason et al., "Graduate Students Reject," van Anders, "Academic Pipeline," 2004.

53. Linda J. Waite and Maggie Gallagher, The Case for Marriage: Why Married People are Happier, Healthier, and Better Off Financially (New York: Doubleday, 2000).

54. Collins, When Everything Changed, 2009.

5장 정년 이후의 삶

1. 성평등에 초점을 두지는 않았지만, 정년을 보장받은 교원에 관해 이루어진 소수의 연구 중 하나로 다음 논문을 참고할 것.
Anna Neumann, Professing to Learn: Creating Tenured Lives and Careers in the American Research University (Baltimore, MD: Johns Hopkins University Press, 2009).

2. 다음의 자료를 바탕으로 계산한 결과다.
미국 국립과학재단 과학자원통계분과(National Science Foundation, Division of Science Resources Statistics), Characteristics of Doctoral Scientists and

Engineers in the United States: 2006 (Detailed Statistical Tables NSF 09-317, 2009), table 18.

3. 이 연령대의 초혼은 드물지만 없진 않다.
Joshua R. Goldstein and Catherine T. Kenney, "Marriage Delayed or Marriage Forgone? New Cohort Forecasts of First Marriage for U.S. Women," American Sociological Review 66 (2001): 506-519.

4. 이공계열의 경우, 다음을 참고했다.
미국 국립과학재단(National Science Foundation), Characteristics, 2009, table 17.
전체 전공 분야에 대해서는 다음을 참고했다.
Martha S. West and John W. Curtis, AAUP Faculty Gender Equity Indicators, 2006, American Association of University Professors.

5. 상세한 정보는 부록을 참고. 이공계열만을 기반으로 한 분석도 유사한 결과가 나왔으나 생략되었다.

6. J. Scott Long, From Scarcity to Visibility: Gender Differences in the Careers of Doctoral Scientists and Engineers (Washington, D.C.: National Academy Press, 2001).

7. 24. Stephen J. Ceci and Wendy M. Williams, "Understanding Current Causes of Women's Underrepresentation in Science," Proceedings of the National Academy of Sciences of the United States, early ed., 2011, 1-6.

8. Joya Misra et al., "The Ivory Ceiling of Service Work," Academe January-February, 2011.; Joya Misra et al., "Associate Professors and Gendered Barriers to Advancement" (report, University of Massachusetts Amherst).

9. 우리는 대학 학과장이 많은 사람들이 바라는 명예로운 직업을 인정한다. 하지만, 아무도 원하지 않는 경우가 있는 등, 늘 명예롭지만은 않다. 그리고 우리는 후자의 경우에 남성이 아닌 여성 부교수가 학과장이 된 것이라고 의심한다.

10. 미국교육위원회(American Council on Education), The American College President, 2007 ed, 20th Anniversary (Washington, DC: American Council on Education, 2007).

11. 위와 동일, x.

12. Goldstein and Kenney, "Marriage Delayed."

13. Institute for Women's Policy Research, "Fact Sheet IWPR #C350" (2010년 9월 업데이트)

14. 이 분야는 연구가 활발히 이루어진 분야다. 그중에서도 다음을 참고할 것.

June E. O'Neill and Dave M. O'Neill, "What do Wage Differentials Tell Us about Labor Market Discrimination?" (working paper 11240, National Bureau of Economic Research, Cambridge, MA, 2005). ; United States General Accounting Office, Women's Earnings: Work Patterns Partially Explain Difference between Men's and Women's Earnings (GAO-04-35, 2003).

15. Sarah Avellar and Pamela J. Smock, "Has the Price of Motherhood Declined over Time? A Cross-Cohort Comparison of the Motherhood Wage Penalty," Journal of Marriage and Family 65 (2003): 597-607; Michelle J. Budig and Paula England, "The Wage Penalty for Motherhood," American Sociological Review 66 (2001): 204-225; Michelle J. Budig and Melissa J. Hodges, "Differences in Disadvantage: Variation in the Motherhood Penalty across White Women's Earnings Distribution," American Sociological Review 75 (2010): 702-728; Jane Waldfogel, "The Effect of Children on Women's Wages," American Sociological Review 62 (1997): 209-217.

16. 그중에서도 다음을 참고할 것.

Marcia L. Bellas, "Comparable Worth in Academia: The Effects on Faculty Salaries of the Sex Composition and Labor-Market Conditions of Academic Disciplines," American Sociological Review 59 (1994): 807-821; Marcia L. Bellas, "Disciplinary Differences in Faculty Salaries: Does Gender Bisa Play a Role?" Journal of Higher Education 68 (1997): 299-321; Debra Barbazet, "History of Pay Equity Studies," in Conducting Salary-Equity Studies: Alternative Approaches to Research, ed. R.K. Toutkoushian, New Directions for Institutional Research 115 (San Francisco: Jossey-bass, 2003), 69-96; Jerry A. Jacobs, "The Faculty Time Divide," Sociological Forum 9 (2004): 3-27; Long, From Scarcity to Visibility; Jack H. Schuster and Martin J. Finkelstein, The American Faculty: The Restructuring of Academic Work and Careers (Baltimore, MD: Johns Hopkins University Press, 2006); Paul D. Umbach, "Gender Equity in College Faculty Pay: A Cross-Classified Random Effects Model Examining the Impact of Human Capital, Academic Disciplines, and Institutions" (paper presented at the annual meeting of the American Educational Research Association, New York, March 2008).

최근 자료에 대해서는 다음을 참고.

Academe, "It's Not Over Yet: The Annual Report on the Economic Status of the Profession, 2010–11," March–April 2011, table 5.

17. Bellas, "Comparable Worth", Bellas, "Disciplinary Differences" Umbach, "Gender Equity."

18. West and Curtis, AAUP Faculty.

19. 추가 설명은 부록을 참고할 것.

20. Avellar and Smock, "Price of Motherhood," Budig and England, "Wage Penalty" Budig and Hodges, "Differences in Disadvantage" Waldfogel "Effect of Children."

21. Academe, "It's Not Over Yet."

22. Chronicle of Higher Education

23. Lois Haignere, Paychecks: A Guide to Conducting Salary-Equity Studies for Higher Education Faculty, 2nd ed. (Washington, DC: American Association of University Professors, 2002), 1.

24. 이 수치는 모든 분야를 대상으로 했다. N= 832(남성), 278(여성). 중간 임금값 은 평균과 거의 같았다.

25. Schuster and Finkelstein, American Faculty, 255.
연구자의 임금에서 나타나는 성별 차이는 1973년에서 2000년 사이에 변하지 않았다.
Long의 From Scarcity to Visibility, 211쪽에서는 연구중심대학에서 남성과 여 성 교원 간 임금격차가 1979년에서 1995년 사이 5% 감소한 것으로 나타났다.

26. Laura A. Hunter and Erin Leahey, "Parenting and Research Productivity: New Evidence and Methods," Social Studies of Science 40 (2010): 433–451; J. Scott Long, "The Origins of Sex Differences in Science," Social Forces68 (1990): 1297–1316.
경제학자를 대상으로 한 연구에서는 이와는 상반되는 연구 결과를 얻었다.
Donna K. Ginther and Shulamit Kahn, "Women in Economics: Moving up or Falling off the Academic Ladder?" Journal of Economic Perspectives 18 (2004): 193–214.

27. Umbach, "Gender Equity."

28. Mary C. Noonan, "The Long-Term Costs of Women's Work Interruptions" (unpublished paper, Department of Sociology, University of Iowa, 2005). ; Silke Aisenbrey et al., "Is There a Career Penalty for Mother's Time Out? A Comparison of Germany, Sweden, and the United States," Social Forces 88 (2009): 573–605; Sylvia Ann Hewlett and Carolyn Buck Luce, "Off-Ramps

and On-Ramps: Keeping Talented Women on the Road to Success," Harvard Business Review, March 2005, 1-11도 참고할 것.

29. Academe, "It's Not Over Yet." West and Curtis, AAUP Faculty, table 6.

30. Mary Ann Mason et al., "University of California Faculty Family Friendly Edge: An Initiative for Tenure-Track Faculty at the University of California" (report, University of California, Berkeley, 2005), 18.

또 다른 연구에서는 자녀가 있는 여성 과학자들이 직업적 이동을 적게 한다고 밝혔다.

Yu Xie and Kimberlee A. Shauman, Women in Science: Career Processes and Outcomes (Cambridge, MA: Harvard University Press, 2003), 174-175.

31. 이 수치는 총육아와 기타 지수를 포함한 것이다.

32. Linda J. Waite and Maggie Gallagher, The Case for Marriage: Why Married People are Happier, Healthier, and Better Off Financially (New York: Doubleday, 2000).

33. Jacobs, "Faculty Time Divide," Nicholas H. Wolfinger et al., "Alone in the Ivory Tower," Journal of Family Issues 31 (2010):1652-1670.

34. 부부의 공동 육아에 대해서는 다음을 참고.

Suzanne M. Bianchi et al., Changing Rhythms of American Family Life (New York: Russel Sage, 2007).

35. 집안일에 관한 자료는 다음과 같다.

Scott J. South and Gelenna Spitze, "Housework in Marital and Nonmarital Households," American Sociological Review 59 (1994): 327-347; Jill Suitor, Dorothy Mecom, and Ilana S. Feld, "Gender, Household Labor, and Scholoarly Productivity among University Professors," Gender Issues 19 (2001): 50-67.

친족에게 연락하는 것에 관한 자료는 다음을 참고.

Alice Rossi and Peter Rossi, Of Human Bonding: Parent-Child Relations across the Life Course (New York: Aldine de Gruyter, 1990).

36. 조기 정년퇴직 프로그램에 대해서는 다음의 자료가 있다.

Seongsu Kim and Daniel C. Feldman, "Healthy, Wealthy, or Wise: Predicting Actual Acceptances of Early Retirement Incentives at Three Points in Time," Personnel Psychology 51 (1998): 623-642; Mildred M. Seltzer and Jane Karnes, "An Early Retirement Incentive Program," Research on Aging 10 (1988): 342-357.

정년퇴직 연령 폐지에 대해서는 다음의 자료가 있다.

Orley Ashenfelter and David Card, "Did the Elimination of Mandatory Retirement Affect Faculty Retirement?" American Economic Review 92 (2002): 957-980; Thomas B. Hoffer et al., "The End of Mandatory Retirement for Doctoral Scientists and Engineers in Postsecondary Institutions: Retirement Patterns 10 Years Later" (InfoBrief NSF 11-302, National Science Foundation, Directorate for Social, Behavioral, and Economic Sciences, December 2010).

정년퇴직에 대한 교원의 태도에 대해서는 다음 자료가 있다.

Kim Anderson, "Differences in Attitudes Toward Retirement among Male and Female Faculty and Other University Professionals" (paper presented at the annual meeting of the Gerontological Society of America, Dallas, Texas, November 1978; Valerie M. Conley, "Demographics and Motives Affecting Faculty Retirement," New Directions for Higher Education, no. 132 (Winter 2005), 9-30; Valerie M. Conley, "Retirement and Benefits: Expectations and Realities," Almanac of Higher Education (Washington, DC: National Education Association, 2007, 89-96.

정년퇴직한 교원의 특성에 대해서는 다음 자료가 있다.

Lenard W. Kaye and Abraham Monk, "Sex Role Traditions and Retirement from Academe," Gerontologist 24 (1984): 420-426; Robert M. O'Neil, "Ending Mandatory Retirement in Two State Universities," in To Retire or Not? Retirement Policy and Practice in Higher Education, ed. R. I. Clark and P. B. Hammond (Philadelphia: University of Pennsylvania Press, 2001), 122-127.

연금 선호에 관해서는 다음 자료가 있다.

Robert L. Clark and M. Melinda Pitts, "Faculty Choice of a Pension Plan: Defined Benefit versus Defined Contribution," Industrial Relations 38 (1999): 18-45; Audrey Williams June, "U. of North Carolina Lets Professor Ease Their Way into Retirement,"Chronicle of Higher Education, 2008년 6월 13일.

점진적인 은퇴 과정에 대해서는 다음 자료가 있다.

John Keefe, "Survey of Early Retiremet Practices in Higher Education," in To Retire or Not? Retirement Policy and Practice in Higher Education, ed. R. I. Clark and P. B. Hammond (Philadelphia: University of Pennsylvania Press,

2001), 65–80.

우리가 알고 있는 한, 교원이 강의를 중단하기 전후에 대표성을 띠는 종단 자료를 이용해서 은퇴 시기를 분석한 연구는 두 편뿐이었다. 경제학자인 올리 아셴펠터와 데이비드 카드는 1994년 정년퇴직 연령을 폐지한 것이 은퇴 흐름에 미친 영향을 살폈지만, 이는 일반적인 교원 은퇴 연령을 가늠할 만큼 일반적인 자료는 아니었다. 토머스 호퍼, 스콧 세더스트롬, 그리고 데버라 하퍼는 미국 국립과학재단 보고서에서 SDR 자료를 이용해 은퇴 경향을 분석했지만, 다변이 분석 결과를 발표하지는 않았다.

37. 교원의 평균연령에 대해서는 다음 자료가 있다.
Conley, "Retirement and Benefits."
은퇴 의향에 대해서는 다음을 참고.
Conley, "Demographics and Motives."

38. June, "U. of North Carolina"; John Pencavel, "Faculty Retirement Incentives by Colleges and Universities" (paper prepared for the TIAA-CREF Institute conference "Recruitment, Retention, and Retirement: The Three R's of Higher Education in the 21st Century," New York, April 2004.

39. 로체스터의 올리(Ollie), 뉴욕타임스, 2010년 8월 16일.

40. 이 수치는 1981~2003년 SDR 자료를 기초로 한다. 인문계열 연구자는 제외되었다.

41. 미국 국립교육통계센터(National Center for Education Statistics), "National Study of Postsecondary Faculty," 2004.

42. 이와 비교할 수 있는 수치로, 평균적인 미국인 은퇴 연령은 62세다.
Murray Gendall, "Retirement Age Declines Again in 1990s," Monthly Labor Review, October 2001, 12–21.

43. Chronicle of Higher Education

44. Claire Potter, "I Will Go Voluntarily at 67," 뉴욕타임스, 2010년 8월 16일.

45. Conley, "Demographics and Motives."

46. 2군 교수직에 대해서는 이 책의 2장을 참고할 것.
John W. Curtis, "Faculty Salary and Faculty Distribution Fact Sheet 2003-04," American Association of University Professors, 2004.
은퇴 계획에 대해서는 다음을 참고.
Conley, "Demographics and Motives."

47. Conley, "Demographics and Motives."

48. James M. Raymo and Megan M. Sweeney, "Work-Family Conflict and

Retirement Preferences," Journal of Gerontology: Social sciences 61B (2006) S161-S169.

49. 이 책에서는 1981년에서 1995년 사이에 수집된 SDR 자료를 교원의 은퇴 연령을 예측하는 데 사용했다. 인문계열을 제외하고 2003년까지 추적한 분석에서도 비슷한 결과를 얻었다. 추가 안내는 부록을 참고할 것.

50. 비혼 동거가 SDR로는 측정 불가함을 염두에 둘 것. 5% 내외의 교원이 동거 중이다. Wolfinger et al., "Alone in the Ivory Tower."

51. Lynne M. Casper and Philip N. Cohen, "How Does POSSLQ Measure Up? Historical Estimates of Cohabitation," Demography 37 (2000): 237-245.
SDR 자료를 수집할 당시의 시대상을 반영하지만, 이 자료가 현재를 반영하지 않을 수 있다.
Sheela Kennedy and Larry L. Bumpass, "Cohabitation and Children's Living Arrangements: New Estimates from the United States," Demographic Research 19 (2008): 1663-1692.

52. Hoffer et al., "End of Mandatory Retirement"에서는 성별 간 차이를 확인할 수 있지만, 이 결과는 다변이 사건 분석을 기반으로 하지 않았다.

6장 더 나은 모델을 향해

1. Mark Brilliant, The Color of America Has Changed: How Racial Diversity Shaped Civil Rights Reform in California, 1941-1978 (New York: Oxford University Press, 2010), xii.

2. "First Lady Michelle Obama: When You Make Life Easier for Working Parents, It's a Win for Everyone Involved," The White House Blog, September 26, 2011.

3. 대학의 가족친화정책에 대한 설명은 다음 보고서에 언급되어 있다.
Karie Frasch et al., "Creating a Family Friendly Department: Chairs and Deans Toolkit," (report, University of California, Berkeley, 2007); Londa Schiebinger et al., Dual-Career Academic Couples: What Universities Need to Know (report, Michelle R. Clayman Institute for Gender Research, Stanford University, 2008); Gilia C. Smith and Jean A. Waltman, "Designing and Implementing Family Friendly Policies in Higher Education," Center for the Education of Women, University of Michigan, Ann Arbor, 2006.
정책 시행 등, 정책에 관한 유익한 논의는 다음에 나타난다.

Maike Ingrid Philipsen, Timothy B. Bostic. Challenges of the Faculty Career for Women: Success and Sacrifice (San Francisco: Jossey-Bass, 2008); Saranna Thornton, "Implementing Flexible Tenure Clock Policies," New Directions for Higher Education, Summer 2005, 81-90; Kelly Ward and Lisa Ellen Wolf-Wendel, "Work and Family Perspectives from Research University Faculty," New Directions for Higher Education, Summer 2005, 67-80.

4. Marc Goulden et al., "Staying Competitive: Patching America's Leaky Pipeline in the Sciences" (Berkeley Center on Health, Economic, and Family Security, University of California, Berkeley, 2009), 20.

5. 이에 대한 상세한 정보는 다음에서 구할 수 있다.
미국교육위원회(American Council on Education) An Agenda for Excellence: Creating Flexibility in Tenure-Track Faculty Careers (Washington, DC: American Council on Education, 2005); the Women in Science and Engineering Leadership Institute at the University of Wisconsin at Madison website: http://wisely.engr.wisc.edu/#url; The Center for Worklife [sic] Law: http://www.worklifelaw.org/; the Sloan Work and Family Research Network and Boston College: http://wfnetwork.bc.edu/; Karie Frasch et al., "The Devil Is in the Details: Creating Family-Friendly Departments for Faculty at the University of California," in Establishing the Family Friendly Campus, ed. Jamie Lester and Margaret Sallee (Sterling, VA: Stylus, 2009), 88-104.

6. Laurie M. Petty, "Department Chairs and High Chairs: The Importance of Perceived Department Chair Supportiveness on Faculty Parents' Views of Departmental and Institutional Kid-Friendliness" (unpublished masters thesis, Department of Sociology, University of Kansas, 2011).

7. Cathy A. Trower, "Amending Higher Education's Constitution," Academe, September-October 2008, 16-19.

8. Michéle Lamont et al, "Recruiting, Promoting, and Retaining Women Academics: Lessons from the Literature" (report for the Standing Committee for the Status of Women, Harvard University, 2004).

9. Shelley J. Correll et al., "Getting a Job: Is There a Motherhood Penalty?" American Journal of Sociology, 112 (2007): 1297-1338; Joan J. Williams. Unbending Gender: Why Family and Work Conflict and What to Do

about It (Oxford: Oxford University Press, 2000).

10. http://vpaafw.chance.berkeley.edu/policies/BUCA_Announcement.pdf

11. http://www.sittercity.com/register_corp_1.html?corp=universityofcalifornia &client=93.

12. Jerry A. Jacobs, "The Faculty Time Divide," Sociological Forum 9 (2004): 3-27. ; Londa Schiebinger et al., Dual-Career Academic Couples: What Universities Need to Know (report, Michelle R. Clayman Institute for Gender Research, Stanford University, 2008); Nicholas H. Wolfinger et al., "Alone in the Ivory Tower," Journal of Family Issues 31 (2010):1652-1670도 참고할 것.

13. Mary Ann Mason et al., "University of California Faculty Family Friendly Edge: An Initiative for Tenure-Track Faculty at the University of California" (report, University of California, Berkeley, 2005), 18; Schiebinger et al., Dual-Career Academic Couples, 2008.

14. 위와 동일.

15. 위와 동일.

16. University of Rhode Island, "Dual Career Guidelines."

17. "First Lady Michelle Obama."

18. 위와 동일.

19. 여기에는 사회과학계열이 포함되며, 미국에서 박사학위를 취득한 이공계열 학자로 제한된다. Goulden et al., "Staying Competitive," 29.

20. 카네기 재단은 이 대학들을 RU/VH "연구 활동이 매우 활발함"으로 분류하고 있으나 여전히 R1으로 불린다. 이에 관련한 정보는 다음에서 찾을 수 있다. Carnegie Foundation for the Advancement of Teaching, "Summary Tables: Basic Classification."

21. Goulden et al., "Staying Competitive," 29.

22. 위와 동일, 29.

23. 위와 동일, 31.

24. 위와 동일, 35.

25. 위와 동일, 40-42.

26. David W. Leslie and James T. Walke, Out of the Ordinary: The Anomalous Academic; A Report of Research Supported by the Alfred P. Sloan Foundation (Williamsburg, VA: College of William and Mary, 2001).

27. 타이틀세븐, 1972년 교육개정법, Title 20 U.S. 1681 이하 참조.

28. Ron Wyden, "Title IX and Women in Academics," Computing Research

News 15 (2003): 1-8.

29. Nondiscrimination on the Basis of Sex in Education Programs or Activities Receiving Federal Financial assistance; Final Common Rule, 65 Fed. Reg. 857 (August 30, 2000).

30. National Science Foundation: 45 C.F.R. 618.530; 45 CFR 86.57 (Department of Health and Human Services, including NIH); 10 CFR 1040.53 (Department of Energy).

31. 출산휴가에 대해서는 Goulden et al., "Staying Competitive," 19쪽 참고. 피부양자 의료보험에 대해서는 다음을 참고할 것.
Mary Ann Mason, "Graduate Student Parents: The Underserved Minority" (paper presented at the Council of Graduate Schools, Washington DC, December 9, 2006).

32. Goulden et al., "Staying Competitive," 19-20.

33. 캐나다 국립 과학공학연구위원회(Natural Sciences and Engineering Research Council of Canada) "Administrative Matters: Ownership of Items Purchased with Grant Funds," 2010.

34. 유럽분자생물학협회(European Molecular Biology Association) "Family-Friendly, Flexible and Far-Reaching," (언론 보도 2004년 6월 22일)

35. BNET, CBS Interactive Business Network, "Workers on Parental Leave to Receive Subsidies for up to 6 Months," 2009.

36. 이는 사회과학자들 사이에서 흔히 발견되는 현상이다.
Sylvia Ann Hewlett and Carolyn Buck Luce, "Off-Ramps and On-Ramps: Keeping Talented Women on the Road to Success," Harvard Business Review, March 2005, 1-11; Jerry A. Jacobs, Revolving Doors: Sex Segregation and Women's Careers (Stanford, CA: Stanford University Press, 1989); Phyllis Moen, It's about Time: Couples and Careers (Ithaca, NY: Cornell University Press, 2003), 325.

37. 저자들이 진행한 인터뷰.

38. 유럽연합 집행위원회(European Commission) Directorate-General for Research: Science and Society, "She Figures 2006: Women and Science Statistics and Indicators," 2006.

39. 영국 웰컴 트러스트 재단, "Career Re-entry Fellowships."

40. 연령 차별의 불법성에 대해서는 다음 법이 있다.
Age Discrimination in Employment Act of 1967, Pub. L. No. 90-202,

81 Stat. 602 (1967년 12월 15일), codified as Chapter 14 of Title 29 of the United States Code, 29 U.S.C. § 621 through U.S.C. § 634 (ADEA)

41. Goulden et al., "Staying Competitive."

42. 위와 동일, 19-20.

43. 이는 스웨덴의 육아휴직으로부터 얻은 교훈이다.
    Katrin Benhold, "The Female Factor, Paternity Leave Law Helps to Redefine Masculinity in Sweden," 뉴욕타임스, 2010년 6월 15일.

44. Nancy Hopkins et al.,"The Status of Women Faculty at MIT: An Overview of Reports from the Schools of Architecture and Planning: Engineering; Humanities, Arts, and Social Sciences; and the Sloan School of Management" (report, Committee on the Status of Women Faculty, Massachusetts Institutes of Technology, 2002.)

45. Massachusetts Institutes of Technology, "MIT Report on the Status of Women Faculty in Science and Engineering at MIT, 2011."

46. 위와 동일, 5.

47. 위와 동일, 6.

48. Karie Frasch et al., "Creating a Family Friendly Department."

49. Angelica Stacy et al., "Report on the University of California, Berkeley Faculty Climate Survey" (report, University of California, Berkeley, 2011), 62.

부록: 자료 분석

1. 미국 국립과학재단(National Science Foundation), "Survey of Earned Doctorates," 2011.

2. 미국 국립과학재단(National Science Foundation), "Survey of Doctorate Recipients," 2008.

3. 미국 국립과학재단(National Science Foundation), "Changes to the Survey of Doctorate Recipients in 1991 and 1993: Implications for Data Users" (unpublished report, 1995).

4. Christopher Winship and Larry Radbill, "Sampling Weights and Regression Analysis," Sociological Methodology and Research 23 (1994): 230-257.

5. 이공계열 연구자에 한해 진행된 저명한 연구에는 다음이 있다.
   J. Scott Long, From Scarcity to Visibility: Gender Differences in the Careers of Doctoral Scientists and Engineers (Washington, D.C.: National Academy Press, 2001); Committee on Maximizing the Potential of Women

in Academic Science and Engineering, National Academy of Sciences, National Academy of Engineering, and Institute of Medicine, Beyond Bias and Barriers: Fulfilling the Potential of Women in Academic Science and Engineering (Washington, DC: National Academies Press, 2007); Yu Xie and Kimberlee A. Shauman, Women in Science: Career Processes and Outcomes (Cambridge, MA: Harvard University Press, 2003).

6. SDR 인터뷰 일정 변경에 대해서는 다음 자료가 있다.
Sheldon B. Clark, "variations in Item Content and Presentation in the Survey of Doctorate Recipients, 1973-1991." (working paper, 미국 국립과학재단, Washington, DC, 1994).

7. Mary Ann Mason and Marc Goulden, "Marriage and Baby Blues: Redefining Gender Equity in the Academy," Annals of the American Academy of Political and Social Science 596 (2004): 86-103.

8. Christopher Paul et al., "A Cautionary Case Study of Approaches to the Treatment of Missing Data," Statistical Methods and Applications 17 (2008): 351-372.

9. Mary Ann Mason et al., "The UC Faculty Work and Family Survey," 2003.

10. Mary Ann Mason and Marc Goulden, "UC Doctoral Student Career Life Survey," 2008.

11. Marc Goulden et al., "UC Postdoctoral Career Life Survey," 2009.

12. Marc Goulden et al., "UCB Non-Faculty Academic Climate Survey," 2009.

13. Council on Market and Opinion Research, "Tracking Response, Cooperation, and Refusal Rates for the Industry: 2003 Results," (Wethersfield, CT: Council on Market and Opinion Research, 2003).

14. Marc Goulden et al., "Staying Competitive: Patching America's Leaky Pipeline in the Sciences" (Berkeley Center on Health, Economic, and Family Security, University of California, Berkeley, 2009).

15. "About AAU," Association of American Universities.

16. United States Census Bureau, "Public Use Microdata Sample (PUMS)," 2003.

17. Mary Ann Mason and Eve Mason Ekman, Mothers on the Fast Track: How a New Generation Can Balance Work and Family (New York: Oxford University Press, 2007).

18. 해당 종속변수가 경쟁하는 결과 하나 이상을 반영할 수도 있다. 박사학위 취득

자는 정년트랙 교원직, 비정년트랙 강사직, 학계 밖의 일자리를 구하거나 일자리를 아예 구하지 않을 수 있다. 하지만 위의 가능성을 동시에 고려하지 않고 정년트랙 교원직을 구할 가능성만을 분석하는 것이 문제가 되지는 않는데, 경쟁하는 사건들에 대한 함수가 나뉠 가능성 때문이다.

Paul D. Allison, Event History Analysis: Regression for Longitudinal Data, Sage University Papers on Quantitative Applications in the Social Sciences, series no. 07-046 (Newbury Park, CA: sage, 1984).

19. Paul D. Allison, Survival Analysis Using the SAS System: A Practical Guide (Cary, NC: SAS Institute, 1995), 216-219.

20. 다음 내용은 임금 분석을 제외하고 본 원고 전체에 걸쳐 사실이었다.

21. 다음을 참고할 것.
Paul D. Allison and J. Scott Long, "Interuniversity Mobility of Academic Scientists," American Sociological Review 52 (1987): 643-652.

22. 예비 분석 조사에서는 이보다 복잡한 12가지 분류 코딩을 전공 분야 분석에 사용했다. 하지만 결과에 영향을 주진 않았다.

23. 서로 상관관계가 없는 가정 간 독립성은 다음의 두 연구 자료에서 증명되었다.
Hausman and Small-Hsiao tests, Daniel A. Powers and Yu Xie, Statistical Methods for Categorical Data (San Diego, CA: Avademic Press, 2000), 245-247.

24. Curtiss L. Cobb III and JonKrosnick, "The Effects of Postdoctoral Appointments on Career Outcomes and Job Satisfaction" (paper presented at the Using Human Resource Data from Science Resources Statistics Workshop, National Science Foundation, Arlington, VA, October 12, 2007).

25. 박사학위까지 걸린 기간과 박사 과정 대학 순위는 전체 전공 분야를 대상으로 한 이 분석에서 생략되었지만, 이는 결과에 영향을 미치지 않았다.

26. 최근에는 카네기 연구 1급 지정 기관이 "연구 활동이 매우 활발한" 기관으로 재명명되었다. 다른 등급도 비슷하게 명칭이 바뀌었다.
Carnegie Foundation for the Advancement of Teaching, "Carnegie Classifications Data File."

27. James J. Heckman, "Sample Selection Bias as a Specification Error," Econometrica 47 (1979): 153-161.

28. 이 책의 다른 부분에서 사용된 불연속 시간 분석의 경우에는 첫 단계와 두 번째 단계의 등식에서 기록에 대해 서로 다른 수치를 만들어야 하므로, 연동해서 예측하는 것이 불가능했다. 두 개 이상의 조각으로 이루어진 위험 모델은 aML의

소프트웨어 패키지로 동시 예측이 가능하지만, 우리 자료를 연속 시간 모델로 보는 것은 부적합했다.

Lee A. Lillard and Constantijn W. A. Panis, aML Multilevel Multiprocess Statistical Software (version 2, Econ Ware, Los Angeles, 2003).

29. 예를 들어, 다음을 참고할 것.

William H. Greene, Econometric Analysis, 5th ed. (Englewood Cliffs, NJ: Prentice Hall, 2002).

30. 고정 효과 모델에 대해서는 다음을 참고했다.

Paul D. Allison, Fixed Effects Regression Models, Sage University Papers on Quantitative Applications in Social Sciences, series no. 07-160 (Thousand Oaks, CA: Sage, 2009).

임금은 다음의 소비자물가지수를 이용해 인플레이션을 반영했다.

Bureau of Labor Statistics, "Consumer Price Index."

31. Sarah Avellar and Pamela J. Smock, "Has the Price of Motherhood Declined over Time? A Cross-Cohort Comparison of the Motherhood Wage Penalty," Journal of Marriage and Family 65 (2003): 597-607; Michelle J. Budig and Paula England, "The Wage Penalty for Motherhood," American Sociological Review 66 (2001): 204-225; Jane Waldfogel, "The Effect of Children on Women's Wages," American Sociological Review 62 (1997): 209-217.

32. 연령과 임금의 곡선적 관계에 대해서는 다음을 참고.

Lester C. Thurow, "The Optimum Lifetime Distribution of Consumption Expenditures," American Economic Review 59 (1969): 324-330.

33. Valerie M. Conley, "Retirement and Benefits: Expectations and Realities," Almanac of Higher Education (Washington, DC: National Education Association, 2007, 89-96).

참고문헌

Academe. "Inequities Persist for Women and Non-tenure-track Faculty." March-April 2005, 21-30. http://www.aaup.org/NR/rdonlyres/0A98969B-FA6C-40F5-8880-5E5DC3B7C36D/0/05z.pdf.

――――. "It's Not over Yet: The Annual Report on the Economic Status of the Profession, 2010-11." March-April 2011. Table 5. http://www.aaup.org/NR/rdonlyres/17BABE36-BA30-467D-BE2F-34C37325549A/0/zreport.pdf.

Aisenbrey, Silke, Marie Evertsson, and Daniela Grunow. "Is There a Career Penalty for Mothers' Time Out? A Comparison of Germany, Sweden, and the United States." *Social Forces* 88 (2009): 573-605.

Allen, Tammy D., David E. L. Herst, Carly S. Bruck, and Martha Sutton. "Consequences Associated with Work-to-Family Conflict: A Review and Agenda for Future Research." *Journal of Occupational Health Psychology* 5 (2000): 278-308.

Allison, Paul D. *Event History Analysis: Regression for Longitudinal Data*. Sage University Papers on Quantitative Applications in the Social Sciences, series no. 07-046. Newbury Park, CA: Sage, 1984.

――――. *Fixed Effects Regression Models*. Sage University Papers on Quantitative Applications in the Social Sciences, series 07-160. Thousand Oaks, CA: Sage, 2009.

――――. *Survival Analysis Using the SAS System: A Practical Guide*. Cary, NC: SAS Institute, 1995.

Allison, Paul D., and J. Scott Long. "Interuniversity Mobility of Academic Scientists." *American Sociological Review* 52 (1987): 643-652.

American Association for the Advancement of Science. "Trends in Federal R&D as % of GDP, FY 1976-2009." In "Guide to R&D Funding Data-Historical Data." 2008. http://www.aaas.org/spp/rd/trrdgdp09.pdf.

American Association of University Professors. "Background Facts on Contingent Faculty." 2005. http://www.aaup.org/Issues/part-time/Ptfacts.htm.

――――. "Policy Statement: Contingent Appointments and the Academic Profession." 2003. http://www.aaup.org/statements/SpchState/

Statements/contingent.htm.

———. "Trends in Faculty Status, 1975–2007." 2007. http://www.aaup2.org/research/TrendsinFacultyStatus2007.pdf.

American Association of University Women. "Legal Advocacy Fund Cases." http://www.aauw.org/act/laf/cases/casesupp.cfm.

———. *Tenure Denied: Cases of Sex Discrimination in Academia.* American Association of University Women Educational Foundation and the American Association of University Women Legal Advocacy Fund. 2004. www.aauw.org/learn/research/upload/TenureDenied.pdf.

American College of Obstetricians and Gynecologists (ACOG). "Age–Related Fertility Decline." *ACOG Committee Opinion* no. 413 (2008). http://www.acog.org/Resources_And_Publications/Committee_Opinions/Committee_on_Gynecologic_Practice/Age–Related_Fertility_Decline.

American Council on Education. *An Agenda for Excellence: Creating Flexibility in Tenure-Track Faculty Careers.* Washington, DC: American Council on Education, 2005.

———. *The American College President.* 2007 ed., 20th Anniversary. Washington, DC: American Council on Education, 2007.

American Sociological Association, Department of Research and Development. "The Best Time to Have a Baby: Institutional Resources and Family Strategies among Early Career Sociologists." Research brief. July 2004. http://www.asanet.org/images/research/docs/pdf/Best%20Time%20to%20Have%20a%20Baby.pdf.

Anderson, Kim. "Differences in Attitudes toward Retirement among Male and Female Faculty and Other University Professionals." Paper presented at the annual meeting of the Gerontological Society of America, Dallas, Texas, November 1978.

Ashenfelter, Orley, and David Card. "Did the Elimination of Mandatory Retirement Affect Faculty Retirement?" *American Economic Review* 92 (2002): 957–980.

Association of American Universities. "About AAU." 2011. http://www.aau.edu/about/default.aspx?id=58.

Astin, Helen S., and Diane Davis. "Research Productivity across the Life and Career Cycles: Facilitators and Barriers for Women." *In Scholarly Writing and Publishing: Issues, Problems, and Solutions*, ed. M. F. Cox, 147–160. Boulder, CO: Westview Press, 1985.

Austin, Helen S., and Jeffrey F. Milem. "The Status of Academic Couples in U.S. Institutions." *In Academic Couples: Problems and Promise*, ed. Mary Ann Ferber and Jane W. Loeb, 128–155. Urbana: University of Illinois Press, 1997.

Avellar, Sarah, and Pamela J. Smock. "Has the Price of Motherhood Declined over Time? A Cross-Cohort Comparison of the Motherhood Wage Penalty." *Journal of Marriage and Family* 65 (2003): 597–607.

Barbazet, Debra. "History of Pay Equity Studies." *In Conducting Salary-Equity Studies: Alternative Approaches to Research*, ed. R. K. Toutkoushian, 69–96. New Directions for Institutional Research 115. San Francisco: Jossey-Bass, 2003.

Becker, Gary S. *A Treatise on the Family*. Cambridge, MA: Harvard University Press, 1991.

Bell, Nathan E., ed. "Postdocs: What We Know and What We Would Like to Know." Proceedings of a workshop sponsored by the National Science Foundation and the Commission on Professionals in Science and Technology, Washington, DC, December 2002.

Bellas, Marcia L. "Comparable Worth in Academia: The Effects on Faculty Salaries of the Sex Composition and Labor-Market Conditions of Academic Disciplines." *American Sociological Review* 59 (1994): 807–821.

———. "Disciplinary Differences in Faculty Salaries: Does Gender Bias Play a Role?" *Journal of Higher Education* 68 (1997): 299–321.

Benjamin, Ernst. "Disparities in the Salaries and Appointments of Academic Women and Men: An Update of a 1988 Report of Committee W on the Status of Women in the Academic Profession." American Association of University Professors, Washington, DC, 2003.

———. "How Over-reliance on Contingent Appointments Diminishes Faculty Involvement in Student Learning." *Peer Review* 5, no. 1 (2002): 4–10.

Bennhold, Katrin. "The Female Factor; Paternity Leave Law Helps to Redefine Masculinity in Sweden." *New York Times*, June 15, 2010.

Bianchi, Suzanne M., John P. Robinson, and Melissa A. Milkie. *Changing Rhythms of American Family Life*. New York: Russell Sage, 2007.

BNET, the CBS Interactive Business Network. "Workers on Parental Leave to Receive Subsidies for up to 6 Months." 2009. http://findarticles.com/p/articles/mi_qa5478/is_200905/ai_n31965854/. "Boston U. Set Back on Tenure." *New York Times*, November 8, 1989.

Bramlett, Matthew D., and Williams D. Mosher. "First Marriage Dissolution, Divorce, and Remarriage: United States." *Advance Data from Vital Health Statistics*, no. 323. Hyattsville, MD: National Center for Health Statistics, 2001.

Brilliant, Mark. *The Color of America Has Changed: How Racial Diversity Shaped Civil Rights Reform in California*, 1941–1978. New York: Oxford University Press, 2010.

Brewster, Karin L., and Irene Padavic. "Change in Gender–Ideology, 1977–1996: The Contributions of Intracohort Change and Population Turnover." *Journal of Marriage and the Family* 62 (2000): 477–487.

Budig, Michelle J. "Are Women's Employment and Fertility Histories Interdependent? An Examination of Causal Order Using Event History Analysis." *Social Science Research* 32 (2003): 376–401.

Budig, Michelle J., and Paula England. "The Wage Penalty for Motherhood." *American Sociological Review* 66 (2001): 204–225.

Budig, Michelle J., and Melissa J. Hodges. "Differences in Disadvantage: Variation in the Motherhood Penalty across White Women's Earnings Distribution." *American Sociological Review* 75 (2010): 705–728.

Bureau of Labor Statistics. "Consumer Price Index." http://www.bls.gov/cpi/.

California Birth Defects Monitoring Program. "Registry Data, 1997–2001." 2005. http://www.cbdmp.org/bd_down_syn.htm.

Carnegie Foundation for the Advancement of Teaching. "Carnegie Classifications Data File." Stanford, CA. http://classifications.carnegiefoundation.org/resources/.

———. "Summary Tables: Basic Classification." http://classifications.carnegiefoundation.org/summary/basic.php?key=805.

Carr, Phyllis L., Laura Szalacha, Rosalind Barnett, Cheryl Caswell, and Thomas Inui. "A 'Ton of Feathers': Gender Disorganization in Academic Medical Careers and How to Manage It." *Journal of Women's Health* 12 (2003): 1009–1018.

Casper, Lynne M., and Philip N. Cohen. "How Does POSSLQ Measure Up? Historical Estimates of Cohabitation." *Demography* 37 (2000): 237–245.

Ceci, Stephen J., and Wendy M. Williams. "Understanding Current Causes of Women's Underrepresentation in Science." *Proceedings of the National Academy of Sciences of the United States*, early ed., 2011, 1–6. http://www.pnas.org/content/early/2011/02/02/1014871108.

Cherlin, Andrew J. *Marriage, Divorce, Remarriage*. Rev. ed. Cambridge, MA: Harvard University Press, 1992.

Chronicle of Higher Education. "Chronicle Forums." http://chronicle.com/forums/index.php/topic.15227.15.html.

——. "Chronicle Forums." http://chronicle.com/forums.index/php/topic.18700.0.html.

——. "Chronicle Forums." http://chronicle.com/forums/index.php/topic.21594.0.html.

——. "Chronicle Forums." http://chronicle.com/forums/index.php/topic.36375.0.html.

——. "Chronicle Forums." http://chronicle.com/forums/index.php/topic.43527.0.html.

——. "Chronicle Forums." http://chronicle.com/forums/index.php/topic.53072.0.html.

——. "Chronicle Forums." http://chronicle.com/forums/index.php/topic.54079.0.html.

——. "Chronicle Forums." http://chronicle.com/forums/index.php/topic.54314.0.html.

——. "Chronicle Forums." http://chronicle.com.forums/index.php/topic.54601.0.html.

Clark, Robert L., and M. Melinda Pitts. "Faculty Choice of a Pension Plan: Defined Benefit versus Defined Contribution." *Industrial Relations* 38 (1999): 18–45.

Clark, Sheldon B. 1994. "Variations in Item Content and Presentation in the Survey of Doctorate Recipients, 1973–1991." Working paper, National Science Foundation, Washington, DC.

Cobb, Curtiss L., III, and Jon Krosnick. "The Effects of Postdoctoral Appointments on Career Outcomes and Job Satisfaction." Paper presented at the Using Human Resource Data from Science Resources Statistics Workshop, National Science Foundation, Arlington, Virginia, October 12, 2007.

Cohen, Steven. "The Danger of Cutting Federal Science Funding." *Huffington Post*, February 7, 2011. http://www.huffingtonpost.com/steven-cohen/the-danger-of-cutting-fed_b_819439.html.

Colbeck, Carol L., and Robert Drago. "Accept, Avoid, Resist: How Faculty Members Respond to Bias against Caregiving . . . and How Departments Can Help." *Change: The Magazine of Higher Learning* 37 (2005): 10–17.

Cole, Jonathan R., and Harriet Zuckerman. "Marriage, Motherhood, and Research Performance in Science." *Scientific American* 255 (1987): 119–125.

Collins, Gail. *When Everything Changed: The Amazing Journey of American Women from 1960 to the Present*. New York: Little, Brown, 2009.

Comer, Debra R., and Susan Stites-Doe. "Antecedents and Consequences of Faculty Women's Academic–Parental Role Balancing." *Journal of Family and Economic Issues* 27 (2006): 495–512.

Committee on Maximizing the Potential of Women in Academic Science and Engineering, National Academy of Sciences, National Academy of Engineering, and Institute of Medicine. *Beyond Bias and Barriers: Fulfilling the Potential of Women in Academic Science and Engineering*. Washington, DC: National Academies Press, 2007.

Committee on Science, Space, and Technology, U.S. House of Representatives. "Subcommittee Investigates Barriers to Women Seeking Science and Engineering Faculty Positions." Press release, October 17, 2007. http://sciencedems.house.gov/press/PRArticle.aspx?NewsID=2000.

Conley, Valerie M. "Demographics and Motives Affecting Faculty Retirement." *New Directions for Higher Education*, no. 132 (Winter 2005): 9–30.

———. "Retirement and Benefits: Expectations and Realities." In *The NEA 2007 Almanac of Higher Education*, 89–96. Washington, DC: National Education Association, 2007.

Correll, Shelley J., Stephen Benard, and In Paik. "Getting a Job: Is There a Motherhood Penalty?" *American Journal of Sociology* 112 (2007): 1297–1338.

Council on Market and Opinion Research. "Tracking Response, Cooperation, and Refusal Rates for the Industry: 2003 Results." Wethersfield, CT:

Council on Market and Opinion Research, 2003.

Crittenden, Ann. *The Price of Motherhood: Why the Most Important Job in the World Is Still the east Valued*. New York: Owl Books, 2002.

Curtis, John W. "Faculty Salary and Faculty Distribution Fact Sheet, 2003–04." *American Association of University Professors*, Washington, DC, 2004.

———. "Trends in Faculty Status, 1975–2003." American Association of University Professors, Washington, DC, 2005.

Davis, Geoff. "Doctors without Orders." *American Scientist* 93, no. 3, supplement (2005).

DeNavas–Walt, Carmen, Bernadette D. Proctor, and Cheryl Hill Lee. *Income, Poverty, and Health Insurance Coverage in the United States*: 2005. U.S. Census Bureau, Current Population Reports. Washington, DC: U.S. Government Printing Office, 2006.

Dooris, Michael J., and Marianne Guidos. "Tenure Achievement Rates at Research Universities." Paper presented at the annual forum of the Association for Institutional Research, Chicago, May 2006.

Drago, Robert, Carol Colbeck, Kai Dawn Stauffer, Amy Pirretti, Kurt Burkum, Jennifer Fazioli, Gabriela Lazarro, and Tara Habasevich. "Bias against Care–Giving: Faculty Members Rarely Take Advantage of Family–Friendly Workplace; What Are We So Afraid Of?" Academe 91 (2005): 22–25. http://www.aaup.org/AAUP/pubsres/academe/2005/SO/Feat/drag.htm.

Dreifus, Claudia. "The Chilling of American Science." *New York Times*, July 6, 2004.

Ecklund, Elaine Howard, and Anne E. Lincoln. "Scientists Want More Children." PLoS ONE 6 (2011): 1–4. http://www.plosone.org/article/fetchObjectAttachment.action;jsessionid=AF7AD9B03C2DE6D1593611AF3D04657D.ambra02?uri=info%3Adoi%2F10.1371%2Fjournal.pone.0022590&representation=PDF.

Elliott, Victoria Stagg. "More Doctors Work Part Time, Flexible Schedules." *American Medical News* (American Medical Association), March 26, 2012. http://www.ama–assn.org/amednews/2012/03/26/bil10326.htm.

England, Paula, Paul Allison, Su Li, Noah Mark, Jennifer Thompson, Michelle Budig, and Han Sun. "Why Are Some Academic Fields Tipping toward Female? The Sex Composition of U.S. Fields of Doctoral Degree Receipt,

1971–1998." Working paper WP-03-12, Institute for Policy Research, Northwestern University, 2003. http://www.northwestern.edu/ipr/publications/papers/2003/WP-03 - 12.pdf.

Etzokitz, Harry. "The 'Athena Paradox:' Bridging the Gender Gap in Science." *Journal of Technology Management and Innovation* 2 (2007): 1–3.

European Commission Directorate-General for Research: Science and Society. "She Figures 2006: Women and Science Statistics and Indicators." 2006. http://ec.europa.eu/research/science-society/pdf/she_figures_2006_en.pdf.

Fidell, L. S. "Empirical Verification of Sex Discrimination in Hiring Practices in Psychology." *American Psychologist* 25 (1970): 1094–1098.

"First Lady Michelle Obama: When You Make Life Easier for Working Parents, It's a Win for Everyone Involved." The White House Blog, September 26, 2011. http://www.whitehouse.gov/blog/2011/09/26/first-lady-michelle-obama-when-you-make-life-easier-working-parents-it-s-win-everyon.

Fisher v. Vassar College, 70 F.3d 1420–Court of Appeals, 2nd Circuit 1995. http://scholar.google.com/scholar_case?case=10068614741292431392&q=Fisher+v.+Vassar+College, +70+F.3d+1420&hl=en&as_sdt=2,45&as_vis=1.

Fountain, Wendell V. *Academic Sharecroppers: Exploitation of Adjunct Faculty and the Higher Education System.* Bloomington, IN: Authorhouse, 2005.

Fox, Mary Frank, and Paula E. Stephan. "Careers of Young Scientists: Preferences, Prospects, and Realities by Gender and Field." *Social Studies of Science* 31 (2001): 109–122.

Frasch, Karie, Marc Goulden, and Mary Ann Mason. "University Family Accommodations Policies and Programs for Researchers Survey." Report, University of California, Berkeley, 2008. http://ucfamilyedge.berkeley.edu/AAU%20Family%20Friendly%20Policies%20Survey.html.

Frasch, Karie, Mary Ann Mason, Angelica Stacy, Marc Goulden, and Carol Hoffman. "Creating a Family Friendly Department: Chairs and Deans Toolkit." Report, University of California, Berkeley, 2007. http://ucfamilyedge.berkeley.edu/ChairsandDeansToolkitFinal7-07.pdf.

Frasch, Karie, Angelica Stacy, Mary Ann Mason, Sharon Page-Medrich, and Marc Goulden. "The Devil Is in the Details: Creating Family-Friendly

Departments for Faculty at the University of California." In *Establishing the Family Friendly Campus*, ed. Jamie Lester and Margaret Sallee, 88–104. Sterling, VA: Stylus, 2009.

Gatta, Mary L., and Patricia A. Roos. "Balancing without a Net in Academia: Integrating Family and Work Lives." Unpublished manuscript, Rutgers University, Center for Women and Work, 2002.

Gendall, Murray. "Retirement Age Declines Again in 1990s." *Monthly Labor Review*, October 2001, 12–21. http://www.bls.gov/opub/mlr/2001/10/art2full.pdf.

Ginther, Donna K. "Does Science Discriminate against Women? Evidence from Academia, 1973–97." Working paper 2001-2, Federal Reserve Bank of Atlanta, 2001.

Ginther, Donna K., and Kathy J. Hayes. "Gender Differences in Salary and Promotion for Faculty in the Humanities, 1977–95." Working paper 2001-7, Federal Reserve Bank of Atlanta, 2001.

Ginther, Donna K., and Shulamit Kahn. "Women in Economics: Moving up or Falling off the Academic Ladder?" *Journal of Economic Perspectives* 18 (2004): 193–214.

Golde, Chris M., and Timothy M. Dore. "At Cross Purposes: What the Experiences of Today's Doctoral Students Reveal about Doctoral Education." Pew Charitable Trust, Philadelphia, 2001. http://www.phdcompletion.org/promising/Golde.pdf.

Goldsmith, John A., John Komlos, and Penny Schine Gold. *The Chicago Guide to Your Academic Career: A Portable Mentor from Graduate School to Tenure.* Chicago: University of Chicago Press, 2001.

Goldstein, Joshua R., and Catherine T. Kenney. "Marriage Delayed or Marriage Forgone? New Cohort Forecasts of First Marriage for U.S. Women." *American Sociological Review* 66 (2001): 506–519.

Goulden, Marc, Karie Frasch, and Mary Ann Mason. "UC Postdoctoral Scholar Career and Life Survey." University of California, Berkeley, 2008. http://ucfamilyedge.berkeley.edu/UC%20Postdoctoral%20Survey.html.

Goulden, Marc, Mary Ann Mason, Karie Frasch, and the Center for American Progress. "Staying Competitive: Patching America's Leaky Pipeline in the Sciences." Berkeley Center on Health, Economic, and Family Security,

University of California, Berkeley, 2009. http://www.americanprogress. org/issues/2009/11/women_and_sciences.html.

Greene, William H. *Econometric Analysis*. 5th ed. Englewood Cliffs, NJ: Prentice Hall, 2002.

Gross, Neil, and Solon Simmons. "The Social and Political Views of American Professors." Harvard University, 2007. http://www.wjh.harvard. edu/~ngross/lounsbery_9-25.pdf.

Gruner, Elisabeth Rose. "I am Not a Head on a Stick: On Being a Teacher and a Doctor and Mommy." In Mama, PhD: *Women Write about Motherhood and Academic Life*, ed. Elrena vans and Caroline Grant, 123-128. Piscataway, NJ: Rutgers University Press, 2008.

Haignere, Lois. *Paychecks: A Guide to Conducting Salary-Equity Studies for Higher Education Faculty*. 2nd ed. Washington, DC: American Association of University Professors, 2002. http://eric.ed.gov/ERICWebPortal/search/ detailmini.jsp?_nfpb=true&_&ERICExtSearch_SearchValue_0=ED476226 &ERICExtSearch_SearchType_0=no&accno=ED476226.

Harvard University Office of the Senior Vice Provost for Faculty Development and Diversity. "Guidelines for Faculty Maternity and Parental Leave." 2006. http://www.provost.harvard.edu/policies_guidelines/Maternity_ and_Parental_Leave_Guidelines.pdf.

Hecker, Daniel E. "Earnings of College Graduates: Women Compared with Men." *Monthly Labor Review*, March 1998, 62-71. http://www.bls.gov/ opub/mlr/1998/03/art5full.pdf.

Heckman, James J. "Sample Selection Bias as a Specification Error." *Econometrica* 47 (1979): 153-161.

Henrion, Claudia. *Women in Mathematics: The Addition of Difference*. Indianapolis: Indiana University Press, 1997.

Hewlett, Sylvia Ann, and Carolyn Buck Luce. "Off-Ramps and On-Ramps: Keeping Talented Women on the Road to Success." *Harvard Business Review*, March 2005, 1-11.

Hochschild, Arlie R. *The Second Shift*. With Anne Machung. New York: Avon Books, 1989.

——. *The Time Bind: When Work Becomes Home and Home Becomes Work*. New York: Metropolitan Books, 1997.

Hoffer, Thomas B., Mary Hess, Vincent Welch, Jr., and Kimberly Williams. *Doctorate Recipients from United States Universities: Summary Report*, 2006. Chicago: National Opinion Research Center, 2007. http://www.nsf.gov/statistics/doctorates/pdf/sed2006.pdf.

Hoffer, Thomas B., Scott Sederstrom, and Deborah Harper. "The End of Mandatory Retirement for Doctoral Scientists and Engineers in Postsecondary Institutions: Retirement Patterns 10 Years Later." InfoBrief NSF 11-302, National Science Foundation, Directorate for Social, Behavioral, and Economic Sciences, Arlington, VA, December 2010. http://www.nsf.gov/statistics/infbrief/nsf11302/nsf11302.pdf.

Hoffer, Thomas B., Vincent Welch, Jr., Kristy Webber, Kimberly Williams, Brian Lisek, Mary Hess, Daniel Loew, and Isabel Guzman-Barron. *Doctorate Recipients from United States Universities: Summary Report*, 2005. Chicago: National Opinion Research Center, 2006. http://www.nsf.gov/statistics/doctorates/pdf/sed2005.pdf.

Hollenshead, Carol S., Beth Sullivan, Gilia C. Smith, Louise August, and Susan Hamilton. "Work/Family Policies in Higher Education: Survey Data and Case Studies of Policy Implementation." *New Directions for Higher Education*, Summer 2005, 41-65.

Nancy Hopkins, Lotte Bailyn, Lorna Gibson, Evelynn Hammonds, and the Council on Faculty

Diversity. "The Status of Women Faculty at MIT: An Overview of Reports from the Schools of Architecture and Planning; Engineering; Humanities, Arts, and Social Sciences; and the Sloan School of Management." Report, Committee on the Status of Women Faculty, Massachusetts Institute of Technology, 2002. http://web.mit.edu/faculty/reports/overview.html.

Hunter, Laura A., and Erin Leahey. "Parenting and Research Productivity: New Evidence and Methods." *Social Studies of Science* 40 (2010): 433-451.

Inside Higher Ed. http://www.insidehighered.com/news/2008/05/23/nokids.

Institute for Women's Policy Research. "Fact Sheet IWPR #C350." Updated September 2010. http://www.iwpr.org/pdf/C350.pdf.

InterAcademy Council, Women for Science. "An Overview and Agenda for Change." http://www.interacademycouncil.net/Object.File/Master/11/039/2.%20An%20overview%20agenda%20for%20change.pdf.

Jacobs, Jerry A. "The Faculty Time Divide." *Sociological Forum* 9 (2004): 3–27.

———. *Revolving Doors: Sex Segregation and Women's Careers*. Stanford, CA: Stanford University Press, 1989.

Jacobs, Jerry A., and Sarah F. Winslow. "The Academic Life Course, Time Pressures, and Gender Inequality." *Community, Work and Family* 7 (2004): 143–161.

———. "Overworked Faculty: Jobs, Stresses, and Family Demands." *Annals of the American Academy of Political and Social Science* 596 (2004): 104–129.

Jaschik, Scott. "Does Academe Hinder Parenthood?" *Inside Higher* Ed, May 23, 2008. http://www.insidehighered.com/news/2008/05/23/nokids.

June, Audrey Williams. "Graduate Students' Pay and Benefits Vary Widely, Survey Shows." *Chronicle of Higher Education*, December 5, 2008. http://chronicle.com/article/Graduate-Students-Pay/36366/.

———. "U. of North Carolina Lets Professors Ease Their Way into Retirement." *Chronicle of Higher Education*, June 13, 2008. http://chronicle.com/article/U-of-North-Carolina-Lets/26299.

Kaye, Lenard W., and Abraham Monk. "Sex Role Traditions and Retirement from Academe." *Gerontologist* 24 (1984): 420–426.

Keefe, John. "Survey of Early Retirement Practices in Higher Education." In *To Retire or Not? Retirement Policy and Practice in Higher Education*, ed. R. L. Clark and P. B. Hammond, 65–80. Philadelphia: University of Pennsylvania Press, 2001.

Kennedy, Sheela, and Larry L. Bumpass. "Cohabitation and Children's Living Arrangements: New Estimates from the United States." *Demographic Research* 19 (2008): 1663–1692.

Kim, Seongsu, and Daniel C. Feldman. "Healthy, Wealthy, or Wise: Predicting Actual Acceptances of Early Retirement Incentives at Three Points in Time." *Personnel Psychology* 51 (1998): 623–642.

Kirschstein, Ruth L. "Women in Research." National Institutes of Health, Washington, DC, 2008. http://report.nih.gov/NIH_Investment/PPT_sectionwise/NIH_Extramural_Data_Book/NEDB%20SPECIAL%20TOPIC-WOMEN%20IN%20RESEARCH.ppt.

Korenman, Sanders, and David Neumark, "Does Marriage Really Make Men More Productive?" *Journal of Human Resources* 26 (1991): 282–307.

Kulis, Stephen, and Dianne Sicotte. "Women Scientists in Academia: Geographically Constrained to Big Cities, College Clusters, or the Coasts?" *Research in Higher Education* 43 (2002): 1–30.

Kulis, Stephen, Dianne Sicotte, and Shawn Collins. "More Than a Pipeline Problem: Labor Supply Constraints and Gender Stratification across Academic Science Disciplines." *Research in Higher Education* 43 (2002): 657–690.

Lamont, Michele, Alexandra Kalev, Shawna Bowden, and Ethan Fosse. "Recruiting, Promoting, and Retaining Women Academics: Lessons from the Literature." Report for the Standing Committee for the Status of Women, Harvard University, 2004. http://www.wjh.harvard.edu/~mlamont/lessons.pdf.

Leslie, David W., and James T. Walke. Out of the Ordinary: *The Anomalous Academic; A Report of Research Supported by the Alfred P. Sloan Foundation.* Williamsburg, VA: College of William and Mary, 2001.

Lillard, Lee A., and Constantijn W. A. Panis. *aML Multilevel Multiprocess Statistical Software.* Version 2. EconWare, Los Angeles, 2003.

Panel for the Study of Gender Differences in Career Outcomes of Science and Engineering Ph.D.s, Committee on Women in Science and Engineering, National Research Council. *From Scarcity to Visibility: Gender Differences in the Careers of Doctoral Scientists and Engineers.* Ed. J. Scott Long. Washington, DC: National Academy Press, 2001.

———. "The Origins of Sex Differences in Science." *Social Forces* 68 (1990): 1297–1316.

Long, J. Scott, Paul D. Allison, and Robert McGinnis. "Rank Advancement in Academic Careers: Sex Differences and the Effects of Productivity." *American Sociological Review* 58 (1993): 703–722.

Macunovich, Diane J. "Relative Income and Price of Time: Exploring Their Effects on U.S. Fertility and Female Labor Force Participation." *Population and Development Review. Supplement: Fertility in the United States: New Patterns, New Theories* 22 (1996): 223–257.

Marshall, Elliot. "Shirley Tilghman: Princeton's Unconventional New Chief." Science Notes. *Science* 292 (2001): 1288–1289.

Marwell, Gerald, Rachel Rosenfeld, and Seymour Spilerman. "Geographic

Constraints on Women's Careers in Academia." *Science* 205 (1979): 1225–1231.

Mason, Mary Ann. *The Equality Trap*. 1988. Somerset, NJ: Transaction, 2002.

———. "Graduate Student Parents: The Underserved Minority." Paper presented at the Council of Graduate Schools, Washington DC, December 9, 2006.

———. "Rethinking the Tenure Clock." *Chronicle of Higher Education*, May 28, 2009. http://chronicle.com/article/Rethinking-the-Tenure-Clock/44268/.

———. "Why So Few Doctoral-Student Parents?" *Chronicle of Higher Education*, October 21, 2009. http://chronicle.com/article/Why-So-Few-Doctoral-Student/48872/.

———. "Women, Tenure, and the Law." *Chronicle of Higher Education*, March 17, 2010. http://chronicle.com/article/Women-Tenurethe-Law/64646/.

Mason, Mary Ann, and Eve Mason Ekman. *Mothers on the Fast Track: How a New Generation Can Balance Work and Family*. New York: Oxford University Press, 2007.

Mason, Mary Ann, and Marc Goulden. "Do Babies Matter? The Effect of Family Formation on the Lifelong Careers of Academic Men and Women." Academe, November–December 2002. http://www.aaup.org/AAUP/pubsres/academe/2002/ND/Feat/Maso.htm.

———. "Do Babies Matter (Part II)? Closing the Baby Gap." Academe 90 (2004): 3–7.

———. "Marriage and Baby Blues: Redefining Gender Equity in the Academy." *Annals of the American Academy of Political and Social Science* 596 (2004): 86–103.

Mason, Mary Ann, Marc Goulden, and Karie Frasch. "Why Graduate Students Reject the Fast Track," *Academe* 95 (2009): 11–16. http://www.aaup.org/AAUP/pubsres/academe/2009/JF/Feat/maso.htm.

Mason, Mary Ann, Marc Goulden, Karie Frasch, and Sharon Page-Medrich. "University of California(UC) Doctoral Student Career and Life Survey Findings, 2006–2007." University of California, Berkeley, 2007. http://ucfamilyedge.berkeley.edu/Rejectingthefasttrack.ppt.

Mason, Mary Ann, Marc Goulden, and Nicholas H. Wolfinger. "Babies Matter: Pushing the Gender Equity Revolution Forward." In *The Balancing*

Act: Gendered Perspectives in Faculty Roles and Work Lives, ed. S. J. Bracken et al., 9–30. Sterling, VA: Stylus, 2006. Mason, Mary Ann, Angelica Stacy, and Marc Goulden. "The UC Faculty Work and Family Survey." 2003. http://ucfamilyedge.berkeley.edu.

Mason, Mary Ann, Angelica Stacy, Marc Goulden, Carol Hoffman, and Karie Frasch. "University of California Faculty Family Friendly Edge: An Initiative for Tenure–Track Faculty at the University of California." Report, University of California, Berkeley, 2005. http://ucfamilyedge.berkeley.edu/ucfamilyedge.pdf.

Misra, Joya, Jennifer Hickes Lundquist, Elissa Dahlberg Holmes, and Stephanie Agiomavritis. "The Ivory Ceiling of Service Work." *Academe*, January–February 2011. http://www.aaup.org/AAUP/pubsres/academe/2011/JF/feat/misr.htm.

Misra, Joya, Jennifer Hickes Lundquist, and Abby Templer. "Gender, Work Time, and Care Responsibilities among Faculty." *Sociological Forum* 27 (2012): 300–323.

Misra, Joya, Jennifer Lundquist, Elissa Dahlberg Holmes, and Stephanie Agiomavritis. "Associate Professors and Gendered Barriers to Advancement." Report, University of Massachusetts, Amherst, 2011. http://people.umass.edu/misra/Joya_Misra/Work–Life_Research_files/Associate%20Professors%20and%20Gendered%20Barriers%20to%20Advancement%20Full%20Report.pdf.

Moen, Phyllis. *It's about Time: Couples and Careers*. Ithaca, NY: Cornell University Press, 2003.

Monks, James. "Public versus Private University Presidents Pay Levels and Structure." Working paper 58, Cornell Higher Education Research Institute, 2004.

Morrison, Emory, Elizabeth Rudd, Guangqing Chi, and Maresi Nerad. "The Differential Mobility Hypothesis and Gender Parity in Social Science Academic Careers." Paper presented at the annual meeting of the American Sociological Association, Atlanta, August 2010.

Morrison, Emory, Elizabeth Rudd, and Maresi Nerad. "Onto, up, off the Academic Faculty Ladder: The Gendered Effects of Family on Career Transitions for a Cohort of Social Science PhDs." *Review of Higher*

Education 34 (2011): 525–553.

National Center for Education Statistics. *Digest of Education Statistics*: 2009. Washington, DC: U.S. Department of Education, Institute of Education Sciences, 2009. Table 275. http://nces.ed.gov/programs/digest/d09/ tables/dt09_275.asp?referrer=list.

———. "The Integrated Postsecondary Education Data System (IPSEDS) Salaries, Tenure, and Fringe Benefits of Full-Time Instructional Faculty Survey." NCES, Washington, DC, 2001.

———. "National Study of Postsecondary Faculty." 2004. http://nces.ed.gov/ surveys/nsopf/nedrc.asp.

National Institutes of Health. "NIH Data Book." http://report.nih.gov/ndb/ index.aspx.

National Opinion Research Center. "Survey of Earned Doctorates." National Science Foundation, webCASPAR, 2008. https://webcaspar.nsf.gov/ Help/dataMapHelpDisplay.jsp?subHeader=DataSourceBySubject&type=D S&abbr=DRF&noHeader=1&JS=No.

National Organization for Women. 2008. http://www.now.org.

National Research Council. *Gender Differences at Critical Transitions in the Careers of Science, Engineering, and Mathematics Faculty*. Washington, DC: National Academies Press, 2009.

National Science Foundation. "Changes to the Survey of Doctorate Recipients in 1991 and 1993: Implications for Data Users." Unpublished report, 1995.

———. "FY 2008 Annual Performance Report." 2008. http://www.nsf.gov/ publications/pub_summ.jsp?ods_key=nsf0922.

———. "National Science Foundation Announces Graduate Research Fellows for 2008." Press release, April 15, 2008. http://www.nsf.gov/news/news_ summ.jsp?cntn_id=111452.

———. "Survey of Doctorate Recipients." 2008. http://www.nsf.gov/statistics/ srvydoctoratework/.

———. "Survey of Graduate Students and Postdoctorates in Science and Engineering." web-CASPAR, 2008. https://webcaspar.nsf.gov/Help/ dataMapHelpDisplay.jsp?subHeader=DataSourceBySubject&type=DS&ab br=GSS&noHeader=1&JS=No.

———. "Survey of Earned Doctorates." 2011. http://www.nsf.gov/statistics/

srvydoctorates/.

National Science Foundation, Division of Science Resources Statistics. *Characteristics of Doctoral Scientists and Engineers in the United States*: 2006. Detailed Statistical Tables, NSF 09-317. 2009. http://www.nsf.gov/statistics/nsf09317/.

———. *Doctorate Recipients from U.S. Universities: Summary Report*, 2007-08. Special Report NSF 10-309. 2009. http://www.nsf.gov/statistics/nsf10309/.

———. *Graduate Students and Postdoctorates in Science and Engineering: Fall 2007*. Detailed Statistical Tables, NSF 10-307. 2010. http://www.nsf.gov/statistics/nsf10307/.

———. *Science and Engineering Degrees: 1966-2006*. Detailed Statistical Tables, NSF 08-321. 2008. http://www.nsf.gov/statistics/nsf08321/.

Neumann, Anna. *Professing to Learn: Creating Tenured Lives and Careers in the American Research University*. Baltimore, MD: Johns Hopkins University Press, 2009.

Nock, Stephen L. *Marriage in Men's Lives*. New York: Oxford University Press, 1998.

Noonan, Mary C. "The Long-Term Costs of Women's Work Interruptions." Unpublished paper, Department of Sociology, University of Iowa, 2005.

"Oh the Guilt." *Academic Aspirations (blog)*. LabSpaces, October 25, 2010. http://www.labspaces.net/blog/profile/611/Dr__O.

O'Laughlin, Elizabeth M., and Lisa G. Bischoff. "Balancing Parenthood and Academia: Work/Family Stress as Influenced by Gender and Tenure Status." *Journal of Family Issues* 26 (2004): 79-106.

O'Neil, Robert M. "Ending Mandatory Retirement in Two State Universities." In *To Retire or Not? Retirement Policy and Practice in Higher Education*, ed. R. L. Clark and P. B. Hammond, 122-127. Philadelphia: University of Pennsylvania Press, 2001.

O'Neill, June E., and Dave M. O'Neill. "What Do Wage Differentials Tell Us about Labor Market Discrimination?" Working paper 11240, National Bureau of Economic Research, Cambridge, MA, 2005. http://www.nber.org/papers/w11240.pdf.

Ono, Hiromi. "Husbands' and Wives' Resources and Marital Disruption."

Journal of Marriage and the Family 60 (1998): 674–689.

Parker–Pope, Tara. "Genius, Madness, and Tenure." *New York Times*, February 22, 2010.

Paul, Christopher, William M. Mason, Daniel McCaffrey, and Sarah A. Fox. "A Cautionary Case Study of Approaches to the Treatment of Missing Data." *Statistical Methods and Applications* 17 (2008): 351–372.

PayScale. www.payscale.com.

Pearce, Diane. "The Feminization of Poverty: Women, Work, and Welfare." *Urban and Social Change Review* 11 (1978): 28–36.

Pencavel, John. "Faculty Retirement Incentives by Colleges and Universities." Paper prepared for the TIAA–CREF Institute conference "Recruitment, Retention, and Retirement: The Three R's of Higher Education in the 21st Century," New York, April 2004. http://www.tiaa-crefinstitute. org/ucm/groups/content/@ap_ucm_p_tcp_docs/documents/document/ tiaa02029363.pdf.

Perna, Laura W. "The Relationship between Family Responsibilities and Employment Status among College and University Faculty." *Journal of Higher Education* 72 (2001): 584–611.

Petty, Laurie M. "Department Chairs and High Chairs: The Importance of Perceived Department Chair Supportiveness on Faculty Parents' Views of Departmental and Institutional Kid-Friendliness." Master's thesis, Department of Sociology, University of Kansas, 2011.

Philipsen, Maike Ingrid. *Challenges of the Faculty Career for Women: Success and Sacrifice*. With Timothy B. Bostic. San Francisco: Jossey–Bass, 2008.

Philipsen, Maike Ingrid, and Timothy B. Bostic. *Helping Faculty Find Work-Life Balance: The Path toward Family-Friendly Institutions*. San Francisco: Jossey–Bass, 2010.

Piotrkowski, Chaya S., et al. "The Experience of Childbearing Women in the Workplace: The Impact of Family-Friendly Policies and Practices." Women's Bureau, Department of Labor, Washington, DC, 1993. http://www.eric.ed.gov/PDFS/ED364683.pdf.

Press, Julie E., and Eleanor Townsley. "Wives' and Husbands' Housework Reporting: Gender, Class, and Social Desirability." *Gender and Society* 12 (1998): 188–218.

Potter, Claire. "I Will Go Voluntarily at 67." New York Times, August 16, 2010.

Powers, Daniel A., and Yu Xie. *Statistical Methods for Categorical Data*. San Diego, CA: Academic Press, 2000.

Preston, Anne E. *Leaving Science: Occupational Exit from Scientific Careers*. New York: Russell Sage, 2004.

Raymo, James M., and Megan M. Sweeney. "Work–Family Conflict and Retirement Preferences." *Journal of Gerontology: Social Sciences* 61B (2006): S161–S169.

Rimer, Sara. "Rift Deepens as Professors at Harvard See Remarks." *New York Times*, February 19, 2005.

Rossi, Alice, and Peter Rossi. *Of Human Bonding: Parent-Child Relations across the Life Course*. New York: Aldine de Gruyter, 1990.

Roth, Benita. *Separate Roads to Feminism: Black, Chicana, and White Feminist Movements in America's Second Wave*. New York: Cambridge University Press, 2003.

Rudd, Elizabeth, Emory Morrison, Joseph Picciano, and Maresi Nerad. "Finally Equal Footing for Women in Social Science Careers?" CIRGE Spotlight on Doctoral Education 1. CIRGE, University of Washington, Seattle, 2008. http://depts.washington.edu/cirgeweb/c/wp-content/uploads/2008/07/1-finally-equal-footing-for-women1.pdf.

Rusconi, Alessandra. "Academic Dual-Career Couples in the U.S.: Review of the North American Social Research." Working paper, Die Junge Akademie, Berlin, Germany, 2002.

Schaffer, Walter T. "Women in Biomedical Research." National Institutes of Health, Washington, DC, 2008. www.womeninscience.nih.gov/bestpractices/docs/WalterSchaffer.pdf.

Schiebinger, Londa, Andrea Davies Henderson, and Shannon K. Gilmartin. "Dual-Career Academic Couples: What Universities Need to Know." Report, Michelle R. Clayman Institute for Gender Research, Stanford University, 2008. http://www.stanford.edu/group/gender/Publications/index.html.

Schwartz, F. N. "Management Women and the New Facts of Life." *Harvard Business Review*, January–February 1989, 65–76.

Schuster, Jack H., and Martin J. Finkelstein. *The American Faculty: The*

Restructuring of Academic Work and Careers. Baltimore, MD: Johns Hopkins University Press, 2006.

Science Council of Japan. "Japan Vision 2050: Principles of Strategic Science and Technology Policy." 2005. http://www.scj.go.jp/en/vision2050.pdf.

Seltzer, Mildred M., and Jane Karnes. "An Early Retirement Incentive Program." *Research on Aging* 10 (1988): 342–357.

Shelton, Beth Anne, and Daphne John. "The Division of Household Labor." *Annual Review of Sociology* 22 (1996): 299–322.

Shriver, Maria, and the Center for American Progress. *The Shriver Report: A Woman's Nation Changes Everything*. Ed. Heather Boushey and Ann O'Leary. Center for American Progress, Washington, DC, 2009. http://www.americanprogress.org/issues/2009/10/pdf/awn/a_womans_nation.pdf.

Smith, Gilia C., and Jean A. Waltman. "Designing and Implementing Family Friendly Policies in Higher Education." Report, Center for the Education of Women, University of Michigan, Ann Arbor, 2006. http://www.cew.umich.edu/sites/default/files/designing06.pdf.

Smith, Roger G. "Remembering Nils Wessell." Letter. *Tufts Magazine*, Summer 2007. http://www.tufts.edu/alumni/magazine/summer2007/departments/letters.html.

South, Scott J., and Glenna Spitze. "Housework in Marital and Nonmarital Households." *American Sociological Review* 59 (1994): 327–347.

Stacy, Angelica, Sheldon Zedeck, Marc Goulden, and Karie Frasch. "Report on the University of California, Berkeley Faculty Climate Survey." Report, University of California, Berkeley, 2011. http://vpaafw.chance.berkeley.edu/Images/Faculty_Climate_Survey_Report_2011.pdf.

Stephenson, Betsey, and Justin Wolfers. "Marriage and Divorce: Changes and Their Driving Forces." *Journal of Economic Perspectives* 21 (2007): 27–52.

Suitor, J. Jill, Dorothy Mecom, and Ilana S. Feld. "Gender, Household Labor, and Scholarly Productivity among University Professors." *Gender Issues* 19 (2001): 50–67.

Springer, Kristen W., Brenda K. Parker, and Catherine Leviten-Reid. "Making Space for Graduate Student Parents: Practice and Politics." *Journal of Family Issues* 30 (2009): 435–457.

Summers, Lawrence H. "Remarks at NBER [National Bureau of Economic

Research] Conference on Diversifying the Science and Engineering Workforce." Office of the President, Harvard University, 2005. http://www.harvard.edu/president/speeches/summers_2005/nber.php.

Teachman, Jay D., Karen Polonko, and John Scanzoni. 1999. "Demography of the Family." In *Handbook of Marriage and the Family*, ed. M. Sussman, S. Steinmetz, and G. Peterson, 39–76. New York: Plenum, 1999.

Thornton, Arland, and Linda Young–DeMarco. "Four Decades of Trends in Attitudes toward Family Issues in the United States: The 1960s through the 1990s." *Journal of Marriage and Family* 63 (2001): 1009–1037.

Thornton, Saranna. "Implementing Flexible Tenure Clock Policies." *New Directions for Higher Education*, Summer 2005, 81–90.

"Thoughts about Women In Science." *The Prodigal Academic* (blog), June 1, 2010. http://theprodigalacademic.blogspot.com/.

Thurgood, Lori, Mary J. Golladay, and Susan T. Hill. *U.S. Doctorates in the 20th Century*. National Science Foundation, Division of Science Resources Statistics, NSF 06–319. 2006. http://www.nsf.gov/statistics/nsf06319/pdf/nsf06319.pdf.

Thurow, Lester C. "The Optimum Lifetime Distribution of Consumption Expenditures." *American Economic Review* 59 (1969): 324–330.

Tierney, William G., and Estela Mara Bensimon. *Promotion and Tenure: Community and Socialization in Academe*. Albany: State University of New York Press, 1996.

Tong, Rosemarie. *Feminist Thought*. Boulder, CO: Westview Press, 1989.

Toth, Emily. *Ms. Mentor's Impeccable Advice for Women in Academia*. Philadelphia: University of Pennsylvania Press, 1997.

Trower, Cathy A. "Amending Higher Education's Constitution." *Academe*, September–October 2008, 16–19.

Umbach, Paul D. "Gender Equity in College Faculty Pay: A Cross–Classified Random Effects Model Examining the Impact of Human Capital, Academic Disciplines, and Institutions." Paper presented at the annual meeting of the American Educational Research Association, New York, March 2008.

———. "How Effective Are They? Exploring the Impact of Contingent Faculty on Undergraduate Education." *Review of Higher Education* 30 (2007): 91–

123.

United States Census Bureau. *America's Families and Living Arrangements: 2006.*
    2007. Table FG8. http://www.census.gov/population/www/socdemo/hh-
    fam/cps2006.html.

———. Current Population Survey Demographic Supplement, March 2004.
    http://www.census.gov/cps/methodology/techdocs.html.

———. *Educational Attainment in the United States: 2008.* http://www.census.
    gov/population/www/socdemo/education/cps2008.html.

———. "Public Use Microdata Sample (PUMS)." 2003. http://www.census.gov/
    main/www/pums.html.

———. *Statistical Abstract of the United States: 2008.* 128th ed. Washington, DC:
    U.S. Government Printing Office, 2008.

———. *Statistical Abstract of the United States: 2010.* 130th ed. Washington, DC:
    U.S. Government Printing Office, 2010. http://www.census.gov/prod/
    www/abs/statab.html.

———. "Table MS-2. Estimated Median Age at First Marriage, by Sex: 1890
    to Present, 2004." http://www.census.gov/population/socdemo/hh-fam/
    tabMS-2.pdf.

———. "U.S. Census Bureau Reports Men and Women Wait Longer to Marry."
    Newsroom, November 10, 2010. http://www.census.gov/newsroom/
    releases/archives/families_households/cb10 - 174.html.

United States Department of Agriculture. *Expenditures on Children by Families.*
    2009. http://www.cnpp.usda.gov/expendituresonchildrenbyfamilies.htm.

United States General Accounting Office. *Women's Earnings: Work Patterns
    Partially Explain Difference between Men's and Women's Earnings.* GAO-04-
    35. 2003. http://www.gao.gov/assets/250/240547.pdf.

University of Rhode Island. "Dual Career Guidelines." http://www.uri.edu/
    advance/work_life_support/dual_career_guidelines.html.

Valian, Virginia. *Why So Slow? The Advancement of Women.* Cambridge, MA:
    MIT Press, 1998.

van Anders, Sari M. "Why the Academic Pipeline Leaks: Fewer Men than
    Women Perceive Barriers to Becoming Professors." *Sex Roles* 51 (2004):
    511-521.

Vicker, Lauren A., and Harriette J. Royer. *The Complete Academic Search Manual:*

A Systematic Approach to Successful and Inclusive Hiring. Sterling, VA: Stylus, 2006.

Vogel, Gretchen. "A Day in the Life of a Topflight Lab." Science, September 3, 1999, 1531–1532.

Waite, Linda J., and Maggie Gallagher. *The Case for Marriage: Why Married People Are Happier, Healthier, and Better Off Financially.* New York: Doubleday, 2000.

Waldfogel, Jane. "The Effect of Children on Women's Wages." *American Sociological Review* 62 (1997): 209–217.

Ward, Kelly, and Lisa Ellen Wolf-Wendel. "Academic Motherhood: Managing Complex Roles in Research Universities." *Review of Higher Education* 27 (2004): 233–257.

———. "Work and Family Perspectives from Research University Faculty." *New Directions for Higher Education,* Summer 2005, 67–80.

Wasserman, Elga. *The Door in the Dream: Conversations with Eminent Women in Science.* Washington, DC: Joseph Henry Press, 2000.

Welch, Michael R., and Stephen Lewis. "A Mid-decade Assessment of Sex Biases in Placement of Sociology Ph.D.s: Evidence for Contextual Variation." *American Sociologist* 15 (1980): 120–127.

West, Martha S. "Gender Bias in Academic Robes: The Law's Failure to Protect Women Faculty." *Temple Law Review* 67 (1994): 67–178.

West, Martha S., and John W. Curtis. *AAUP Faculty Gender Equity Indicators, 2006.* American Association of University Professors, Washington, DC. http://www.aaup.org/NR/rdonlyres/63396944 – 44BE-4ABA-9815 – 5792D93856F1/0/AAUPGenderEquityIndicators2006.pdf.

Widnall, Sheila E. "AAAS Presidential Lecture: Voices from the Pipeline." *Science* 241 (1988): 1740–1745.

Williams, Joan. *Unbending Gender: Why Family and Work Conflict and What to Do about It.* New York: Oxford University Press, 2000.

Williams, Wendy, and Stephen J. Ceci. "When Scientists Choose Motherhood." *American Scientist* 100 (2012): 138–145. http://www.americanscientist.org/issues/feature/2012/2/when-scientists-choose-motherhood.

Wilson, Robin. "The Law of Physics." *Chronicle of Higher Education,* November 11, 2005. http://chronicle.com/article/The-Laws-of-Physics/35304.

———. "Working Half Time on the Tenure Track." *Chronicle of Higher Education*, January 25, 2002. http://chronicle.com/article/Working–Half–Time–on–the/27272.

Winship, Christopher, and Larry Radbill. "Sampling Weights and Regression Analysis." *Sociological Methodology and Research* 23 (1994): 230–257.

Wolfinger, Nicholas H., Mary Ann Mason, and Marc Goulden. "Alone in the Ivory Tower." *Journal of Family Issues* 31 (2010): 1652–1670.

———. "Problems in the Pipeline: Gender, Marriage, and Fertility in the Ivory Tower." *Journal of Higher Education* 79 (2008): 388–405.

———. "'Stay in the Game': Gender, Family Formation, and Alternative Trajectories in the Academic Life Course." *Social Forces* 87 (2009): 1591–1621.

Wolf–Wendel, Lisa Ellen, Susan B. Twombly, and Suzanne Rice. *The Two-Body Problem: Dual-Career-Couple Hiring Practices in Higher Education*. Baltimore, MD: Johns Hopkins University Press, 2003.

Wolf–Wendel, Lisa Ellen, and Kelly Ward. "Academic Life and Motherhood: Variations by Institutional Type." *Higher Education* 52 (2006): 487–521.

Wyden, Ron. "Title IX and Women in Academics." *Computing Research News* 15 (2003): 1–8.

Xie, Yu, and Kimberlee A. Shauman. *Women in Science: Career Processes and Outcomes*. Cambridge, MA: Harvard University Press, 2003.

Yang, Yang, and S. Philip Morgan. "How Big Are Educational and Racial Fertility Differentials in the U.S.?" *Social Biology* 51 (2004): 167–187.

Zahed, Sofia Katerina Refetoff. "Parsimony Is What We Are Taught, Not What We Live." *In Motherhood, the Elephant in the Laboratory: Women Scientists Speak Out*, ed. Emily Monosson, 187–193. Ithaca, NY: Cornell University Press, 2008.

찾아보기

ㄱ

가난 111

가드너, 데이비드 275

가족 구성 9, 27, 29~31, 35~36, 38, 45~46, 48, 69, 76, 88, 91, 113, 117, 159, 175, 234, 242, 264, 282, 296, 308~309

가족과 병가 법 57, 80, 268~269

가족돌봄휴가 79, 260, 262~263, 275,

가족친화정책 18, 20, 32, 34~35, 37~38, 40, 68, 131, 201~207, 247~253, 260~262, 263~266, 268~271, 275~277, 279~282, 285, 293, 308, 340

개버트, 리사 167

객원교수 7, 30, 129

거트먼, 에이미 225

건강보험 53, 251, 270, 282

결혼 9, 17~19, 26, 30, 36, 38, 45, 51, 53, 55, 59, 73, 81, 89~97, 99~100, 105, 108, 113~118, 126~128, 139~140, 143~144, 148, 159~160, 165~177, 184~185, 188, 198~199, 207~212, 218~220, 222, 226~228, 234, 239~240, 242~243, 248~249, 257, 262, 281, 291, 295~296, 299, 302~305, 312, 317, 319, 322, 324, 329, 331

경쟁 46, 54, 74, 89, 122, 141~142,

167, 192~193, 249, 261, 271~272, 345~346

고등교육연보 57, 68, 72, 87, 99, 122, 165, 170~171, 177, 229, 294, 319

고소 147, 149

고용보험 159, 271

공학 29, 36, 47~48, 50~51, 60, 62, 65, 68, 137, 203, 259, 261, 297, 306

구직 61, 89, 91, 95, 117, 316, 319

국립과학재단 9, 17, 29, 48, 63, 64, 70, 115, 121, 208, 237~238, 250, 260~264, 282, 285~286, 308~311, 313~314, 333~334, 339, 344~345

국립보건원 63~64, 250, 255, 262~264, 282, 308

국립연구위원회 62, 296, 300~301, 313

굴든, 마크 5, 10, 16~17, 28, 292

그루너, 엘리자베스 로즈 144

기혼 208, 220, 227, 262, 304~305, 317, 319 322, 325, 330

기혼 남성(남자) 92~93, 96, 108

기혼 여성(여자) 54, 92~93, 96~97, 105, 114, 116, 119, 129, 140, 142, 148~149, 160, 166, 233, 243, 323

긴급보육제도 252, 255~257, 279, 281~282

긴서, 도나 145

ㄴ

낙태 197, 211
노조 270~271
뉴마크, 데이비드 324
뉴욕 일-가정 연구소 155
뉴욕타임스 77, 135~137, 168, 212, 235, 238~239, 314, 323, 325~326, 339, 344
니컬슨, 로버트 68

ㄷ

대학연구기관협회 29, 286
대학원생 5, 8, 11, 15, 17~18, 20, 27~28, 34~35, 37, 40, 45~54, 56~68, 70~71, 73~83, 87~88, 96, 98, 107, 114, 127~128, 131, 175, 177, 180, 187, 198, 202, 250~251, 254~255, 264~265, 267~270, 274, 278, 281~282, 284~285, 308, 311, 313
돌봄 12, 22, 36, 71, 79~80, 128, 153, 154~155, 160, 190, 219, 249, 256, 260~261, 263~264, 266
동료 26~27, 34, 36, 53, 74, 88, 92, 99~100, 103, 108, 114, 128, 135~136, 138~139, 144, 147~149, 159, 171~173, 179, 181, 186~189, 191, 197~205, 208~209, 212, 220, 222~223, 233, 235~236, 239~240, 243,

248~249, 257, 261, 275, 284, 286, 328, 331, 333

ㄹ

런퀴스트, 제니퍼 힉스 222~224
레이모, 제임스 239
로드아일랜드대학교 131, 258
로딘, 주디스 225
롤모델 45, 47, 58, 60~61, 81, 107, 127, 267
리치먼드대학교 144
링컨, 앤 187

ㅁ

매사추세츠대학교 222~224
매사추세츠 공과대학교(MIT) 33, 278~279, 333, 344, 358, 369
메이슨, 메리 앤 3, 5, 8, 10, 16~18, 28, 39, 52, 292, 294
멘토 58~59
면접 22, 66, 89~90, 97, 101, 103~107, 129, 131, 204, 232, 258~259, 273, 298, 305
모성 65, 79, 100, 127, 145, 269, 277
모엔, 필리스 119
물리학 36~37, 47~48, 65, 69, 187, 297, 306
미국대학여성협회의 법적옹호기금 147, 325
미국대학협회 37, 57, 80, 139, 153, 252, 270, 274, 293
미스라, 조야 222~224
미혼 남성 93, 108, 126
미혼 여성 92~93, 96, 99, 116~117,

126, 140, 142, 165, 189
민권법 147, 268

ㅂ

바사대학교 148
박사학위 소지자 조사(SDR) 9, 17,
    29, 91, 97, 108, 115, 121,
    139~140, 142, 168~169,
    172~173, 179, 185, 208,
    219~220, 228, 230, 236~239,
    286, 288~291, 294~296,
    298~299, 302, 305~306,
    308~309, 317, 321, 329~330,
    339~340, 345
박사학위자 8~9, 11~12, 69,
    115~117, 121, 124~130, 166,
    170, 172~177, 180~181, 192,
    197, 208~210, 218, 220, 224,
    233, 241, 249, 257, 283,
    288~291, 305, 308, 311, 317,
    329~330
박사후연구원(포닥) 17~18, 20, 22,
    27, 34, 37, 45~46, 48, 54,
    61, 63~64, 69~74, 76~81,
    88, 90~91, 95~96, 113, 119,
    125~126, 176, 187, 202, 221,
    241, 248~251, 254~255, 260,
    265, 267~272, 274, 278,
    281~282, 285, 292, 297~298,
    308, 311, 315
배우자 34, 36, 40, 53, 56, 60, 75,
    79, 95~100, 104~105, 107,
    125, 127~128, 130~131,
    144~145, 152, 170

버딕, 미셸 169, 228
버지니아대학교 256
법원 148
베커, 게리 187
변호사 19, 21, 31, 174, 182~186,
    193, 210, 212, 293, 303
보스턴대학교 147
부교수 7, 30, 35, 110, 118, 129,
    137, 219, 221~224, 228, 232,
    243, 279, 304~305, 319, 334
부모 22, 33~35, 40, 50, 52~54,
    56~57, 71, 74~76, 78~79,
    81, 153, 154, 156, 160, 186,
    189~190, 192, 195~199,
    201~206, 220, 231, 240~242,
    247, 252, 254~255, 266, 268,
    271, 275~277, 279~281, 293,
    296, 308
브라운, 줄리아 프루잇 147
브라운대학교 225
브릴리언트, 마크 248, 275, 280
비숍, 에이미 135~136
비전임 7, 15, 27, 88~89, 109~110,
    113~114, 117, 129, 150,
    170, 172~175, 178, 180~181,
    208~209, 228
비정규직 (교원) 27, 88, 109~116,
    119~120, 122~123, 125,
    129~130, 173, 267, 319,
    322~323
비정년트랙 7, 88, 109~110, 117,
    121, 129, 221, 256, 299, 302,
    306, 346

ㅅ

사택 75, 77~78, 264, 270, 282

사회과학 11, 48, 92, 140, 159, 237, 290, 306

사회학자 99~100, 119, 169, 187, 222, 239

생계부양자 111, 153, 181, 188, 274, 277, 318

생물학 47, 69, 70, 187, 297, 306

생체 시계 82, 128, 167, 178

서머스, 로런스 146

성차별 9, 61, 78~79, 127, 140, 145~146, 148~150, 222, 227, 230, 242, 253

세시, 스티븐 145

소송 140, 147, 149~150

소수 인종 47, 66~67, 146

소수집단 47, 66

송수관 118~120, 125, 137, 224, 248, 261, 321

수유 75, 78, 106, 195

수유실 251, 270, 282

수학 29, 36, 47~48, 60, 145, 203, 259, 261, 297, 306

슈스터, 잭 119, 322

스웨덴 74, 89, 344

스위니, 메건 239

스탠퍼드대학교 33, 258

스테이시, 안젤리카 141, 284, 292

스텐포트, 안나 베스터슈탈 74~76, 89~90

스트레스 82, 116, 137, 190~191, 218, 255, 267, 308

시간제 34, 111, 114, 121, 130, 155~159, 161, 174, 180~181, 185, 194, 197, 205, 211, 252, 263~264, 266~268, 271, 279, 281, 283, 302, 312, 321

시먼스, 루스 225

시콧, 다이앤 99

신생아 137, 141, 144, 154, 179, 182, 195

실험과학 30, 54, 62, 81, 118, 160, 297

실험실 54, 56, 62, 74, 91, 141~142, 160, 177, 192, 260, 278

심리학 47~48, 306

ㅇ

애고지노, 앨리스 66~68

아동 254

알프레드 P. 슬론 재단 32, 155~156, 286

양육 3, 58, 65, 101, 140, 156, 159, 161, 185, 199, 209, 231

양육자 27, 39, 128, 277

엄마트랙 101, 103, 146

에크런드, 일레인 하워드 187

에크먼, 이브 메이슨 39, 294

연구중심대학 29~30, 34, 37~39, 49~50, 60~62, 71, 74~75, 82, 90, 141~142, 151, 188, 227~229, 232~233, 239, 250, 252, 262~263, 267, 274, 289, 293, 319, 336

(연방정부) 연구비 지급 기관 79, 141, 250, 261, 263~265, 269, 282

영유아 33, 56, 94, 130, 143, 160,

219, 221, 242
예일대학교 76
오바마, 버락 250
오바마, 미셸 259
와서먼, 엘가 65
와이든, 론 269
왈드포겔, 제인 229
울펭거, 니컬러스 H. 3, 5, 10, 16~17,
　29, 202, 287
움바흐, 폴 321
원로 교수 105, 156, 235
웨슬, 닐스 Y. 195
윌리엄스, 웬디 145
윌리엄스, 조앤 101
윌슨, 로빈 72
유럽분자생물학회 271, 343
유럽연합 271, 272, 343
유연성 34, 47, 130, 157, 249,
　260~261
유타대학교 29, 154, 285
유타주립대학교 167
육아 12~13, 17~22, 40, 45, 52~54,
　56, 71, 73~76, 90~91,
　101~102, 105~107, 119,
　125~126, 128, 141~143,
　145~146, 152~155, 159, 169,
　176, 179, 184, 187~188, 191,
　194~195, 198, 200, 203~204,
　207, 209, 220, 232~233,
　248, 253~254, 263, 269~270,
　274~275, 279, 281, 308, 319,
　337
육아휴직 23, 75, 77, 80, 151~155,
　159, 194, 203, 252, 260, 265,

266, 268~271, 274~275, 277,
　279, 281~282, 344
은퇴 27, 36, 38, 113, 155~156, 202,
　218, 230~231, 235~241, 243,
　249, 266, 291, 303, 305~307,
　338~340
의사 19, 31, 81, 174, 182~186, 193,
　210, 212, 293, 303
이중 고용 252, 258~259, 261
이직 232~233
이혼 31, 167, 169, 171~177, 179,
　184, 188, 199, 208, 226, 240,
　291, 302, 305, 329
이혼율 174~177, 208~211, 291
인구총조사 31, 182~183, 185, 293,
　302, 329, 331
인문학 30, 51, 75, 221, 290
인사팀 131, 157, 202, 282
일-가정 양립 17, 34, 37~39, 45~47,
　49, 58, 62~63, 65, 77, 81, 92,
　131, 152, 166, 175, 188, 211,
　242, 248, 250, 256, 267, 270,
　282
임금 3, 19, 36, 56~58, 63~64,
　67, 70, 110~112, 114, 116,
　125~127, 130, 151, 157~158,
　166, 170, 180, 184~185, 205,
　217~218, 227, 236, 239~240,
　243, 249, 254, 260, 268, 271,
　274, 278, 291, 306, 319, 330,
　336, 346~347
임금격차 35, 227, 233, 336
임신 3, 12, 18, 33, 49, 52, 54~55,
　73, 75, 78~80, 89, 107, 119,

128, 141, 145, 147, 159, 167, 169, 269, 279, 315, 319
임신차별금지법 147
입양 33, 251, 260, 296, 329
잉글랜드, 폴라 228~229

ㅈ

장거리 177
재진입 20, 120~121, 123~125, 144, 264, 271~273, 283, 297~299
전업주부 90, 192, 197, 204, 212, 272, 316
전일제 34, 49, 95, 110~111, 114, 122, 129, 154~157, 161, 171~177, 180~181, 191, 207, 208~211, 227, 266~267, 271, 283, 302, 320, 328~329
전임 7, 15, 30, 88, 109~110, 112, 129, 137, 159, 203, 209, 221, 242
정교수 30, 36, 110, 118, 129, 137~138, 198, 217, 219~224, 228, 230~233, 242~243, 291, 302, 304~305
정년 시계 167
정년트랙 7, 9, 26, 28, 30~32, 34, 61, 71, 80, 88~99, 101, 108~117, 119~130, 137, 139, 141, 144, 152, 155~160, 165~166, 170~182, 185, 187~188, 191~192, 194, 196, 199, 207~208, 210~211, 217, 221, 228, 231, 233, 237~238, 241, 243, 249, 252, 256, 262,

266~267, 276, 279, 281~283, 289, 291~292, 294~295, 297, 289~302, 304, 306, 308, 316, 319, 321, 322, 329~330, 346
제덱, 셸던 284, 292
조교수 7, 27, 30, 40, 90, 103, 105, 110, 112, 118, 127~128, 137~140, 142~145, 160, 178~179, 184, 197~198, 202, 210, 217, 220, 223, 228, 232, 235, 241, 248, 254, 275, 276, 278, 280, 282, 299, 304, 319, 322, 333
존슨, 에디 버니스 137
중국 271
지구과학 47~48
지도교수 52~54, 59, 61~62, 73~75, 81, 88, 222, 313, 315
지역사회대학 29, 121, 228

ㅊ

차별 12~14, 39, 73, 78~79, 100~101, 105, 127, 131, 145~148, 159, 265, 269, 270, 273, 315, 343
책임연구원 260, 262~265
총장 36, 137, 146~147, 195, 224~227, 243, 275, 278, 285, 292, 333
추천서 73, 88, 102
출산 3, 9, 12, 17~18, 20, 23, 33, 52, 54~55, 73~74, 77, 79~80, 90, 97, 101, 116, 140, 145, 147, 150, 159, 161, 169, 175~176,

178~179, 181~185, 196, 199, 203, 226, 231, 248, 251, 260, 266~269, 277, 281~282, 303, 308, 315, 330

출산휴가 35, 40, 53, 55, 57~58, 80, 167, 194, 197, 203, 251, 253, 266, 270~271, 279, 343

츠빌링거, 레슬리 113

ㅋ

카네기 연구 1급 262, 304, 306, 346

캐나다 37, 271, 293, 343

코런먼, 센더스 324

코릴, 셸리 100

코브, 커티스 70

코언, 스티브 142

콜린스, 게일 213

쿨리스, 스티븐 99

크로스닉, 존 70

크리스텐슨, 캐슬린 156, 286

ㅌ

타워스, 셰리 73

타이틀나인 39, 78~80, 268~270, 315

타이틀세븐 78, 127, 140, 147, 342

터프츠대학교 195

텍사스대학교 51, 57

투바디 문제 20, 90, 95, 128, 177, 210, 257

틸먼, 셜리 M. 137, 225

ㅍ

파우스트, 드루 길핀 225

파운틴, 웬들 111

패치 T. 밍크 기회균등 교육법 78

퍼나, 로라 322~323

페미니스트 200

펜실베이니아대학교 225

편견 55, 65~66, 78, 101, 145~146, 206, 253, 325

프라시, 캐리 82, 284

프린스턴대학교 137, 225, 256

피셔, 신시아 148

핑클스틴, 마틴 119, 322

ㅎ

하버드대학교 146, 225, 253

학계의 소작농 109

학과장 33~34, 36, 137, 152, 154, 157, 197~198, 201, 204, 211~212, 222~223, 225, 257, 259, 276~277, 280, 334

학부생 68, 114, 195, 222

학부중심대학 29~30, 37, 250

학장 8, 18, 28, 81, 152~153, 224~225, 257, 285

학회 37, 74, 88~89, 141, 146, 177, 190~191, 205, 232, 252, 254~255, 257, 264, 271

한부모 92, 105~106, 198~199, 208, 333

헨리언, 클라우디아 66

혼인율 59, 170, 175~176, 208~210, 291

휴가 49, 51, 58, 79~80, 153, 157, 252~253, 262, 265, 269~271, 274~277

휴직 12, 79, 152, 194, 203

A-Z

ASMD 276~277, 280

PUMS 293, 302~303, 345, 369

(UC) 버클리 5, 8, 15, 18, 27~28,
     32, 66, 74~75, 82, 141, 149,
     207, 248, 256, 263, 279~280,
     284~285, 292, 309, 315, 333

아이는 얼마나 중요한가

초판 1쇄 인쇄일 2022년 5월 20일
초판 1쇄 발행일 2022년 5월 30일

지은이 메리 앤 메이슨·니컬러스 H. 울펑거·마크 굴든
옮긴이 안희경
감수자 신하영

발행인 윤호권
사업총괄 정유한

편집 엄초롱 **디자인** 서은주 **마케팅** 윤아림
발행처 ㈜시공사 **주소** 서울시 성동구 상원1길 22, 6-8층(우편번호 04779)
대표전화 02-3486-6877 **팩스(주문)** 02-585-1755
홈페이지 www.sigongsa.com / www.sigongjunior.com

글 ⓒ 메리 앤 메이슨·니컬러스 H. 울펑거·마크 굴든, 2022

이 책의 출판권은 ㈜시공사에 있습니다. 저작권법에 의해
한국 내에서 보호받는 저작물이므로 무단 전재와 무단 복제를 금합니다.

ISBN 979-11-6579-979-3 03330

*시공사는 시공간을 넘는 무한한 콘텐츠 세상을 만듭니다.
*시공사는 더 나은 내일을 함께 만들 여러분의 소중한 의견을 기다립니다.
*잘못 만들어진 책은 구입하신 곳에서 바꾸어 드립니다.